해 뜨고
꽃 피는
서산

그림: 안남숙

해 뜨고 꽃 피는 서산

초판 1쇄 발행 2018년 3월 3일

지 은 이	이완섭
발 행 인	권선복
편 집	박순옥
기록정리	조정아
디 자 인	김소영
전 자 책	천훈민
마 케 팅	권보송
발 행 처	도서출판 행복에너지
출판등록	제315-2011-000035호
주 소	(157-010) 서울특별시 강서구 화곡로 232
전 화	0505-613-6133
팩 스	0303-0799-1560
홈페이지	www.happybook.or.kr
이 메 일	ksbdata@daum.net

값 15,000원

ISBN 979-11-5602-586-3   (03190)

도서출판 행복에너지는 독자 여러분의 아이디어와 원고 투고를 기다립니다. 책으로 만들기를 원하는 콘텐츠가 있으신 분은 이메일이나 홈페이지를 통해 간단한 기획서와 기획의도, 연락처 등을 보내주십시오. 행복에너지의 문은 언제나 활짝 열려 있습니다.

해 뜨고
꽃 피는 서산

이완섭 지음

도서
출판 행복에너지

잘 달리는 말,
목표지점까지 달려야…

몇 차례의 집필 경험이 있는 나로서도 책을 내는 일은 여간 어려운 일이 아닐 수 없다. 그런데 다행스러운 일은 나만 그런 것이 아니라는 것이다. 누구는 '인고忍苦의 시간'이라는 말로, 또 다른 누구는 '산고産苦의 고통'이라는 말로 글쓰기의 어려움을 대변했으니 말이다.

이 책은 내가 서산시장에 당선되고 난 후에 있었던 여러 가지 일들과 그동안 내가 살아온 발자취들을 정리한 것이다. 내용이 다소 어렵고 딱딱하지는 않을까 하는 염려에 평소 좋아하는 시 몇 편과 그에 대한 나의 짧은 생각들을 함께 곁들였다.

글을 끝까지 다 읽지 않더라도 시 한 편, 생각 한 조각 함께 나눌 수만 있다면 그것만으로도 족하다는 마음에서다.

이 책을 쓰게 된 동기는 솔직히 서산시장 3선 도전과 무관하지 않다. 이를 설명하려니 자연스레 2011년 10월 26일로 거슬러 올라가게 된다. 이 날은 나의 인생에 있어서 가장 큰 전환점이 된 날이다.

안정적이던 중앙부처(행정안전부) 공무원이라는 옷을 벗어버리고 고향 서산에서 치러지는 시장 재보궐 선거에 도전하여 313표 차이라는 박빙의 승리로 제8대 서산시장이 된 날이기 때문이다.

정년을 6년이나 남겨둔 시점에서 '서산시장 출마'라는 위험한 도전은 쉽게 결정할 수 있는 일이 아니었다. 그러나 중앙부처에서 잔뼈가 굵었고 고향 서산의 부시장까지 지낸 경력 등에 비춰볼 때 당선 경쟁력이 높았기 때문에 과감하게 출사표를 던질 수 있었다.

시장이 되었다는 것은 개인적인 영광으로 끝나는 일이 아니다. 당선 이후 서산호의 선장으로서 누구보다 그 역할을 충실히 해왔다. 그런 덕분으로 시민들로부터 또 한 번의 선택을 받았다. 2014년 6월 4일, 제9대 서산시장으로 당선된 것이다. 그러나 재선 시장으로 가는 길은 험난하기만 했다. 본선 경쟁력이 월등함에도 내부 경선 과정에서 말할 수 없는 고통과 인고의 험난한 과정을 거쳐야 했다. 성공의 크기는 역경의 크기에 비례한다고 하지 않던가. 그 덕분에 성취감도 컸다. 그렇다고 자만하지는 않았다. 오히려 더 겸손한 마음으로, 시민을 섬기는 마음으로 시정을 펼쳤다. 그러니 계속 많은 성과도 낼 수 있었다.

재선 출마를 앞두고 2014년 1월에 『해 뜨는 서산』이라는 책자를 세상에 내놓았다. 그동안의 성과를 중심으로 내용을 담았다. 이제 3선 도전의 길목에서 또 하나의 책을 내게 되었다. 역시 재선 시장 이후 일해 왔던 내용을 중심으로 책을 엮게 되었다. 그러니 두 책 모두 성격상 말랑말랑함보다는 딱딱함이 훨씬 짙게 배어 있다. 그래서 중화제 역할을 할 수 있는 시 몇 편을 빌려 오게 되었음을 고백한다.

책을 내기로 결심하기에 앞서 3선 도전이 왜 필요한가를 자문해 보았다. 목적지를 눈앞에 두고 잘 달리는 말을 멈추게 할 이유가 없었다. 내가 마편을 놓았을 때 경험없는 어떤 미숙한 마부가 제대로 말을 이끌지도 걱정이 되었다. 무엇보다도 지금까지 잘 다듬어 온 재목을 서툰 목수에게 맡기기보다는 숙련공의 경험과 노하우를 총동원해서 멋지게 마감질을 해야 한다는 생각에 이르렀다.

그러면서 숫자 3을 생각해 보았다.
천주교나 기독교에서 3은 완전함을 뜻하며, 성부, 성자, 성신의 삼위일체三位一體를 나타낸다. 불교에서도 3은 삼보三寶라 하여 부처, 가르침, 승려의 3가지 보물을 뜻한다. 도교에서 3은 하늘, 땅, 바다로 구성된 모든 세계를 나타내며 필연의 의미이다. 그 완전함과 보물과 필연이라는 삼박자가 어쩌면 지금의 나에게 주어진 숙명이 아닐까 하는 생각도 들었다. 자기도취가 아닐까 부정도 해 보았으나 본래 긍정의 소유자라서 그런지 이내 그런 마음은 사라져 버렸다.

지금까지 서산에서 3선을 한 시장이 없다는 사실도 나의 도전 의식을 강하게 만들었다.

서산-당진 간 고속도로 건설, 서산 비행장 민항 유치, 한-중 국제 여객선 취항, 기업과 지역사회 동반성장 프로젝트 추진 등 지금까지 잘 이끌어 온 굵직굵직한 서산시정의 연속성을 더하고 17만 5천여 시민들의 삶에 희망과 용기를 불어넣어 주어야 한다는 책임감도 강하게 느꼈다.

개인의 영달을 위하는 것이라면 재선과 3선이 뭐가 다르겠는가?

누란지위累卵之危에 처한 제갈량이 '천하통일'의 대의명분과 함께 위나라 정벌에 나서며 던진 출사표出師表도 생각났다.

한계에 내몰린 촉나라의 현실을 극복하기 위해 배수진을 치고 대대적인 전쟁에 나섰던 제갈량. 그의 출사표는 절박할 수밖에 없었고 어쩔 수 없는 마지막 선택이었다.

제갈량의 국운을 건 북벌과 그에 앞서 올려진 출사표. 그 시대의 사람들과 오늘을 사는 우리들의 가치관은 많이 다를 수밖에 없을 것이다. 하지만 그 당시 촉나라의 상황을 생각해 본다면 출사표를 올리는 제갈량의 절박한 심정이 1,800년의 시간을 타임슬립time slip하여 충분히 다가오고도 남는다.

서산시장 3선에 출사표를 던지는 심정이 제갈량의 출사표에 비유될 바는 아니겠으나, 서산과 서산시민을 사랑하는 충심忠心만큼은 제갈량에 못지않을 것이라 자부한다.
7년 전 처음 서산시장이 되었을 때의 초심初心은 아직도 그대로다. 17만 5천여 시민과 어우러지며 동고동락同苦同樂하려는 마음 또한 그때나 지금이나 똑같다.

천 리 길도 함께 가면 힘들지 않은 여주필성與走必成의 마음가짐과 성공에 이르기까지 절대 포기하지 않는 공재불사功在不舍의 각오로 서산시민과 함께 더 열심히 뛰고자 하는 마음이 3선 출마에 임하는 자세다.
이런 마음으로 그동안 공무원들과, 시민들과 함께 나눴던 소중한 시간들을 졸필로 정리하게 되었다.

공자孔子는 "말에 문채文彩가 없으면 멀리 가지 못한다言之無文, 行而不遠"라며 리더의 언어와 생각이 가지는 영향력과 중요성을 강조했다.

필자는 이 책이 한여름 갑작스레 만난 세찬 소나기를 피해 갈 수 있는 원두막, 한겨울 시린 손을 호호 불며 녹일 수 있는 화롯불 같은 잠시간의 휴식이길 희망해 본다.

책이 만들어지기까지 많은 분들의 도움이 있었다. 따뜻한 마음을 나눠 주신 한 분 한 분께 고마운 인사를 드리며, 도서출판 행복에너지 권선복 대표님을 비롯한 관계자들과 서산시를 사랑해 주시는 모든 분들께 감사드린다.

무술년 새해 원단
서산시장 이완섭

그림동화작가, 그래픽디자이너
강우현

이완섭 서산시장과는 2013년 3월, 남이섬에서 처음 만났다.

남이섬보다 더 많은 관광객이 찾아오는 세계적인 서산을 만들겠다는 포부를 듣고 갸우뚱, '공무원이 뭘 할 수 있을까?'라는 생각에 별 관심을 두지 않았다.

아무리 단체장의 능력이 출중하더라도 조직의 열정과 능력이 따라 주지 못하면 소용이 없기 때문이다. 그리고 5년이 지나는 동안 그의 활동을 지켜보면서 내 선입견도 변했다.

국내외를 종횡무진하면서 발전하는 서산의 위상을 세워가며 수많은 상을 고향에 안겨주는 서산대표로 바뀌었다. 창의적이고 새롭다고 생각하면 남이섬이건 제주건 달려오는 부지런함, 온몸으로 고향 사랑을 실천하는 모습에 감동할 수밖에.

지난 2017년 6월 2일, 이 시장은 제주에서 이색 결혼식 주례를 맡아 주었다. 세계뉴스에나 나올 법한 소 결혼식, 서산한우와 제주한우를 짝지어 제주도에 서산소를 뿌리내리겠다는 것이었다. 이제 2월 말에 아기소가 탄생하면 서산시가 제주도까지 점령할 날이 멀지 않았다. 제주를 찾는 국내외 관광객들이 이름도 모르던 서산소의 참맛을 느끼게 될 것이다.

이런 크고 작은 인연으로 이 시장의 저서『해 뜨는 서산』에 이어 이번에 이 책『해 뜨고 꽃 피는 서산』에도 감히 추천의 말을 마다할 수 없다.

서쪽의 작은 도시 서산이 뜨고 있다. '해 뜨는 서산'이 빈말이 아닌 듯하다. 창발의 아이디어 시정을 펼치는 이 시장의 미래에 관심이 가는 건 당연지사. 한국의 6대 경제도시로 등극할 날을 기대해 본다.

이 시장이 강조하는 여주필성與走必成 시정이 좋은 결실로 이어가길 기원한다.

한서대학교 총장
함기선

이완섭 시장은 창의적이고 열정적으로 일하는 모범적인 지자체의 장이라고 생각합니다. 토요일이나 일요일 등 휴일에도 쉬는 것을 보기 어렵습니다. 지역의 구석구석을 찾아다니며 현장 행정의 모범을 보여주는 모습에 시민의 한 사람으로서 무척 고마울 따름입니다.

2016년 12월 초 오른쪽 무릎 십자인대가 손상되어 수술을 받은 후 목발을 짚고 현장을 다니던 모습이 떠오릅니다. 그렇게 열정적으로 일하고 있으니 많은 성과를 내고 있는 것은 당연한 결과일 것입니다.

또한 서산시가 한 푼의 빚이 없는 도시가 되었다는 사실에 감동받았습니다. 시장 취임 전에는 700억 원에 가까웠던 지방채를 6년이나 앞당겨 2017년 9월에 모두 갚았다는 소식을 접하고 나도 모르게 박수를 쳤던 기억이 새롭습니다.

이 책『해 뜨고 꽃 피는 서산』은 책 제목 그대로 그동안 서산이 어떻게 변화, 발전해 오고 있는가를 느껴볼 수 있는 책입니다. 서산호의 선장인 이완섭 시장이 키를 잡고 있는 한 서산호는 어떠한 풍랑에도 흔들림 없이 목적지를 향해 순항할 것임을 믿어 의심치 않으며 힘찬 응원을 보냅니다.

충북대학교 석좌교수
전) 행정안전부 제1차관
박경국

이완섭 시장님은 2004년 고위공무원 연수 때 만났습니다.

그때 당시 이완섭 시장님은 공무원연수원 과장이었습니다. 첫눈에 봐도 반듯하고 청수한 공직자의 모습이었습니다. 저 또한 그때는 공직자였고 같은 충청권 출신이라 동류의식을 느꼈습니다.

이제 이완섭 시장님은 서산의 시장으로서 3선의 꿈을 가지고 도전의 길에 또다시 접어들었습니다. 새로운 도전이 쉽지만은 않겠지만 이 책을 보니 시장님께서 이루어 놓으신 일들이 많아 3선 도전의 길이 그리 험난하지는 않겠다는 생각이 들었습니다.

갯벌이 펼쳐진 오지 서산의 이미지를 해 뜨는 도시로 탈바꿈시키고, 산업이나 경제, 농어촌 문제, 지역복지 등 행정 전반에 걸쳐 세심하게 서산호를 이끌어 오신 것은 저에게도 참으로 귀감이 될 만합니다. 저도 한때는 충북부지사로서, 단양군수로 자치단체의 행정을 이끌어 보아 그 어려움을 잘 알기에 많은 공감을 했습니다. 2030 서산의 미래비전을 향하여 이완섭 시장님의 앞날도 '해 뜨고 꽃 피는 서산'처럼 활짝 피어나기를 소망합니다.

목차

프롤로그 잘 달리는 말, 목표지점까지 달려야… · 4
추천사 · 10

1장 : 꿈과 비전을 담은 이름 짓기

경쟁력 갑, 도시 브랜드 '해 뜨는 서산' · 20
'해 뜨는 서산' 통합브랜드 탄생 · 24
서산–당진 간 고속도로 개통 총력전 · 32
21세기 新실크로드, 바닷길을 열다 · 41
하늘길도 뚫었다. 해미 공군비행장 민항유치 · 52
열려라 철길, 동북아 물류거점도시를 향해 · 58

2장 : 미래에 대한 희망을 안고 힘내기

청정 서산을 사수하라 · 70
나는 서산시 대표 세일즈맨 · 78
브랜드로 몸값을 높여라 · 90
세계 최초의 소 결혼 주례를 서다 · 100
최첨단 전자경매시스템 도입 · 104
바다가 희망이고 미래다 · 108

3장 : 모두가 다 함께 **어울려 살기**

산업도시 서산, 양 날개를 달다 · 116

함께 가야 멀리 간다 · 133

기업하기 좋은 서산 · 142

고용노동부 서산출장소 유치 쾌거 · 148

전통시장을 활성화하라 · 154

4장 : 서산만의 독특한 **매력 갖기**

중국 관광객을 잡아라 · 164

프란치스코 교황 서산 방문 · 171

문화도시 서산으로 발돋움 · 180

해자 발굴, 보물 승격 · 183

서산의 자랑 9경 9품 9미 · 187

역사의 현장, 서산과 정주영과 현대 · 191

5장 : 웃음을 잃지 말고 **희망 찾기**

실질적으로 도움을 주는 복지 · 201

전국 최초 확장형 고용복지플러스센터 개소 · 206

여행만사성(女幸萬事成) · 212

더불어 잘 사는 서산 · 222

명품 교육도시를 향해 나아가다 · 228

6장 : 시민 모두가 건강하고 **행복하기**

시민들의 건강지킴이 서산시 보건소 · 244

자원회수시설과 산업폐기물처리장 · 251

안전한 서산시를 위해 · 258

시민의 행복이 시장의 행복이다 · 264

물 부족과의 기나긴 싸움 · 278

7장 안으로 속으로 깊숙이 스며들기

　발품으로 외부재원을 확보하라 · 286
　빚 한 푼 없는 서산이 되다 · 292
　소통 행정, 공감 행정 · 299
　시민 불편은 바로바로 · 304
　반드시 풀어야 할 과제, 공용버스터미널 · 309

8장 꿋꿋하고 올곧게 주어진 길 가기

　민선 6기의 출발 · 318
　멀티플레이어 시장을 향하여 · 328
　클레오파트라 행정 · 339
　한국벤처농업대학 학생이 되다 · 342
　3선시장의 꿈과 약속 · 348

에필로그 '해 뜨고 꽃 피는 서산'을 향한 새로운 출발점에 서서… · 360
출간후기 · 366

꿈과 비전을 담은
이름 짓기

내가 그의 이름을 불러 주기 전에는

그는 다만

하나의 몸짓에 지나지 않았다.

내가 그의 이름을 불러 주었을 때

그는 나에게로 와서

꽃이 되었다.

내가 그의 이름을 불러준 것처럼

나의 이 빛깔과 향기에 알맞은

누가 나의 이름을 불러다오.

그에게로 가서

나도 그의 꽃이 되고 싶다.

우리들은 모두

무엇이 되고 싶다

너는 나에게 나는 너에게

잊혀지지 않는 하나의 눈짓이 되고 싶다.

– 김춘수, 〈꽃〉

누구나 한번쯤은 이 시를 읽어본 적이 있을 것이다.

교과서에도 실리고 시 낭송회에서 단골로 읊어지는 시이기 때
문이다.

존재론이니 인식론이니 하는 어려운 관념적 용어를 굳이 끌어들이지 않더라도 우리에게 익숙하고 친근한 시임에 분명하다.

이 시를 보면, 처음에는 꽃이 '몸짓'에 지나지 않다가 이름을 불러주는 행동을 통해 '꽃'이 된다. 그리고 자신도 누군가에게 '빛깔과 향기'에 알맞은 어떤 이름으로 불리기를 원하고 결국에는 서로에게 '잊혀지지 않는 눈짓'이 되기를 소망한다.

즉, 명명命名으로 부존재가 존재로, 불완전함이 완전함이 되고 서로의 참된 모습과 가치를 이해하고 받아들이게 되는 것이다.

나는 '해 뜨는 서산'이라는 도시 브랜드와 서산시 통합브랜드를 구상하고 개발해 우리 서산의 정체성과 미래비전을 확립하고 존재의 가치를 높이고자 많은 시간과 정성을 기울였다.

물론, 그 과정에서 크고 작은 어려움도 있었지만 많은 분들의 관심과 도움, 무엇보다 17만 5천여 시민들의 응원과 격려로 난관을 슬기롭게 이겨내고 서산시를 하나의 통일된 이름으로 부를 수 있게 되었다.

그리고 이제는 서산-당진 간 고속도로 건설로 대표되는 땅길을 비롯해 해미 공군비행장 민항 유치의 하늘길, 한·중 국제여객선 취항의 바닷길, 대산항 인입철도 및 중부권 동서내륙철도 개통의 철길 등 우리 서산의 꿈과 비전을 담은 일들을 하나하나 차곡차곡 추진해 나가고 있다. 앞으로도 우리 서산이 '해 지는 서산'에서 '해 뜨는 서산'으로 활짝 꽃피어 나기를 소망한다.

경쟁력 갑, 도시 브랜드 '해 뜨는 서산'

"누구에게나 처음은 힘들다.
실패를 두려워하지 마라.
시도조차 하지 않을 때 놓치게 될 기회를 걱정하라."
– 오리슨 스웨트 마든 –

해 지는 서산을 해 뜨는 서산이라니 이 무슨 말장난인가? 아마도 처음 듣는 사람들은 대부분 이런 생각을 할지도 모른다. 서산 하면 으레 서쪽에 있으니까 해가 지는 곳, 어리굴젓, 갯마을 같은 이미지가 제일 먼저 생각나기 때문일 것이다.

이런 것이 고정관념이고 선입견이다. 왜 서산을 서쪽에 있는 지역으로만 생각할까? 우리나라 지도만 놓고 보면 그렇게 생각하는 것이 당연할지 모르지만 지금은 지구촌 시대가 아닌가?

지구 반대편에서 일어나는 일도 실시간으로 알 수 있는 세상에 살고 있다. 그렇다면 세계지도를 놓고 보자. 우리 서산은 중국과 마주 보고 있다. 중국에서 볼 때 우리 서산은 가장 가까운 해 뜨는 동쪽이다. 이제 왜 해 뜨는 서산인지 고개가 끄덕여지지 않는가?

'해 뜨는 서산'의 발상이 나온 때는 2009년 7월 초다. 당시 행정안전부 근무 중에 서산시 부시장으로 발령(2009.7.3.)받게 되어 행정안전부 내부망 게시판에 작별 인사말을 올리면서 처음 사용했다. 서산을 이제는 해 지는 곳이 아닌 해 뜨는 곳으로 만들겠다고.

그 후 2011년 10월 26일 재보궐 선거 때 서산시장에 출마하면서 '해 뜨는 서산'을 캐치프레이즈로 쓰게 되었다. 선거에 출마하니 시장으로서의 비전을 제시하는 캐치프레이즈가 필요했다. 캠프 내 여러 사람들의 아이디어를 동원해 봤지만 신선한 그 무엇을 찾기 어려웠다. 그래서 개인적으로 평소 마음속에 품고 있던 '해 뜨는 서산'으로 결정하게 된 것이다.

'해 뜨는 서산'이 방위적으로도 전혀 틀린 말이 아니라는 것에는 동의했을 것이다. 그러나 더 중요한 핵심적 의미를 이해해야 한다. '해 뜨는 서산'이라는 말 속에는 '긍정적 인식'을 바탕으로 한 '창의'와 '역동'의 의미를 담고 있다.

그리고 뜨는(뜨고 있는)이라는 진행형(ing)에 주목해야 한다. 언어는 의식을 지배한다. '해 지는 곳'이라는 말 자체에서 '낭만과 아름다움'보다는 '몰락과 퇴조'의 뉘앙스가 더 짙게 풍긴다. 나는 서산을 더 이상 해 지는 곳으로 머물러 있게 할 수 없었다. 우리 서산을 그 옛날 찬란했던 백제문명이 다시 부활하는 도시로 만들고 싶었다.

서산瑞山의 '서瑞' 자는 '상서로울 서' 자로서 '복되고 길하다', '경사스럽다'란 뜻이다. 무엇이든 이름대로 가고 말하는 대로 이루어진다고 했던가. 서산시의 브랜드를 '해 뜨는 서산'이라고 한 이후 우리 서산은 그야말로 여명을 뚫고 올라와 세상을 밝히는 태양처럼 숨은 잠재력과 가능성을 드러내 보이기 시작했다.

가장 먼저 외적으로 드러나는 부분은 민선 6기 출범 첫해 16만 9,978명이던 인구가 2017년 12월 말 기준 17만 5,769명으로 증가했고, 예산규모도 2018년 본예산이 7,600억 원으로 추경예산 등을 포함하게 되면 1조 원 시대를 바라볼 만큼 큰 성장을 이루었다. 여기에다 땅길, 바닷길, 철길, 하늘길을 아우르는 서해안시대 사통팔달 교통의 중심이자 동북아 물류허브로 거듭날 준비를 차근차근 진행해 나가며 서산시는 도약의 도시, 미래의 도시, 약속의 도시로 거듭나고 있다.

'해 뜨는 서산'이라는 네이밍Naming은 절묘하다는 말을 많이 한다. 동쪽에서 해가 떠서 서쪽으로 진다는 통념과 갯마을 오지의 이미지를 깨고 활력·성장·희망의 이미지를 불어넣었기 때문이다. 해 지는 이미지가 연상되는 서산이었기 때문에 그 역발상이 더욱 빛을 발하는 것이다.

처음 도시 브랜드를 입에 올리는 나를 보고 모든 사람들이 공감하고 지지했던 것은 아니다. '먹지도 못하고, 보이지도 않는' 〈브랜드〉라는 무형의 가치를 이해하지 못하는 분들을 볼 때 안타까운 마음이었다. 이해 받지 못하는 일을 감행하는 두려움도 컸던 것이 사실이다. 하지만 '해 뜨는 서산'이라는 잘 만든 브랜드가 이제는 서산을 먹여 살리는 중요한 자산이 되었다. 실패의 위험이 있더라도 시도를 하라! 그래야 앞으로 나아갈 수 있다.

'해 뜨는 서산' 통합브랜드 탄생

> "태풍 바람이 불면 어떤 사람들은 담을 쌓고,
> 또 다른 사람들은 풍차를 만든다."
>
> – 네덜란드 속담 –

2016년 3월 7일 '해 뜨는 서산'은 심벌마크와 함께 서산시의 통합브랜드로 공포되었다. 이후 통합브랜드는 서산의 상품가치를 높일 수 있는 이미지로서뿐만 아니라 전략적 마케팅을 위한 수단으로서의 역할을 톡톡히 수행하고 있다.

'해 뜨는 서산'이 통합브랜드로서 자리 잡기까지에는 시민들의 관심과 협조가 매우 컸다.

나는 시장으로 일하면서 기존의 서산시 상징물이 도시 발전상과 비전을 담아내지 못해 차별성과 경쟁력이 떨어진다는 생각을 하게 되었다. 여러 사람들의 이야기를 들어보니 나의 생각과 일치했다. 전문가들 의견도 같았다. 자신감을 얻은 나는 지역정체성을 담고 미래비전을 접목한 통합브랜드가 필요하다는 인식하에 2015년 4월부터 통합브랜드 개발에 착수했다.

여기에는 시장인 나와 시민사회단체, 학계 등 다양한 분야의 위원 23명으로 구성된 '상징물위원회'가 함께했다. 우리는 서산시의 도시경쟁력을 높이기 위해서는 단순한 시각적 표현을 넘어 도시홍보와 마케팅을 결합한 통합브랜드의 정립이 필요하다는 것에 의견을 같이했다. 뿐만 아니라 앞으로 대산항을 통해 국제여객선이 취항하게 되면 외국관광객들이 서산을 찾을 것으로 예상되는 만큼 환황해권 중심도시이자 국제적 관광도시로서의 위상과 비전을 드러내는 통합브랜드가 필요한 시점이기도 했다. 그러나 일부 시의원들은 예산낭비라며 반대 분위기를 조성하기도 했다.

소신을 굽힐 수 없었기에 추진에 속도를 더했다. 2015년 4월 슬로건 공모를 시작해 3개월 후인 7월에 '해 뜨는 서산'을 통합브랜드 슬로건으로 낙점했다. '금빛 서산', '떠오르는 서산', '뜨는 서산', '생생 서산', '해 뜨는 서산' 등 5가지 슬로건이 심사 대상이었지만 '해 뜨는 서산'이 최종적으로 결정되었다. 이러한 결정에는 온라인조사, 1대1 대면조사, 무작위 선호도조사 등 다양한 방식의 조사가 동원되었고 참여 인원만 모두 7,864명이었다. 강조해서 말하지만 나는 결코 '해 뜨는 서산'을 염두에 두지 않고 객관적인 의견수렴이 되도록 하는 데 주력했다.

이제 다음 수순은 브랜드 디자인을 개발하는 일. 2015년 9월부터 도시브랜드 디자인 후보 3개 안이 선정되었고, 이를 시민들과 일반 국민 등을 대상으로 설문조사(9.24~10.5)를 실시해 디자인을 확정했다.

그런데 날이 바뀌자마자 아연실색할 문제가 생겼다. 확정 발표된 디자인이 독일의 어느 축제 로고와 유사하다는 문제가 제기된 것이다. 출근길에 알게 된 나는 등에서 식은땀이 났다. 통합브랜드 개발 자체를 못마땅해하던 일부 의원들이 쾌재를 부르는 모습이 눈앞을 스쳐 갔다. 더 고민할 이유가 없었다. 출근하자마자 디자인을 전격 취소한다고 발표했다.

그리고 곧바로 원점에서 다시 디자인 개발에 착수했다. 그로부터 2개월 후 새롭게 선정된 6개의 시안 중 최종 2개의 후보안을 선정해 앞서와 마찬가지 방식으로 3일간의 조사가 이뤄졌고 압도적으로 1위를 차지한 디자인을 서산시 통합브랜드로 최종 확정했다. 여기에는 6,467명의 시민들이 참여했다. 이로써 '해 뜨는 서산' 통합브랜드가 완성된 것이다.

통합브랜드에 혼을 담다

'해 뜨는 서산'이라는 구호가 탄생되는 과정에서 나는 전적으로 시민들의 의견에 맡겼지만, 통합브랜드의 디자인이 탄생되는 과정에서는 깊이 관여했다. 대내외적으로 서산을 대표하는 얼굴을 만들어 내는데 남의 손에만 맡겨 둘 수는 없다고 판단했기 때문이다. 용역을 맡은 한국디자인진흥원에서 만들어 온 디자인(안)을 대폭 수정했다. 아마도 90%는 바꿨다고 해도 과언이 아닐 것이다. 용역사 관계자에게 여담처럼 용역비를 나에게 주어야 한다고 했을 때 정말 그래야 하겠다고 대답했을 정도였다. 의미부여도 거의 내 몫이었다.

서산시는 현재 슬로건의 의미를 담은 심벌마크(문장)와 도시브랜드가 통합된 통합브랜드를 전면 사용하고 있다.

위 그림 전체 모습은 (해)+(뜨는)+(서산)의 글자 순서를 감안해 디자인되었다. 먼저 '해'는 좌측의 동그라미 모습이다. 해는 물결(대산항 파도)을 상징하기도 한다. 다음으로 '뜨는'은 상승기호(∧)로서 첨단산업도시로 발전하고 상승하는 서산을 표시한다. '서산'은 서산의 ㅅ글자와 산 모양의 ∧ 그림을 생각하면 쉽게 이해되리라 믿는다.

이 디자인에는 한 개의 한자와 세 개의 영문 이니셜 상징이 들어가 있다. 사람 인ㅅ 한자와 영문자로 S와 CA가 그것이다. 사람 인ㅅ자는 시민중심의 시정을 펼쳐 시민의 행복을 지향한다는 의미를 담고 있다. S자는 글로벌 서산을 지향한다는 의미로

Seosan의 S다. CA는 Creative와 Active, 즉 창의적Creative 아이디어를 바탕으로 시정을 역동적Active으로 펼쳐 나가겠다는 의지와 시정의 목표 및 방향성을 담고 있다.

왼쪽에 둥글게 말려 올라가는 태양과 물결은 상승기호(∧)와 더불어 서산시의 무한한 가능성과 역동적인 도약을 의미한다. 7가지 유닛으로 이루어진 조형은 상서로울 서瑞 자를 숫자 7Lucky로 대치하여 행운이 함께하는 상서로운 도시임을, 8가지 색상은 팔색조처럼 무궁무진하게 변화하며 성장하는 서산을 의미한다.

색상은 크게 4가지 색조를 바탕으로 8가지 색이 그러데이션(색상이 점진적으로 변경되어 가는 형태)되어 있다. 우선 육·해·공을 표시하는 녹색과 청색, 하늘의 태양을 상징하는 붉은색 계통이 그것이다.

서산은 물산이 풍부하고 토지가 비옥해 쌀 생산량도 전국 3위이며 다방면서 우수한 농특산물이 많이 나오는 지역임을 녹색으로 나타내었다. 청색은 해양을 가진 서산을 의미한다. 31개 국가항만 중 6대 항만에 속하는 서산 대산항을 가지고 있고 이를 청색과 물결 모양으로 상징하였다. 붉은 색은 태양을 상징하고 있으면서 우리 서산시가 하늘을 지배하고 있다는 의미를 더하고 있다. 대한민국에서 최대 규모를 자랑하는 공군 제20전투비행단이 하늘을 지키고 있고 세계 최대의 철새도래지인 천수만 철새가 하늘을 수놓고 있는 지역임을 상징한다.

이질적인 보라색은 무엇을 의미할까. 서산은 도시와 농촌의 모습을 동시에 가지고 있는 전형적인 도농복합도시다. 그렇지만 농촌의 모습보다는 산업도시로 보는 것이 더 맞다. 대산공단에 위치한 현대오일뱅크, 한화토탈, LG화학, 롯데케미칼, KCC 등 석유화학기업을 비롯해 현대파워텍, 현대모비스, 현대다이모스, 현대위아, 동희오토, SK이노베이션 등 자동차관련 기업 등 10개의 대기업을 위시해 수백 개의 기업들이 둥지를 틀고 있는 곳이 서산이다. 이러한 산업적인 모습을 보라색으로 상징했다. 행정에서 그렇게 표시하는 관례를 따른 것이다. 그리고 이 보라색을 가장 높은 위치에 두었다. 기업을 많이 유치해야 일자리도 많아지고 지역경제도 살아나기 때문에 가장 큰 가치를 둔 것이고, 산업도시로 서산을 키워가야 한다는 목표와 방향성을 담은 것이다.

색상의 그러데이션은 각 분야가 따로따로 가는 것이 아니라 융복합시대인 만큼 각 분야가 서로 어우러져 가야 한다는 뜻이 담겨 있다. 행정도 협업과 협치로 갈 때 시너지 효과로 소기의 목표를 쉽게 달성할 수 있다. 이는 4차 산업시대에 대비해야 하는 방향성에서도 맥을 같이한다.

통합브랜드뿐만 아니라 서산시 캐릭터 '해누리'와 '해나리'도 함께 개발해 서산을 알리는 일에 활용하고 있다.

'해누리'와 '해나리' 캐릭터 명칭은 밝게 떠오르는 해를 시민이 누리고, 서산의 행복과 희망을 시민과 함께 나누는 의미를 담고 있다.

통합브랜드는 기존의 낡은 이미지를 털고 20년 만에 다시 탄생되었다. '서산시 상징물 관리조례 일부 개정 조례' 공포로 2016년 2월 29일이 통합브랜드의 생일인 셈이다.

조례가 공포된 후 다음 달인 3월 7일 문화회관에서 선포식을 통해 대내외에 알렸다. 이날 선포식에는 간부 공무원을 포함한 직원 400여 명이 참여했고, 현판제막식, 서산시기 게양식, 통합브랜드 소개 및 축하영상, 서산시 캐릭터(해누리, 해나리) 소개, 서산시기 입장식, 통합브랜드 선포 순으로 이어졌다. 특히 서산시기 게양식과 서산시기 입장식은 공군 20전투비행단 의장대가 참가하여 행사에 의미를 더했다.

나는 통합브랜드 '해 뜨는 서산'이 우리 서산의 이미지를 개선하고 환황해권 중심도시이자 국제적 관광도시, 미래의 약속도시로서 서산을 대내외에 널리 알리게 될 것임을 확신한다.

그런데 이것은 나만의 기대가 아니었음이 입증되었다. 2016년 4월 4일, 서산시의 '해 뜨는 서산'이 국가브랜드대상 선정위원회가 주최하고 산업통상자원부와 농림축산식품부가 후원하는 '2016 국가브랜드 대상 시상식'에서 기초자치단체 정책 슬로건 부문 대상을 수상하는 영광을 안았기 때문이다. 그날 수상 장소였던 서울 롯데호텔에서의 기억이 아직도 생생하다.

황금빛 톡톡(TalkTalk!)

역경에 대처하는 자세를 보면 그 사람의 미래가 보인다고 한다. 역경을 변화시키려고 애쓰거나 역경에 맞서도록 자신을 바꾸는 사람이 있는가 하면 최대한 역경을 회피하고자 급급하거나 한탄만 하는 사람도 있다. 태풍에 담을 쌓은 사람은 바람은 피할지언정 그걸로 끝나겠지만 풍차를 만든 사람은 전기를 얻을 수 있다. 멋진 풍광 덕분에 들어오는 관광객과 부수입은 덤이다.

서산-당진 간
고속도로 개통 총력전

"지상에는 길이 없다.
걷는 사람이 많아지면 그것이 길이 된다."
– 루쉰 –

중국 속담에 '성을 쌓는 국가는 망하고 길을 닦는 국가는 흥한다'는 말이 있다. 길을 닦아 외부와 소통 및 교류를 확대하는 것이 높은 성벽을 쌓아 고립되어 있는 것보다 국가를 더 안전하고 탄탄하게 지킬 수 있다는 뜻이다.

구한말 경부선 철도건설 당시 충청도에서 입김이 셌던 공주의 유생들은 철길이 자기 지역으로 통과하는 것을 극구 반대했다. 그래서 결국 경부선 철도는 공주가 아닌 대전을 경유하게 되었는데 오늘날 어떤 결과를 초래하게 됐는지를 생각해 본다면 지역발전에 있어서 길이 얼마나 중요한지를 깨닫게 된다.

나는 부시장 시절부터 '길 뚫기'에 집중했다. 교통망을 확충해야 '기업'과 '사람'이 몰릴 것이라는 걸 잘 알았기 때문이다. 인류 문명 발달사가 길로부터 시작되었듯 국가나 지역의 발전도 교통의 발전을 통해서 이루어진다는 생각이다.

나는 서산시 공무원들과 서산 시민들을 믿고 초부득삼初不得三의 자세로 교통망 확충에 혼신의 힘을 다해 왔다. 그 결과 하늘길, 땅길, 철길, 바닷길을 사통팔달로 열어 서산을 미래의 도시, 도약의 도시로 변모시키고 있다.

7년여 동안 시장을 하면서 가시화되는 일들 위주로 치적을 쌓을 수도 있었지만 나는 무엇보다 길을 뚫는 데 많은 노력을 기울였다.

가시덤불에 길을 내기 위해서는 누군가 밟고 지나가야 한다. 그래야 오솔길이 생기고 신작로가 생기고 아스팔트가 생긴다. 건물을 쌓아 올리기 위해서도 기초공사를 하는 데 많은 시간을 쏟아부어야 한다. 기초가 튼튼하게 다져지고 나면 건물이 올라가는 것은 순식간의 일이다. 마찬가지로 나는 지역의 미래발전을 위해서는 교통망 확충과 같은 인프라 구축을 우선해야 한다는 생각으로 육로와 해로, 항로 개척에 열정을 쏟고 있다.

그 결과 서산 대산항과 중국 룽청시 룽옌항을 잇는 뱃길을 열었고, 서산시의 오랜 숙원이던 서산-당진 간 고속도로 개통을 세 번의 도전 끝에 이루어내 땅길도 열었다. 2017년 12월에는 해미 공군비행장 민항유치사업도 사전타당성 검토용역을 통과했으니 하늘길도 열리게 됐다. 대산항 인입선 철도건설사업도 제3차 국가철도망구축계획에 추가검토대상 사업으로 반영(2016.2)되어 노력 여하에 따라 철길이 열릴 날도 머지않았다. 이러한 교통망의 확충은 지역발전을 비약적으로 앞당길 것이다.

여기에 대통령 공약사항에 반영된 중부권 동서횡단철도의 건설이 이루어지면 서산시는 4대 교통망을 모두 갖춘 사통팔달의 교통중심지로서 우뚝 서게 될 것이다.

중국과 국제여객선 취항을 앞두고 있는 서산 대산항은 우리나라 31개 국가 항 중 6번째로 물동량이 많은 항만으로 빠른 성장으로 주목을 받고 있다. 유류화물로만 따지면 울산항과 광양항에 이어 세 번째 항만이다. 한·중 FTA의 타결로 서산 발전을 이끌 동력 중 으뜸이 되는 곳이기도 하다.

사드THAAD 여파로 다소 늦어지긴 했지만 2018년 상반기 중에는 국제여객선 취항이 이루어질 전망이다. 그렇게 되면 대산항은 중국과 가장 가까운 항만으로서 서산은 물론 충남도의 변화를 이끌 선봉 역할을 하게 될 것이다.

대산항 주변에는 석유화학산업단지가 위치해 있다. 소위 '대산5사'라고 불리는 현대오일뱅크, 한화토탈, 롯데케미칼, LG화학, KCC와 같은 회사들이 자리 잡고 있어 물동량도 많다.

대산항이 이처럼 대중국 교류에 있어서 유리한 입지조건을 갖춤으로써 중국무역의 전진기지로 각광받고 있지만 문제가 하나 있다. 여객과 물류의 이동은 많아지고 활발해지는데 대산항과 다른 곳을 연계할 수 있는 도로망은 매우 열악하다는 점이다. 우리나라 6대 항만이지만 항구까지 고속도로가 연결되어 있지 않다 보니 많은 화물자동차들이 시내를 통과해야 하고 그 때문에 사망 사고, 교통 정체, 도로 파손 등 여러 가지 낭비적 요소와 함께 많은 물류비용이 소요되고 있다.

우리나라 3대 산업단지로 대산과 울산, 여수가 꼽힌다. 울산과 여수 산단은 국가산업단지로서 계획적으로 조성되어 국가의 지원이 이루어지고 있는 데 반해, 우리 대산 산단은 개별적으로 조성되어 매년 5조 원 가까운 국세를 내면서도 국가적 차원의 지원이 전무한 실정이다.

도로접근성에 있어서도 울산은 6km, 여수는 15km인데 반해 우리 대산은 고속도로와의 거리가 40km 이상이나 돼 매우 열악하다. 이 때문에 대산 산단 입주 기업체들은 물류비 절약을 위해 고속도로 건설을 간절히 바라고 있는 상황이다.

때문에 20여 년 전부터 대산 산단 입주기업들은 서산시와 국회의원 등을 찾아가 대산 산단의 경쟁력 확보를 위해서 대산 삼길포에서 당진을 잇는 국도38호선의 4차선 확장이 필요하고, 대전-당진 간 고속도로를 대산까지 연장해야 한다고 역설해 왔다. 하지만 적극적으로 힘을 보태 주는 상황은 조성되지 않았다. 당시 지역구 국회의원조차도 이 사업을 부정적으로 보았다. 안희정 지사도 나와 통화하면서 지역구 국회의원이 사업 추진에 부정적이던데 왜 그러는 것이냐고 물었다. 국회의원은 어차피 건설이 어려운 고속도로 문제에 매달릴 것이 아니라 국지도 70호선 등 기존 공사 중인 도로를 공기를 앞당겨 완공하는 데 집중하는 편이 낫다는 의견이었다. 그러나 진행 중에 있는 계속사업의 완공시기를 앞당기는 것과 고속도로 신규 건설추진은 엄연히 다

른 사안이 아니던가? 안타깝게도 상황이 이러하기에 지역의 숙
원사업이면서도 추진 동력을 얻지 못하고 있었다.

대전-당진 간 고속도로의 서산 연장 문제는 예비타당성조사
에서 2005년과 2009년 두 번이나 탈락해 사경을 헤매며 포기
단계에까지 이르렀다가 간신히 불씨를 살려낸 사업이다. 그만
큼 이 사업은 안팎으로 어려움을 겪어야 했다.

예비타당성조사에서 번번이 탈락한 이유는 비용대비 편익수
치(B/C)가 기준치인 1에 못 미쳤기 때문이다. 고속도로라면 여
러 도로가 연계되어 교통량이 많아야 하지만 대산-당진 간 고
속도로는 지역의 한쪽 끝부분에 위치하고 있어 교통량이 많지
않았다.

하지만 나는 다시금 심기일전(心機一轉)해서 기회가 있을 때마다
중앙부처와 정치권을 바삐 오가며 협조를 구하고 당위성을 설명
하는 등 모든 노력을 기울여 왔다. 김준경 KDI원장도 직접 찾아
가 서산의 상황을 설명하고 적극적인 관심으로 챙겨봐 줄 것을
부탁했다. 매번 '이번에 성과를 내지 못하면 끝이다'라는 생각으
로 "고속도로가 아니어도 좋으니 준고속도로 형태로라도 길만
뚫어 달라"고 매달렸다. 서산시의 이창영 도로과장과 팀장 등
직원들도 국토부와 KDI를 수시로 드나들며 혼신의 노력을 다했
다. 서산출신으로 기획재정부 고위공무원 출신인 한승희 KDI
교수도 힘을 보탰다.

나는 이 사업의 시급성과 당위성을 설명하는 친필 서한문을

작성해 대통령과 국무총리, 관계부처장·차관 및 정당 대표 등에게 보냈다. 2014년에는 정치권의 지원과 협조를 위해 김제식 국회의원과 함께 국회에서 전문가 토론회를 열기도 했다. 또한 충남도를 비롯해 서산시의회와 대산공단 입주기업, 지역사회단체뿐만 아니라 이웃 당진시까지 한 목소리를 끌어내며 서산-당진 간 고속도로 건설을 위해 힘을 모았다.

나는 여러 매체를 통해 이렇게 강조했다.

"서산 대산항은 전국 31개 무역항 중 6번째 물동량과 3번째 유류화물 처리량을 자랑하며 서해안 시대 동북아 물류허브로의 힘찬 도약을 시작했습니다. 더욱이 앞으로 대산항과 중국 룽옌항을 연결하는 한·중 여객선이 취항하게 되면 관광과 물류 이동에 큰 변화가 생길 것이고 그 상황에서 가장 시급한 것은 바로 고속도로 건설입니다. 이대로 방치한다는 것은 국가적으로 큰 손실입니다."

예비타당성조사에서 B/C 기준치가 1이 되지 않아도 통과되어 지원을 받은 사례는 얼마든지 있어 왔다. 목포-광양, 광주-완주, 안동-영덕, 포항-영덕, 양평-이천 고속도로가 모두 비용대비 편익수치(B/C)에서 1에 도달하지 못한 곳이다. 그럼에도 불구하고 이들이 예비타당성을 통과하게 된 것은 정책적 타당성의 가치를 높인 결과였다. 지역낙후도, 산업파급효과 등 정량적으로 측정할 수 없는 부분에서 높은 점수를 받았기 때문이며, 선도

사업이라 하여 예타면제 사업으로 선정되어 추진된 사례가 많았기 때문이다. 내가 중앙부처와 정치권을 수없이 오가며 매달린 이유이기도 하다.

이러한 노력의 결과로 2015년 4월 다시 서산-당진 간 고속도로 건설사업이 예비타당성 조사대상에 선정되었다. 그리고 2016년 2월 설 명절을 앞두고 서산시 최대 현안일 뿐만 아니라 서산시민들의 숙원이던 서산-당진 간 고속도로 건설이 기획재

대산-당진 간 고속도로 예타 통과 기자회견

정부 예비타당성조사를 최종 통과했다는 낭보를 받게 되었다.

소식을 접한 순간 뛸 듯이 기뻤다. 나를 포함한 서산시청 관계 공무원들은 물론, 국회사무처 이종후 수석전문위원, 기획재정부 문상호 사무관 등 모두는 그 어느 때보다도 감격스러웠다. 환희와 흥분은 쉽게 가라앉지 않았다. 서산–당진 간 고속도로 건설에 문을 두드린 지 11년 만에 이룬 쾌거이자 세 번의 도전 끝에 불굴의 집념으로 만들어 낸 값진 성과였기 때문이다.

나는 이 기쁨을 무척이나 추웠던 2016년 2월 4일 해미읍성 안에서 학 의상을 입고 춤을 추는 이벤트로 표현했다. 2015년 12월 3일 '충남방송'과의 인터뷰에서 10년 넘게 지역의 숙원이기도 했던 이 사업의 예타가 통과된다면 "시민이 원하시는 어떤 것이라도 하겠다"고 말했던 약속을 지킨 것이다. 당시 방선윤 기자는 "춤은 어떨까 싶다"고 불쑥 제안했고 나는 "시민과 기쁨을 함께 나눈다는 측면에서 특별한 춤을 추겠다"고 흔쾌히 수락했다. 이후 2016년 12월 2일 오전에 예타 통과 소식이 전달됐고, 나는 평소 잘 알고 지내던 소설가이며 세계걷기운동본부 사무총장인 정준 총장으로부터 학 의상을 빌려 입고 약속을 지켰다.

어쨌든 우리 서산 대산항이 단순한 충남지역의 관문항이 아니라 우리나라의 대중국 전초기지로 발돋움할 수 있는 전기가 마련된 것이다. 서산 대산항과 중국 룽옌항 간 국제여객선 취항과 함께 대거 유입될 중국 관광객들을 대상으로 서산과 태안, 당진 등 인근 시·군을 연계하는 관광벨트 조성도 가능해졌다. 무엇보다 물류비용 절감으로 대산공단 입주기업들의 경쟁력 강화는 명약관화明若觀火한 일이 되었다. 그동안의 힘들고 어려웠던 순간들이 필름처럼 뇌리를 스치고 지나가도 전혀 힘들게 느껴지지 않는 이유는 밝은 미래가 보장되어 있기 때문일 것이다.

황금빛 톡톡(TalkTalk!)

많은 이해관계와 관련자가 얽혀있는 사업들을 진행하는 것은 쉬운 일이 아니다. 마치 모두가 포기한 황무지를 개발하는 것과 비슷하다. 하지만 우리는 잘 알고 있다. 한 명 두 명 그 길을 가다 보면 어느새 샛길이 나기 마련이고, 그 길 위로 여러 사람들이 지나가게 된다. 그리고 도시와 도시가 이어진다. 나는 이미 잘 닦여지고 반듯반듯한 길을 걷는 것에 재미를 느끼지 못하는 사람이다. 내가 길을 내는 최초의 순례자라는 타이틀은 그 얼마나 매력적인가?

21세기 新실크로드,
바닷길을 열다

"돛 달아 푸른 바다에 배 띄우니
긴 바람이 만 리를 통한다.
(掛席浮滄海 長風萬里通)"

– 고운 최치원 –

서산 대산항에서 중국 룽옌항을 오가는 국제여객선 뱃길이 모든 준비를 마치고 취항할 날만을 기다리고 있다. 모두가 불가능한 일이라고 했지만 우리는 사드문제 파고도 넘으며 해냈다.

서산 대산항–룽옌항 간 국제여객선 뱃길이 만들어지기까지에는 우여곡절이 많았다. 2008년 6월, 유상곤 전임시장이 중국 룽청시榮成市를 방문해 우호도시 교류 의향서와 국제여객선 정기항로 개설에 관한 양해각서MOU를 체결하면서 구체적인 발판이 마련되었다. 이어 서산시와 대룡해운㈜은 2010년 '대중국 해상여객 운송사업 공동추진 업무협약'을 맺으면서 뱃길을 열기 위한 본격적인 준비에 착수했다. 이후 2010년 11월 23일~25일까지 제주도 서귀포 롯데호텔에서 '제18차 한·중 해운회담'이 열렸고, 이 회담에서 한·중 항로개설이라는 소중한 결실을 거두게 되었다.

18차 한·중 해운회담에서는 전 세계적으로 해운업계가 불황인 탓에 한·중 양국 대표단의 신항로 개설에 대한 의견 차이로 무산될 위기도 있었다. 그러나 우리는 불굴의 의지로 합의를 도출해 내면서 한·중 최단거리 뱃길을 이끌어 내게 되었다. 당시 의제로 발의된 7개 항로 중 대산항–룽옌항 간 항로만 유일하게 채택되고 나머지는 모두 불채택되었다는 것이 이에 대한 방증이라 할 것이다.

이런 결과를 도출해 내기까지에는 당시 한국 측 대표였던 해양수산부 전기정 해운물류국장과 박경철 해운정책과장의 역할이 컸다. 서산시에서는 이원우 경제항만과장과 조병하 항만물류지원팀장, 윤경준 주무관이 중간에서 해양수산부와 실시간 소통을 하며 결과를 이끌어 내는 데 기여를 했다. 이들이 서산과 중국과의 뱃길을 여는 제18차 한·중회담의 숨은 주역들이다.

당시 부시장이었던 나는 한·중회담이 열리는 서귀포 현지에 경제항만과 조병하 항만물류지원팀장과 윤경준 주무관을 출장 보내 현장 분위기를 실시간으로 보고토록 하며 상황을 살폈다. 그러나 회담의 의제에 대해 협의를 마무리 지어야 하는 11월 24일까지 우리 서산시의 의제는 합의를 이끌어 내지 못하고 회의가 종료되었다.

당시 중국 측은 우리 측이 요구한 쾌속선 항로 개설이 안전성 확보가 어렵다는 이유로 부정적 입장이라는 전갈을 받았다. 나는 윤경준 주무관과 상황을 문자로 주고받으며 우리 측의 대응

방안을 중국 측에 강력 요구토록 했다.

　우리가 제시한 방안은 '안전성이 확보되면 취항하는 것을 조건으로 항로 개설에 합의한다'는 취지의 문구를 삽입하여 동의를 이끌어 내자는 것이었다. 그러지 못하면 다음 한·중 해운회담까지 또 한 해를 기다려야 했기 때문이다. 결국 이 전략은 맞아떨어졌다. 중국 측의 투어일정으로 잡혀 있던 회담 마지막 날인 11월 25일 아침, 양측 대표는 다시 회담장으로 들어와 우리의 요구안에 협의 서명함으로써 역사적인 서산-룽옌항 간 항로 개설의 첫 단추를 꿰게 되었다.

　그런데 문제는 예산반영이었다. 대산항-룽옌항 간 정기항로 개설 후 정부 예산반영 문제가 매번 우리의 애간장을 태웠다. 그러나 각고의 노력 덕분에 2011년 12월 31일 23시 25분, 국회 본회의장에서 대산항 국제여객부두 및 터미널 축조 기본·실시설계 용역비 13억 원이 본회의 의결로 2012년도 정부예산안에 반영되었다.

　여기까지 오는 데에는 천국과 지옥을 오가는 급박한 상황을 거쳐야 했다. 대산항 국제여객선 취항은 사실상 죽은 자식이나 다름이 없었다. 지난 2010년 10월 이전까지 서산시는 이 사업을 사실상 포기하고 있었기 때문이다.

　재선거를 통해 서산 시장에 당선된 나는 취임식 당일 오후 서울로 올라가 가장 먼저 기획재정부와 국회를 방문했다. 서산 대산항 국제여객선 취항의 첫 단추가 될 국제여객선터미널 신축을 위한 실시설계 용역비 13억 원을 달라고 간청을 하러 간 것이다. 당시는 기재부가 다음 해 정부가 쓸 예산을 국회에 심의를 요청해 놓은 상태였는데, 여기에 대산항 국제여객선터미널 신축 실시설계에 필요한 국비 요청은 빠져 있었다. 모두가 불가능하다고 했고 괜한 객기라는 비아냥거림도 있었다.

하지만 나는 포기하지 않았다. 나의 서울행은 한 번으로 그치지 않았고 틈만 나면 상경을 감행했다. 서울행이 잦아 오해도 샀지만 아랑곳하지 않았다. 그리고 결국 우리의 바람과 소망은 2011년을 보내는 마지막 날 이루어지게 되었다.

나는 그날의 기쁨을 잊을 수가 없다. 당시 본회의 의결이 끝난 직후 국회 이종후 수석전문위원으로부터 기적 같은 전화를 받던 기억이 생생하다.

"시장님 됐습니다, 예산 살렸습니다!"

정부예산에서 빠져 있던 예산을 국회에서 살려 낸 것이다. 세세한 스토리는 생략하지만 그야말로 드라마와 같은 상황이었다. 지역 언론에서는 이를 가리켜 '죽은 예산을 살렸다'는 말로 험난한 예산확보 과정을 대변했다.

이후 본격적으로 사업추진에 필요한 예산도 따내는 쾌거를 이뤄냈다. 2013년 1월 1일 새벽 6시에 의결된 2013년도 정부예산안에 '서산 대산항 국제여객부두 및 터미널 건립예산' 240억 원이 반영되었다. 그 뒤 나는 조직을 개편해 대산항 국제여객선 취항을 전담할 항만물류과를 신설하고 차근차근 만반의 준비를 해 나갔다.

사업비를 확보한 이후에도 답답하고 안타까운 일이 1년이나 지속됐다. 1차적으로는 정부조직 개편으로 해양수산부의 출범이 늦어졌다. 출범 이후에는 신규사업에 대한 정부의 재검토 과정을 거치면서 해양수산부 일부 공직자의 부정적 인식으로 사업 추진에 발목이 잡혔다. 당시 해양수산부 기획조정실장은 이 사업을 부정적으로 보고 공사추진을 탐탁지 않게 생각했다. 나는 해양수산부를 찾아가 중국과의 관계 속에서 사업의 신속한 추진이 필요하다는 점 등을 설명하였고, 이후 장문의 문자를 보내며 협조를 요청했다. 당시 퇴직을 얼마 남겨두지 않은 대산지방항만청 김대수 청장도 이 사업의 추진 필요성을 본부 간부회의에 참석해 보고를 하는 등 적극성을 보였다. 그러나 이런 노력에도 불구하고 시원한 답은 들려오지 않았다. 당시 임명을 받은 지 얼마 되지 않은 윤진숙 해양수산부장관의 미적지근한 결단도 사업추진 지연에 한몫을 했다. 이런저런 해양수산부의 사정에 발목이 잡혀 수개월이나 미뤄지다가 가까스로 이인제 국회의원의 도움으로 1년이나 지난 2014년 2월 27일에서야 기공식을 가질 수 있었다.

그러나 문제는 여기서 끝나지 않았다. 이번에는 국제여객선 선종 문제가 또 발목을 잡았다. 세월호 사고가 발생하면서 쾌속선의 안전성 문제가 제기되기 시작했고, 계속되는 해운경기의 불황으로 속도는 느리지만 여객탑승 및 화물적재가 가능한 카페리호로의 선종변경이 대두되었다. 우리나라는 카페리선을 선호한 반면 중국은 쾌속선에 무게를 두고 있었기 때문이다.

나는 우리의 뜻을 관철시키기 위해 서산시 대표단을 이끌고 2016년 7월 5~6일 양일간 중국 룽청시 정부와 중국 여객사업자인 시샤코우西霞口그룹을 방문해 선종변경 문제를 논의했다. '제24차 한·중 해운회담'에서 나는 쾌속선을 카페리선으로 변경하는 것이 우리 정부와 서산시의 바람이라고 힘주어 말했다. 그러자 룽청시 정부와 시샤코우그룹은 중국 정부에 강력 건의하는 한편 선종변경이 조속히 결정되어 대산항–룽옌항 간 국제

중국 룽청시 유창송 시장과 회담 장면. 2016. 7. 5.

여객선이 성공적으로 취항되기를 바란다는 긍정적인 답변을 주었다.

2016년 강원도 양양에서 개최된 '제24차 한·중 해운회담'에서 결국 카페리선으로 국제여객선의 선종이 결정됨으로써 한·중 양국 간 걸림돌은 모두 해소될 수 있었다.

대산항은 평균수심이 14m(최대수심 40m)로 서해안권 항만 중에서 가장 수심이 깊어 대형선박의 접안이 유리하다. 또한 국토의 중심부인 데다 수도권과 근접한 거리에 있어 물류 흐름의 중심지로서 최적의 조건을 갖추고 있다. 시설규모는 31선석(국가부두 4선석, 민간부두 27선석), 물동량은 8,600만 톤으로 최근 10년간 꾸준한 성장률을 보이고 있다. 이런 성장이 가능했던 이유는 대산 석유화학단지를 배후에 두고 있기 때문이다.

무엇보다 대산항은 서해안 항만 중 중국과 가장 가깝다는 장점을 가지고 있다. 중국 룽옌항과 불과 339km 거리로, 이는 인천항이나 평택항과 비교해도 매우 유리한 입지조건이다. 서산시뿐만 아니라 충남도에서도 서산 대산항을 환황해권 전진기지로 앞세우려는 목표를 가질 만큼 중요한 곳이다.

여기에다 2014년 한·중 FTA의 타결로 거대시장 중국과 우리나라는 한층 불가분의 관계가 되었다. 향후 10년간 실질GDP 0.96%, 소비자후생 146.26달러가 증가하고 5만 3,800여 개의 일자리가 창출될 것이라는 보고가 있는 만큼 중국시장 개방은 우리가 어떻게 활용하느냐에 따라 가능성이 무궁무진하다 할 것이다.

충남의 주요 수출국 1위가 중국이고 충남이 상대하는 최대 무역흑자국도 중국이기 때문에 대산항의 발전은 서산을 넘어 충남의 발전과도 연관성이 깊다. 충남 전체 수출의 약 44%가 중국으로 나가고 홍콩·대만을 포함해 중화권까지 합하면 거의 3분의 2가 중국과의 무역인 만큼 중국경제는 충남경제와 떼려야 뗄 수 없는 관계라고 하겠다.

　한·중 FTA의 타결로 관세율이 인하 내지 폐지된다면 상대적으로 관세율이 높았던 석유화학제품이나 자동차, 철강 등에 대해 대산항이 절대적으로 유리한 위치에 서게 된다. 14억 중국시장을 잘만 활용한다면 여러모로 충남과 서산에게 굉장한 기회요인으로 작용하게 될 것이다. 이러한 면에서 서산 대산항과 같은 대중국 물류거점의 확보는 매우 중요한 과제라 할 수 있다.

　나는 이 같은 대산항의 중요성을 간파하고 기업 및 단체들과도 손을 잡고 많은 대화를 나눴다. 대산지방해양수산청과 서산상공회의소, 출입국기관, 대산석유화학기업, 해양환경관리공단, 하역사 및 도선사협회 등 대산항과 관련된 모든 기관단체와 대산항의 활성화 방안을 모색했다.

　하지만 2017년 초부터 불거진 사드문제로 서산 대산항의 국제여객선 취항이 무기한 연기되는 안타까운 일이 발생했다. 투자를 계획했던 중국기업들의 자금줄도 묶였다. 중국 해운사업자는 한·중 사업자 간의 선박구매와 용선협의 일정을 연기하자고 요청해 왔다. 대산항–룽옌항 간 국제여객선 취항을 지역발전의 전기로 삼으려던 나로서는 너무도 난감했다. 마지막 단계에서 불가피하게 취항이 늦어지는 부분에 대해 매우 안타까울 수밖에 없었다. 하지만 유연하게 대처하면서 한·중관계 회복시 즉시 취항이 가능하도록 만반의 준비를 갖추었다.

2017년 하반기로 진입하면서 청신호가 켜졌다. 한중관계가 호전의 기미를 보이기 시작한 것이다. 중국관광객들의 한국방문 빗장이 풀렸다는 뉴스도 나왔다. 이와 때맞춰 제25차 한·중 해운회담이 2018년 1월 17일부터 18일까지 양일간 중국 윈난성元南省 쿤밍시昆明市에서 열리기로 결정되었다는 소식도 전해졌다. 서산시는 해양수산부를 오가며 마지막 남은 빗장이 풀리도록 함께 힘을 모았다. 나는 회담장 분위기를 파악하여 대응하기 위해 제18차 한·중 해운회담(제주 서귀포) 당시처럼 직원들(윤경준 항만팀장, 김영승 주무관)을 현지로 출장 보냈다. 우리 한국 측 대표단은 해양수산부 엄기두 해운물류국장과 이정로 사무관, 차석근 주무관으로서 그동안 중국의 사드보복조치로 인해 합의되지 않았던 아주 큰 난제를 풀어냈다.

한·중 카페리는 한국과 중국의 합작법인으로 구성되는 게 원칙으로 양국간의 투입선박의 기준이 다르다 보니 선박을 구하더라도 어느 한 나라에서 승인을 해 주지 않으면 취항이 불가능하게 되어 있다.

이번 제25차 해운회담에서 서산-룽청항로에 투입하는 선박의 선령은 신조선을 기본으로 하고 다만 신조선 건조기간 중에 선령 25년 이하의 선박을 2년간 투입할 수 있게 합의됨에 따라 비로소 우리 상황에 맞는 선박을 용선하여 금년 상반기 중 취항을 시키고 2년 후엔 새로 건조한 신조선을 타고 중국을 오갈 수 있게 되었다.

지금도 한·중 사업자는 중국과 한국을 오가며 신조선 발주와 선박용선 준비를 위해 분주하게 취항을 준비 중이다. 2018년 상반기 중에는 특별한 돌발변수가 없는 한 국제여객선 취항이 가능할 것으로 생각한다.

편리한 교통은 필연적으로 물류 이동의 변화를 가져오게 되어 있어 대산항의 물류 증대는 불을 보듯 뻔하다. 항공기나 객화선을 이용해 중국을 오가던 승객은 물론 항공화물까지도 상당수 유치가 가능해져 서산시를 중심으로 한 서해안권의 물류와 관광산업 발전을 가속화할 수 있을 것이다.

지금까지는 첫 단추를 꿴 것에 불과하다. 앞으로 중국 단체관광객 유치를 위해 차별화된 관광상품 개발과 각종 인프라 구축에 인적·물적 자원을 효율적으로 투입해 나갈 계획이다. 중국과 일본, 동남아를 아우르며 거대한 해상왕국을 건설해 최대의 번영을 누렸던 백제 근초고왕의 역사를 다시 재현하기 위해서는 아직도 많은 과제들이 남아 있다. 하지만 이렇게 바닷길을 뚫은 서산시의 저력이라면 그 어떠한 난관도 충분히 헤쳐 나갈 수 있지 않을까 생각한다.

황금빛 톡톡(TalkTalk!)

'바다를 정복하는 자, 세계를 정복한다.'

서산은 新실크로드를 빛내는 전진 도시로서 손색이 없다. 거친 변화와 발전의 중심에 있는 서해 바다를 태극기를 단 우리나라 선박들이 해상왕 장보고처럼 종횡무진할 미래를 위해 오늘도 나는 바지런하게 움직인다. 서산 시정이라는 닻을 손보고, 1,000여 명의 공무원들과 17만 5천여 서산 시민들의 행복을 가꿔가는 데에 결코 게을리하지 않을 것이다.

중국 롱청시 룽옌항 국제여객터미널 내부, 2016. 7. 6.

하늘길도 뚫었다.
해미 공군비행장 민항유치

"그 어떤 위대한 일도 열정 없이 이뤄진 것은 없다."

– 랄프 왈도 에머슨 –

　해미 공군비행장 민항유치 목소리는 2002년부터 시작되었다. 당시 충남발전연구원은 우리나라와 중국의 경제·사회·문화적 교류가 확대됨에 따라 중국과 지리적으로 인접한 서산공항의 필요성을 제기했다. 그 후 충남도지사와 지역 국회의원 후보들은 해미 공군비행장 민항유치를 공약으로 전면에 내세우며 사업추진의 시급성을 주장했다. 하지만 누구도 성사시키지 못하고 지금까지 이어져 왔다.

　해미 공군비행장은 대한민국의 비행장 중에서 가장 규모가 큰 곳이다. 그래서 지역주민들은 큰 소음피해로 고통을 받고 있는 곳이기도 하다. '언제까지 피해만 당하고 살아야 하느냐'는 민원을 들으면서, 나는 이 지역에 실질적인 도움이 되고 나아가 충남도민의 하늘길을 열어주자는 생각에 해미 공군비행장의 민항유치를 떠올리게 되었다. 서산시민들은 비행기를 타려면 청주나 김포, 인천으로 가야 한다. 만약 서산에서 민항기가 뜬다면 제주도나 중국, 동남아를 바로 갈 수 있게 되는 것이다.

나는 2014년 7월 11일, 안희정 충남도지사를 찾아가 해미 공군비행장 민항 유치사업 추진의 필요성을 강조했다.

"해미면에 위치한 공군 제20전투비행단은 중국과 지리적으로 가깝고 운영비 측면에서도 경쟁력을 충분히 갖추고 있습니다. 국방부와 국토교통부 등 중앙부처와 원만한 협의가 이뤄진다면 공항개발에 속도를 낼 수 있는 만큼 충남도 차원의 TF팀 구성과 정책공조가 필요합니다."라고 민항유치에 대한 충남도의 적극적인 지원을 요청했다. 안희정 지사 역시 해미 공군비행장 민항유치의 필요성을 인식하고 있다며 현장에 배석한 간부공무원들에게 TF팀 구성과 운영을 지시했고, 이후부터 서산시와 충남도의 긴밀한 협력으로 추진에 속도가 붙게 되었다.

충남도와 서산시의 로드맵은 2016년 사업추진이었다. 이를 위해 2015년 수요 조사 및 여건 조사를 위한 연구 용역을 거친 뒤 이 자료를 바탕으로 국방부와 협의하는 작업을 진행해 2016년 예산을 확보한다는 계획이었다.

서산시와 충남도가 하늘길을 여는 데 함께 뜻을 모았지만 풀어야 할 숙제도 있었다. 사업성이 낮다는 그간의 자료들을 뒤집을 타당성과 논리를 개발하고 수요창출 요소를 확보해 가야 하는 문제였다.

2014년 11월, 서산시청 대회의실에서 민항유치를 위한 첫 전문가 워크숍이 열렸다. 이날 워크숍은 충남도와 서산시가 협의하여 마련한 것으로 충남도 민항유치 TF팀과 국토연구원, 한국교통연구원, 충남발전연구원, 한서대 관계자 등이 참석해 민항유치 필요성에 대한 주제를 발표하고 토론을 벌였다. 참석한 전문가들은 비행장 주변에 대산석유화학단지, 서산오토밸리, 서산테크노밸리, 태안 기업도시 등 대규모 산업단지가 위치해 있고 충남 서북부지역이 급속히 확장되고 있는 만큼 충분한 항공수요가 있다는 데 뜻을 같이했다. 여기에 해미 공군비행장은 대형 민간항공기 취항이 가능한 3km 규모의 복합 활주로를 갖추고 있어 운영비 측면에서도 경쟁력이 있었다. 원래 신규 공항을 만들려면 막대한 예산이 들어야 하지만 기존에 있던 공항시설을 이용하기 때문에 신규 공항 건설비의 10분의 1 정도인 460억 원 전후라면 민항유치가 가능하다고 판단했다. 2,743m 규모의 활주로가 2개 있고 유도로도 4개나 되기 때문에 비행기가 뜨고 내리는 터미널과 진입도로, 계류시설 등만 있으면 된다는 계산이다.

서산시는 충남도와 함께 TF팀을 구성해 사업의 타당성과 항공교통의 오지인 충남도민의 공항 필요성을 국토부와 연구용역기관에 제시하기 위해 수차례의 자체 연구용역도 실시했다. 그결과 비용대비 편익비가 1.99로 나타나는 결과를 얻기도 했다.

항공서비스는 지역발전과도 밀접한 관련이 있다. 국내 민항이 취항하는 15개 공항의 분포를 보면 영남이 5곳, 호남이 4곳으로 항공 인프라가 편중되어 있는 것을 알 수 있다. 충남도는 항공의 오지나 다름없다. 김포나 김해, 제주 공항을 제외한 대다수 지방 공항들이 개항 이후 당기순이익을 내지 못할 만큼 만년 적자 경영을 해오고 있는데도 선거 때만 되면 영남권 신공항 문제가 불거진다. 그러나 충남도는 비즈니스 수요가 급증하고 공항까지의 접근이 열악해 많은 불편을 겪으면서도 하늘길을 열어달라는 요구를 외면당해 왔다. 순이익을 낼 수 있느냐 없느냐를 따지기 전에 지역 균형발전을 위해서라도 충남권 공항은 반드시 필요한 사안이다.

민항유치 사전타당성 통과(12. 7.) 후 시청 브리핑룸에서 기자회견

여러 노력으로 2016년 5월, 드디어 쾌재를 부를 결실을 거두게 되었다. 내가 공군 제20전투비행단에 민항유치의 군불을 지피고 충남도에서 중앙에 건의하며 큰 불을 만들어 '제5차 공항개발중장기종합계획'이라는 국가계획에 서산 민항유치사업이 반영된 것이다.

국토교통부는 이후 후속조치를 이어나갔다. 사전타당성조사 용역에 착수한 것이다. 그리고 2017년 12월 7일, 드디어 우리가 고대하던 서산비행장 민항유치 추진에 대한 국토교통부의 사전타당성 검토 연구용역 결과가 나왔다. B/C 3.53이라는 가히 압도적인 수치가 경제적 타당성을 입증해 주고 있었다. 비용대비 편익이 세 배 이상 된다는 얘기다. 나는 즉시 발표하고 싶었지만, 국토교통부에서 내부 보고 때까지 기다려달라는 입장이어서 7월 11일 오전 충남도 기자회견 후에야 시청 브리핑룸에서 서산시민들께 알리게 되었다. 서산시 고북면과 해미면 일원의 공군비행장에 여객터미널과 계류장 등 부속시설을 갖추고 본격적으로 민항 취항 준비를 할 수 있게 되었으며, 기존 활주로를 활용하게 되어 건설비용도 일반 공항 건설비용의 1/10 수준인 490억 원이면 가능하다고 밝혔다. 그동안 공항이 없었던 유일한 광역자치단체인 충남도의 설움을 덜게 된 것이다.

서산공항 개발은 예비타당성조사 비대상사업으로 앞으로 기본계획 수립 후 관련법에 따라 실시계획 수립 및 승인에 따라 추진되는데, 이제부터 최선을 다해 노력해 나간다면 2022년까지 공사를 완료하고 2023년이면 민항기 취항이 가능할 것으로 전망된다.

서산공항이 개발되면 충남도민들의 항공이용 불편이 해소되고 기업들의 원활한 물동량 처리와 물류비 절감으로 수출경쟁력을 높이는 데 큰 역할을 할 것으로 기대된다. 또한 해미읍성을 비롯해 유네스코 세계문화유산으로 등재된 백제문화역사유적지구 등의 관광자원을 활용한 국내외 관광객 유치로 지역 경제에 활력을 불어넣을 전망이다.

나는 서산공항의 개발로 서산시가 환황해권의 물류허브로 도약할 수 있을 것으로 기대한다. 현재 추진 중인 땅길, 바닷길, 철길과 입체적으로 결합해 그 꿈을 반드시 현실로 만들 생각이다.

황금빛 톡톡(TalkTalk!)

유일하게 충청남도에만 소외됐던 비행장을 유치한 것은 많은 지역민들의 오랜 꿈이 이뤄진 엄청난 쾌거였다. 이 유치를 위해 도지사, 중앙부처 공무원, 서산시 공무원, 서산시민과 여러 지역단체들 등 다양한 층위가 한마음으로 열정을 갖고 뛰어주었다. 세상을 잘 살아갈 수 있는 가장 큰 '빽'을 난 '열정'으로 들고 싶다. 머리가 좋은 것, 외모가 뛰어난 것, 돈이 많은 것을 능가하는 것은 바로 가슴이 뜨거운 것이다.

열려라 철길,
동북아 물류거점도시를 향해

"꽃이 한 송이만 핀 것으로 아직 봄은 아니다.
온갖 꽃이 함께 피어야 진정한 봄이다."

— 고금현문 —

우리나라는 그동안 경부선을 중심으로 철도망을 구축하며 국가 경제를 견인해왔다. 특히 서울~부산 KTX는 전국을 반나절 생활권으로 만들며 1억 명이 이용하는 최고의 교통수단으로 자리를 잡았다. 철도는 자동차에 비해 CO_2 배출량이 8~18%, 에너지소비량은 9~10%밖에 안 돼 초기투자비는 높지만 지속가능한 녹색교통정책으로 적합하다.

충남도는 2014년 민선 6기 중점사업으로 녹색교통 철도망 구축을 적극 추진하겠다고 밝히면서 서해안 철도건설의 조속한 추진을 주장했다. 21세기 글로벌 교통·물류 강국 실현을 위해서는 유라시아, 중국대륙 연계 철도망 구축으로 대중국 교역 축을 이루는 서해안 철도건설이 조속히 이뤄져야 한다는 설명이었다.

서산시 역시 충남 서북부 산업단지의 경쟁력을 강화시키고 부족한 물류 인프라 구축을 위해 대산항 인입철도 사업이 반드시 국가철도망계획에 포함되어야 한다는 입장이다.

　철도는 서산시민의 오랜 꿈이었지만 지금까지 서산은 철도교통의 오지로 남아 있다. 기차여행만이 갖고 있는 낭만과 매력을 서산시민들은 마음으로만 동경해 왔다. 이제 서산이 국가산업화의 중심축으로 자리 잡은 만큼 물류흐름의 대동맥 역할을 할 철도가 더욱 간절한 시점에 와 있다. 철도는 도로, 항공 등 다른 교통수단이 가질 수 없는 장점을 가지고 있기 때문에 지역발전을 활력 있게 견인할 수 있는 최적의 교통수단이다.

　특히 '해 뜨는 서산'의 역동성과 너무도 잘 부합하는 교통수단이다. 우선 철도는 화물의 중량에 영향을 받지 않고 대량 수송이 가능하다. 선로 위를 다니기 때문에 교통체증이 없다. 정해진 시간에 출발·도착이 가능한 적시성을 확보할 수 있는 것은 장점 중의 장점이다.

　특히 KTX의 경우, 300km/h 이상의 빠른 속도로 장거리 이동 시 단시간에 도착할 수 있다. 또한 이산화탄소 배출량이 적어 환경오염비용이 도로의 2.5%, 에너지 소비도 승용차의 1/8, 화물자동차의 1/14에 불과해 청정 교통수단으로 각광받고 있다. 아울러 철도는 교통사고 발생 건수가 도로의 0.1%에도 미치지 못하며 사망자 수도 3% 수준인 안전한 교통수단이다. 따라서 이로 인한 사회적 비용 절감효과도 크게 기대된다.

물론 철도건설과 관리에 막대한 예산이 소요된다는 단점도 있다. 하지만 철도는 여전히 도시의 발전에 매력적이고 긍정적인 요인으로 작용하고 있다. 실제 부산은 일제강점기부터 경부선의 개통으로 도매상의 집결지로 번성하기 시작했다. 목포와 군산도 호남선의 개통으로 급격하게 성장할 수 있었다. 이러한 장점을 가지고 있는 교통수단인 철도가 전국 6위의 무역항인 대산항과 국내 석유화학 자동차산업의 중심지로 발돋움하고 있는 서산에 없다는 사실은 말 그대로 모순이다.

　해가 갈수록 급성장하고 있는 대산항과 대산공단의 물동량 처리를 충족하기에는 현존하는 도로교통체계로는 한계가 있다. 서산시는 철도만이 가지고 있는 장점을 최대한 살려 효율적이면서 활력 있게 지역발전을 견인하고자 대산항 인입철도 건설사업 타당성 용역이 완료되도록 하여 사업 추진을 위한 논리적 근거를 갖췄다. 아울러 국토교통부와 기획재정부 등 사업 관련 중앙부처를 수차례 방문하여 사업의 당위성을 끈질기게 설명했다.

　충남도와 서산시를 필두로 도내 시·군들의 뜻이 모아지자 2015년 7월, 국회의원회관에서 김제식(충남 서산·태안) 국회의원과 김동완(충남 당진) 국회의원 공동주최로 '당진항·대산항 인입철도 사업의 국가계획 반영을 위한 국회정책 토론회'가 열렸다. 이 자리에서 발제를 맡은 김동진 교수는 "합덕~석문 간 노선을 검토했을 때 비용편익비(B/C)가 1.13으로 대산항까지의 연장

(12km)은 상대적으로 적은 추가비용으로 효과를 극대화할 수 있다"며 "대산항 인입철도를 국가철도망 계획에 반영해야 한다"고 적극 주장한 바 있다.

나 역시 이 자리에서 철도교통망은 대산항이 환황해권 물류거점으로 향하는 데에 필수적인 사회기반시설이기 때문에 국제여객선 취항을 앞두고 있는 현실에서 대산항 인입철도 사업이 반드시 실행되어야 한다고 강조했다.

대산항 인입철도는 예산 삽교, 당진 합덕과 송산산단, 서산 대산항을 잇는 65km 규모의 단선철도로 총사업비는 1조 5,025억 원이 소요된다. 충남도는 이 철도가 충남 서북부 항만 및 산업단지 연계 교통망을 구축해 급증하는 환황해권 물동량을 처리하고 수출입 경쟁력을 제고하며, 서해안고속도로 및 국도38호선 물동량을 분담하고 수송을 원활하게 하기 위해 반드시 필요하다는 입장이다.

서산시 역시 2015년 연말, '2016년 주요업무 및 공약사항 추진계획 보고회'에서 새해 시정 청사진을 제시하면서 대산항 인입철도 사업을 '제3차 국가철도망 구축계획'에 포함되도록 한다는 계획을 발표했다.

그런 바람과 노력 덕분이었을까? 다음해인 2016년 6월 17일 철도산업위원회의 심의를 거쳐 정부의 제3차 국가철도망 구축계획에 서산 대산항 인입철도 건설 사업이 추가 검토대상 사업으로 반영됐다. 국토교통부는 철도건설법에 따라 10년 단위로 5년마다 계획을 수립하는데, 이 계획에 반영돼야 예비타당성조사 등 후속조치를 바랄 수 있었다. 만약 3차 국가철도망 구축계획에 반영되지 않았다면 5년을 더 기다려야 했을 것이다.

대산항 인입철도는 그동안 충남도와 함께 수차례 국토교통부와 기획재정부, 한국교통연구원 등 관계 기관에 필요성과 당위성을 피력해 온 덕분에 얻은 큰 결실이었다. 특히 철도는 청정교통망으로 그동안 대형 화물차량들의 운행으로 발생했던 환경오염을 개선하고 교통체증이나 난폭운전으로 인해 빈번하게 발생했던 교통사고와 대형화물차량의 불법주차로 인한 생활불편 민원 해소에도 많은 도움이 될 것이다. 또한 대산공단을 비롯한 서산 입주기업체들의 원활한 물동량 처리는 물론 물류비를 현저히 낮추어 수출경쟁력을 크게 높일 것으로 전망된다.

중부권 동서내륙철도 개통도 긴요하다

중부권 동서내륙철도를 건설하자는 요구가 천안시를 중심으로 12개 시·군 주민들로부터 나왔다. 우리나라 철도망은 대개 남북으로 이어지는 구조여서 동서로 횡단하는 철도망이 없는 것이 사실이다. 이에 천안과 서산을 비롯한 12개 기초자치단체들은 중부권 동서내륙철도를 건설해 달라는 공동건의문을 2015년 연말에 국토교통부에 제출했다. 12개 지자체는 서산, 당진, 예산, 아산, 천안, 청주, 괴산, 문경, 예천, 영주, 봉화, 울진이며, 동서내륙철도 건설사업은 총연장 340km, 약 3조 7,000억 원의 사업비가 소요되는 대규모 국책사업이다.

중부권 동서내륙철도는 당초 제1차 국가철도망계획에 포함돼 있었으나 제2차 국가철도망계획에서는 경제성이 없다는 이유로 제외됐다. 그러자 각 시·군은 '경제성만 추구하지 말고 국토의 균형발전을 생각하라'며 동서내륙철도 건설사업을 제외시킨 것에 대해 비판의 목소리를 높였다.

12개 지자체의 주장은 남북 축 위주의 국가철도망에 동서를 횡단하는 내륙철도망을 건설함으로써 수송체계를 원활히 하고 물류비를 절감해 국토균형발전을 도모하자는 것이다. 또한 서해안 신산업벨트와 내륙산간 및 동해안 관광벨트를 연결해 동서 간 신개발 축을 형성해 내륙산간 지역의 산업발전을 이끌자는 논리이기도 하다. 청주공항과 세종정부종합청사 등 국가기관망도 연계되고 충남도청·충북도청·경북도청 소재지를 연계하는 행정 축을 완성하는 등 경제성만으로 따질 수 없는 여러 가지 파급효과들까지 주목한 것이다.

서산시 역시 대산항을 출발점으로 하는 중부권 동서내륙철도 건설 추진을 간절히 원하고 있다. 서해의 대산항에서 동해의 울진항까지 연결된다면 기존 남북 축 간선철도망과 네트워크를 통해 전국 철도물류의 혁명을 이끌 것으로 기대된다.

서산시는 2016년 봄, 힘을 보태기 위해 범시민 서명운동을 벌였다. 다른 시·군도 동시에 진행됐는데 이는 동서내륙철도 건설을 촉구하는 의지의 표명이었다. 서명의 열기는 12개 시·군 주민들에게로 퍼졌고 당초 12개 시·군 인구의 10%인 30만 명을 목표로 시작했으나 지역주민들의 높은 참여로 목표 대비 20.5%인 61만 4,887명이 서명에 참여하는 진기록을 세웠다.

구본영 천안시장과 임광원 울진군수가 12개 시·군을 대표해 서명부를 정부에 전달하는 날, 천안시의회 의원들은 국토부에 이런 건의문도 전달했다.

"중부권 동서내륙철도가 건설되면 물류비용을 대폭 줄일 수 있고, 동해안지역은 물론 국가행정이 집적되어 있는 세종시 간 접근성을 높일 수 있다. 이를 통해 청주공항 활성화와 서해안의 산업벨트와 동해안의 관광벨트가 연결돼 광역통행권, 광역경제권 형성 등의 역할이 기대된다."

하지만 투자대비 수익성이 낮다는 이유로 제3차 국가철도망구축계획에 포함되지 못해 5년 뒤를 기약할 수밖에 없었다. 투자대비 수익 1.0을 기준으로 할 때 철도의 경우 0.8 수준이면 대체로 만족하는 정도지만 동서내륙철도는 천안·아산~점촌 구간의 사전 예비타당성 검토에서 비용편익비율(B/C)이 0.24~0.52에 불과해 1조 원 이상 손실이 예상되는 등 경제성이 없는 것으로 분석됐다는 것이다.

여기에 천안시가 동서내륙철도 건설방안 연구용역 계획을 세우고 용역비용을 11개 시·군에 공동 부담할 것을 제안했지만, 아산시와 예산군이 난색을 표함으로써 12개 지자체 간 공조에도 균열이 생겼다. 신창~대야 구간의 장항선 복선전철화가 이미 국가철도망구축계획에 포함돼 있다는 이유에서다. 동서내륙철도 개통에 있어서 아산시와 예산군의 입장에서는 신설되는 것이 아니라 기존 장항선에 연결되는 수준이라는 논리다.

그러나 2017년 5월 취임한 문재인 대통령의 광역철도교통망 구축 공약에 충청과 영남을 잇는 동서내륙철도 추진이 들어 있고, 2017년 7월 국정운영 5개년 계획 지역공약에 반영되어 기대감을 가질 수 있게 되었다.

앞으로 동서내륙철도 사업이 추진되기 위해서는 구간별 수요를 정확히 예측하여 기초자료를 수집하고 노선의 필요성에 대해 논리를 다시 찾아내는 작업이 계속되어야 할 것이다. 아울러 12개 지자체가 개통의 전체효과에 주목하며 뜻을 모으고 힘을 합하는 일이 필요할 것이다.

황금빛 톡톡(TalkTalk!)

바둑 격언에 '착안대국 착수소국着眼大局 着手小局'이라는 말이 있다. 대국적으로 생각하고 멀리 방향을 보면서, 착수할 때는 작은 형세를 세밀히 살펴 한 수 한 수에 집중함으로써 부분적인 성공을 모으고 키워 승리에 이른다는 뜻이다. 어떤 일을 완성체로 만들기 위해서는 그만큼 많은 공력이 드는 것이다.

미래에 대한 희망을 안고 힘내기 2

마음속의 풀리지 않는 모든 문제들에 대해

인내를 가지라.

문제 그 자체를 사랑하라.

지금 당장 해답을 얻으려 하지 말라.

그건 지금 당장 주어질 순 없으니까.

중요한 건

모든 것을 살아 보는 일이다.

지금 그 문제들을 살라.

그러면 언젠가 먼 미래에

자신도 알지 못하는 사이에

삶이 너에게 해답을 가져다 줄 테니까.

– 릴케 〈젊은 시인에게 주는 충고〉

우리나라에도 잘 알려진 시인 라이너 마리아 릴케의 시로 희망과 용기의 메시지를 담고 있다.

시인은 이 시를 통해 지금 이 순간 힘들어하고 있는 많은 사람들에게 삶을 열심히 살다 보면 어느새 그 문제가 해결되어 있을 것이라는 치유와 위안의 말을 한다.

릴케가 어떻게 이런 말을 할 수 있었을까?

그는 1875년 12월 4일 체코 프라하에서 태어나 일생 동안 자기 집을 가져보지 못한 채 이곳저곳 떠돌이 생활을 했다. 독일어, 체코어, 러시아어, 불어, 이탈리아어, 덴마크어를 자유자재로 구사할 수 있었기에 그는 여러 유럽국가의 문화를 통합적으로 흡수해 자기만의 서정성을 만들어냈다. 그래서 그의 시는 깊이가 있고 폭이 넓다는 평을 받는다.

지금은 분명 격변의 시대이다. 그것도 변화의 속도가 아주 빠르다. 우리들은 그 속도를 따라가지 못하면 도태되어 소멸될까 두려워하며 매일매일을 살고 있지는 않는가?
시간이 한참 흐른 뒤에 '내가 그때 참아볼 걸', '조금만 더 노력했어야 하는데…' 하는 후회스러운 마음을 갖지 않기 위해서 하루하루 최선을 다해야 할 것이다.

나는 지금 이 순간 열심히 일하면서도 불안한 앞날과 어두운 미래를 걱정하고 있을 우리 농·축·수산업인들에게 이 시를 들려주고 싶다.
그리고 '달팽이가 느려도 느리지 않다'는 정목 스님의 격려도 따뜻한 마음을 담아 함께 나누고 싶다.

청정 서산을
사수하라

"주춧돌이 젖으면 우산을 준비하라(礎潤長傘)!"

– 손자병법 –

수구초심首丘初心. 여우는 죽을 때 자기가 살던 굴이 있는 언덕 쪽으로 머리를 둔다는 말로, 자신의 근본을 잊지 않거나 혹은 죽어서라도 고향 땅에 묻히고 싶어 하는 간절한 마음을 비유적으로 이를 때 쓰는 사자성어다. 동물도 이 정도인데 하물며 만물의 영장인 사람은 어떻겠는가? 서산 부시장이 되기 전까지 30여 년을 타향에서 공직생활을 해왔던 나 역시도 고향 서산에 대한 애정이 남달랐음을 고백한다.

드넓은 갯벌과 비옥한 토지, 수려한 산수가 어우러진 내 고향 서산이야말로 더없이 정겹고 포근한 곳이다. 아름다운 자연은 풍부한 감수성과 삶의 조화로움을 일깨웠고 뿌린 대로 거둔다는 소중한 교훈도 내게 가르쳐 주었다. 긴 객지생활에서도 내 고향 서산은 늘 그립고 따뜻하고 아름다운 마음의 안식처였다.

예전 시골의 들녘은 먼 거리에서 보면 아름답고 평화로운 풍경이었다. 그러나 좀 더 가까이 들여다보면 농부들의 땀과 애환이 주름 속에 깊이 새겨진 모습을 볼 수 있다. 1년 내내 땅과 씨름하며 얻은 농산물로 도시에 나가 있는 자식들을 뒷바라지하고 나면 남는 것이라곤 거친 손과 욱신거리는 뼈마디, 그리고 불어난 빚뿐이었다. 이것이 옛날 우리 부모님 세대들의 고된 삶의 모습이었다.

나는 고향을 생각하면서 농어촌도 도시 못지않게 잘살 수는 없을까 늘 고민해 왔고 지금도 항상 고민하고 있다. 시대가 변해 요즘 농어촌은 과거와는 많이 달라졌지만 그래도 여전히 변화와 도움이 필요한 곳이 농어촌이다. 그래서 나는 시정의 첫 목표를 '삶이 풍요로운 농·축·수산 도시'로 삼았다. 꿈과 희망이 있는 농어촌을 만드는 일이 서산 발전의 기틀을 다지는 중요한 일이라고 생각했기 때문이다.

풍요로운 농·축·수산 도시를 만들기 위해서는 비옥한 자연환경 위에 창의적 사고를 더해 우리만의 독창성을 가져야 한다. 이를 위해 강소농을 육성하고 6차 산업 콘텐츠 및 친환경 농산물의 생산기반을 구축하는 등 다각적인 노력을 기울인다면 시골도 도시 못지않은 경쟁력으로 부가가치를 창출할 수 있을 것이다.

『여씨춘추呂氏春秋』에는 '연못의 물을 모두 퍼내 고기를 잡는다'라는 뜻의 '갈택이어葛澤而漁'라는 말이 나온다. 눈앞의 이익에 급급해 앞날을 생각하지 못할 때 쓰는 말이다. 춘추시대 진晉나라

문공文公이 성복에서 초楚나라와 일대 접전을 벌일 때 눈앞의 이익을 추구하기보다 장기적인 안목에서 생각하라고 신하가 헌책해준 것에서 유래한 고사성어이다. 이에 진문공은 속임수라는 손쉬운 방법보다 천하의 신의를 지키는 장기적인 안목을 택해 패권을 장악할 수 있었다.

서산시는 눈앞의 이익을 추구하기 위해 농업의 미래에 눈 감지 않을 것이다. 비록 멀리 돌아가서 더 힘들지라도 그 길이 서산의 농업을 살리는 길이라면 기꺼이 걸어갈 것이다. 농업은 천하의 사람들이 살아가야 할 큰 근본이라는 뜻의 농자천하지대본農者天下之大本이란 옛말이 있듯이 농업이 살아나야 다른 산업도 살 수 있기 때문이다.

선제적 대응이 답이다

2017년 새해 첫날, '해 뜨는 서산'을 염원하는 간절한 마음을 담아 부춘산 전망대에서 개최될 예정이었던 해맞이 행사가 전격 취소됐다. 잇따라 '2017 새해 농업인 실용교육'과 '새해 시민과의 대화'도 잠정 연기됐다. 그리고 결국 일부 지역을 제외하고는 열리지 못했다. 새해를 맞아 시민들에게 희망을 선사하고 소통의 시간을 가지려 했지만 부득이 취소할 수밖에 없었던 이유는 바로 조류인플루엔자AI의 확산 때문이었다. 고병원성 AI의 위기 경보가 '주의단계'에서 '심각단계'로 강화되어 축산농가들이 어려움을 겪고 있는 상황에서 행사를 강행하기는 어려웠다. 서산시는 곧바로 방역대책상황실을 재난안전대책본부로 격상시키고 철새도래지 주변에 대한 항공방역과 예찰활동을 강화했다.

해마다 반복되는 AI나 구제역과 같은 동물전염병은 발생 소식만으로도 나를 비롯한 서산시 공무원들을 긴장하게 만든다. 서산시는 세계적인 철새도래지인 천수만과 '한국 소의 아버지'라 불리는 씨수소를 비롯해 씨암소와 우량 송아지 등을 관리하는 한우개량사업소가 있는 만큼 그 어느 곳보다 동물전염병에 민감하게 대처해야 하는 곳이기 때문이다.

나는 동물전염병이 있을 때마다 '청정 서산'을 사수하기 위해 현장을 누비며 직접 진두지휘에 나선다. 전염병을 막는 가장 좋은 방법은 선제적 대응이다. 일단 전염병이 발생하면 걷잡을 수 없이 확산되고 이를 다시 진정국면으로 만들기까지 많은 시간과 노력이 들고 농가 피해가 너무도 크기에 차단 방역만이 유일무이한 최선책인 것이다.

2014년 1월이었다. 천수만 철새도래지 상류 양대동 쓰레기 매립장 부근에서 고니 사체가 발견됐다는 소식이 들어와 가슴이 철렁 내려앉았다. 즉시 가축위생시험소에 정밀조사를 의뢰한 결과 자연사로 밝혀지면서 안도의 한숨을 내쉬었다. 나는 놀란 가슴을 진정시킬 겨를도 없이 국·단장 및 실·과장, 읍·면·동장이 참석하는 긴급특별방역대책회의를 열었다. 회의에서 나는 AI 유입차단을 위한 24시간 비상상황실 운영, 가금류 사육농가 상시예찰 및 매일 소독 등 방역활동을 더욱 강화할 것을 지시했다. 이와 함께 소독약품 2톤을 농가에 긴급 공급하고 차단

방역 강화를 시달하면서 시행 여부도 꼼꼼히 확인해 나갔다. 철새도래지인 간월도와 양대동을 비롯해 서해안고속도로 서산나들목과 해미나들목, 서산버드랜드 입구 등 총 5곳에 방역초소를 설치하고 모든 통행차량에 철저한 소독을 실시하도록 했다. 나는 주말과 휴일에도 수시로 특별방역대책점검회의를 개최하고 방역 추진상황과 유관기관 협조체계 등을 꼼꼼히 점검했다.

그러는 사이 설 명절이 다가왔지만 우리에겐 설 연휴도 있을 수 없었다. 시민들이 편안하고 즐거운 명절을 보낼 수 있도록 연휴기간 동안 오히려 더 철저한 방역에 총력을 기울여야 했다. 천안에 이어 당진, 홍성, 청양에서까지 AI 확진판정이 나왔지만 우리 서산시는 세계적 철새도래지가 있는 고위험지역임에도 불구하고 단 한 건의 의심 신고도 없을 만큼 완벽하게 차단 방역에 성공했다. 서산시민들과 서산시 공무원들이 선제적이면서도 철저한 방역으로 합심하여 일궈낸 값진 결과였다.

2014년 말에도 충북 진천에서 시작된 구제역이 확산 조짐을 보이자마자 긴급예산 1억 500만 원을 투입해 전체 양돈농가의 6만 2,000여 마리의 돼지에 긴급 예방접종을 실시했고, 2015년 새해 벽두에도 구제역이 다시 한우농가로 확산될 기미를 보여 긴급예산 6,800만 원을 투입해 4만여 마리의 소에 긴급 백신접종을 실시했다. 이때도 나는 예천동 우시장과 한우농가 등을 방문하여 백신 수급상황을 점검하고 수의사와 접종지원 인력들을 격려했다.

보령까지 구제역이 왔다는 소식을 듣고서는 방역초소를 늘리고 24시간 방역에 들어갔다. 특히 이동이 많은 설 명절에 사활을 걸었다. 소독약품 7톤과 생석회 26톤을 보급했고 전 직원이 모든 농가를 대상으로 매일 전화예찰로 질병 이상 유무를 확인했으며 백신접종 소홀이 우려되는 위탁사육 농가 및 소규모 농가를 집중적으로 관리하는 체제를 구축해 행정력을 집중 투입했다. 이러한 노력들은 기온이 상승하고 일조량이 많아지면서 구제역 및 AI 바이러스의 생존능력이 감소하는 시기까지도 계속되었다. 이 같은 노력 끝에 인근 홍성에서도 구제역이 발생했지만 우리 서산에서는 단 한 건의 의심 신고조차 없었다.

2015년 말에도 서산시는 선제적으로 대응했다. 겨울철을 앞두고 소와 돼지 등 3만 3,000여 마리를 대상으로 구제역 백신 일제접종을 실시했고 특별방역대책 상황실을 운영하며 추진상황을 점검하고 상황신고 접수 등 24시간 비상연락체제를 유지했다. 매주 수요일을 전국일제소독 방역의 날로 정해 각 농가별 방역을 유도하는 등 최선의 노력을 기울였다. 특히 구제역뿐만 아니라 조류독감까지 예찰하기 위해 '1농가 1공무원'을 지정해 특별관리활동도 실시했다.

2016년에도 인근 홍성군 돼지사육농가에서 구제역이 발생했다는 소식을 듣고 나는 모든 일정을 뒤로한 채 방역현장을 종횡무진 누볐다. 이처럼 나와 서산시 공무원들, 그리고 온 시민이 함께 방역활동에 나서자 언론매체에서는 우리 서산의 철저한 방역을 높이 칭찬했다.

"서산시가 가축질병 없는 '청정 서산'을 또다시 지켜냈다. 인접한 홍성군까지 덮쳤던 구제역에도 가축질병 차단에 성공했다는 점에서 서산시의 가축질병관련 청정 서산 수성의 의미는 크다. 이처럼 가축질병 제로, 청정 서산 수성까지는 주민들의 수범적 방역의식과 주민들의 방역의식을 리드하며 선제적 대응에 차질을 빚지 않도록 남다른 관심을 쏟은 서산시의 행정력을 꼽을 수 있다. 또 유관기관의 적극적인 협조도 이번 성과까지 큰 역할로 평가된다. 특히, 우려단계 때부터 시장이 직접 나서 진두지휘를 하며 행정력 누수가 없도록 저인망식 방역대책팀을 가동한 것은 빼놓을 수 없다. 각 마을의 가축질병 동향까지 챙기는 시장의 진두지휘는 이례적이다." (금강일보, 2016. 4. 29.)

서산시는 2010년 전국을 강타한 구제역도 철통방역으로 맞서 청정지역을 지켜냈고, 2015년 메르스로부터도 철통방어를 펼친 저력이 있는 곳이다.

그러나 안타깝게도 2017년 1월 인지면 소재 토종닭 사육농가에서 고병원성 AI가 발생함에 따라 14년간 지켜온 '청정 서산'의 명성에 오점을 남기고 말았다. 토종닭 10마리를 키우는 농가에서 5마리가 폐사돼 정밀검사를 실시한 결과 2마리가 양성판정을 받은 것이다. 이에 서산시는 해당농가에 대한 초동방역과 방역대 설정 및 이동제한 명령을 실시하고 대대적인 방역소독을 실시했다.

연초에 계획한 행사들을 모두 취소하고 AI 위기경보를 최고 수준인 '심각단계'로 상향 조정하는 한편 감염병 확산방지에 총력을 기울였다. 그 결과 AI 발생 한 달 만에 주변농가로 확산될 기미가 없어 이동제한 조치를 해제했다.

청정 서산에 AI 발병 소식은 청천벽력이었고 망치로 뒤통수를 얻어맞은 것 같은 심정이었다. '서산 하면 청정지역, 청정지역 하면 서산'이라는 등식이 깨지는 순간이었기 때문이다. 주말과 휴일, 심지어 명절연휴도 반납하고 방역에만 몰두했던 일들을 생각하면 너무 억울하기도 했지만 마음을 고쳐먹었다. 그나마 소규모 농가에서 발생했고 한 달 만에 확산을 완전히 막아버렸으니 이번 일을 '청정 서산'의 명성을 이어나갈 새로운 출발점으로 삼기로 한 것이다.

2018년에 들어서도 AI의 검출사례가 이어지고 있어 긴장감을 늦추지 못하고 있다. 이에 따라 서산시는 지난해에 이어 2018년에도 부춘산에서 가지려던 해맞이 행사를 전격 취소했다. 공무원과 농가는 물론 시민들도 방역강화만이 AI를 차단할 수 있다는 신념으로 함께 힘을 모아 철통방역에 만전을 기해야 할 것이다.

황금빛 톡톡(TalkTalk!)

세상 모든 일에는 그 조짐이 보이는 법이다. 작은 조짐을 무시했다가 중대 과실이 일어나는 하인리히 법칙과도 얼핏 상통하는데 우리는 작은 조짐조차 귀히 여길 줄 알아야 한다. 더 크게 일이 어그러지거나 위험해지기 전에 이런 경고 알람을 잘 체크하며 대처하지 않는다면 큰 재앙을 맞이할 수도 있다.

나는 서산시 대표 세일즈맨

> "성을 쌓고 사는 자는 반드시 망할 것이며
> 끊임없이 이동하는 자만이 영원히 살아남을 것이다."
>
> – 돌궐의 명장 톤유쿠크 –

대외적인 시장개방의 바람과 대내적으로 영세한 영농구조, 자재비 및 인건비 상승, 급속한 고령화 등으로 우리 농업이 어려운 것은 사실이다. 하지만 이럴 때일수록 새로운 미래를 위한 지혜가 필요하다.

한·미 FTA, 한·EU FTA, 한·중 FTA가 체결될 때 우리 농민들은 어떻게 행동했는가? 거세게 반발하며 시장개방을 막으려 했지만 '개방화·세계화'라는 시대적 흐름을 막을 수는 없었다. 이제 살아남는 길은 농촌과 농민이 변하는 길뿐이다.

나는 평소 시정추진에 있어 창의력을 자주 강조한다. 이제는 농업도 창의력이 필요한 때이다. 농업에 창의력과 벤처정신을 결합한다면 얼마든지 미래산업으로 자리매김할 수 있다. 나의 시정방침도 여기에 초점이 맞춰져 있다.

그런 면에서 볼 때 서산시는 참으로 복 받은 곳이다. 비옥한 토지와 온화한 기후, 넉넉한 인심이 있고 전국에서 3번째로 넓은 경작지와 드넓은 갯벌이 펼쳐져 있어 먹거리가 풍성한 곳이다. 세계 어디에 내놓아도 서산시 농·특산물의 품질은 결코 뒤처지지 않는다.

그런데 이렇게 우수한 농·특산물이 지천이어도 팔리지 않는다면 무슨 소용이겠는가? 살아남기 위해서는 품질의 우수성을 적극적으로 알리며 판로를 개척해 나가야 한다. 여기에 창의적 아이디어를 더해 고객의 만족도도 높여야 한다.

나는 시장이 되고 나서 지역 농·특산물의 우수성을 알리기 위해 백방으로 뛰어다녔다. 어디를 가든지 서산 농·특산물의 장점을 홍보하면서 서산시의 대표 세일즈맨을 자처했다. 그 결과 녹록지 않은 수출환경 속에서도 수출실적을 올리며 세계인의 밥상에 우리 농·특산물이 오르도록 하는 데 힘을 보탰다. 특히 2015년에는 미국, 호주, 대만, 중국은 물론 베트남, 뉴질랜드, 일본 등 7개국으로 교역대상국을 확대해 112억 원의 판매고를 올리면서 전년대비 135%가 증가하는 판매실적으로 해외수출의 원년을 삼았다. 이후 서산시는 수출품목을 젓갈류와 닭고기 위주에서 한과, 편강, 시래기, 무말랭이, 천일염, 호박죽, 막걸리, 들기름, 감태, 딸기 등으로 다양화하고 새로운 시장 개척과 수출품목 다양화에 온 힘을 쏟고 있다.

해외시장 개척에 발 벗고 나서다

2015년 6월 12일, 서산시는 미국 대형 유통매장에 농식품을 공급하는 삼진글로벌넷과 농식품 수출 활성화를 위한 업무협약을 맺었다. FTA 체결 등 시장개방에 따른 농업 위기를 극복하고 세계 최대의 식품시장 가운데 하나인 미국시장 진출을 위한 것이었다.

삼진글로벌넷은 미주지역에 12개 지사를 보유하고 미국, 유럽, 일본 등 70여 개국에 연간 1,100억 원 규모의 국내 농식품을 수출하고 있는 회사다. 협약에 따라 삼진글로벌넷은 농식품 수출상품 구매, 해외 프로모션 협력, 신규 수출품목 발굴, 해외 농식품 유통정보 제공 등 서산시 농식품 수출 활성화를 위해 협력하기로 했다.

이에 따라 2015년 10월에 열린 미국 'LA한인축제'(LA한인축제는 행사기간 중 30만 명 이상이 행사장을 찾으며 세계 다민족축제 중 최고의 행사로 꼽힌다) 행사장에서 농·특산물 홍보판매 부스를 운영하고 코리아타운 4개, 오렌지카운티 4개 등 모두 8개의 한인마트에서 23일간 '서산 농·특산물 판촉행사'를 개최했다. 이를 위해 서산시는 부산항을 통해 어리굴젓과 생강한과, 김, 감태, 시래기, 무말랭이, 홍삼제품 등 총 24종의 농·특산물(1억 4,000여만 원 상당)을 미리 미국으로 보냈다. 모든 품목이 현지 수입업체의 '선구매 결제' 방식으로 이뤄졌다. 선구매 결제는 결제 지연에 따른 지역 업체들의 걱정을 덜고 행사 이후 잔품처리 부담도 없다.

나는 5박 7일간의 일정으로 미국 LA로 농특산물 판촉행사를 위한 출장길에 올랐다. 이 기간 중 42회 'LA한인축제'에도 참가했다. 축제재단 주관의 환영 리셉션에도 참석해 한인회 주요인사 등과 밀착 대면하면서 서산 농·특산물의 애용과 프란치스코 교황 방문 이후 세계적인 관광지로 변모하고 있는 서산에 많은 관심과 애정을 가져달라고 부탁했다. 개막식 후에는 곧바로 '서산 농·특산물전' 판매부스로 달려가 방문객들에게 일일이 시식을 권하는 등 홍보와 판매에도 직접 나섰다. 고국의 먹거리를 접한 교포들은 향수에 젖으며 무척 반가워했고 현지인들의 반응도 뜨거웠다. 이같은 행사 소식은 미국 전역을 시청권역으로 하는 SBS, YTN, TVK24, 우리라디오, 라디오코리아는 물론 중앙일보, 헤럴드경제 등 다양한 매체를 통해 전해졌다.

2015. 10. 2. 미국 LA갤러리아마켓에서

시애틀에서 10시간을 달려 행사장을 찾은 한 고객은 "서산 어리굴젓은 알고 있었지만 감태는 처음"이라며 매우 감동스러워했다. 감태의 반응이 예상외로 좋았다. 현지에 가서 보니 서산 농·특산물은 분명한 차별성과 경쟁력이 있었다. 생산단계부터 수출형 맞춤상품을 개발한다면 농업의 활로를 해외에서 찾을 수 있을 것 같았다. 승산이 있어 보였다.

현지 마케팅은 시쳇말로 대박이 났다. 1억 3,000만 원 상당의 판매실적과 함께 연말까지 5,000여만 원 상당의 2차 선적약속까지 받아냈다. 미국에서 처음 판촉행사를 했던 2013년보다 판매액이 2배 이상 증가한 것이었다.

그뿐이 아니다. LA 도착 첫날 공항에 내리자마자 한국식품 유통전문업체인 왕글로벌넷으로 직행해 서산 농·특산품 미국 수출 활성화를 위한 양해각서를 체결하는 성과를 얻었다. 왕글로벌넷은 '왕Wang'과 '수라Sura'라는 브랜드를 앞세워 한국식품을 미주지역에 공급하고 있는 한국식품 유통전문업체로 연매출이 600억 원에 이르는 미국 내 대표적 중견기업이다.

방문 4일째 되던 날에는 한국 수출을 주도하는 코트라Kotra 권오석 LA무역관장을 만나 서산 농·특산물을 수입할 수 있는 대형유통업체 바이어와 연결 약속까지 얻어냈다. 코트라 LA무역관은 미국 서부지역을 중심으로 시장분석을 통한 정보제공과 유력 바이어 발굴 및 상담주선 등 우리 농식품을 비롯한 우수상품의 해외 판로 개척에 필요한 제반 활동을 종합 지원하는 전문기관이다.

2016년 4월에는 실무자 중심으로 단출하게 방문단을 꾸려 2박 4일 일정으로 미국을 방문했다. 6쪽마늘과 생강한과, 감자, 어리굴젓 등을 중심으로 판로개척에 나선 것이다. 이때 방문에서는 한인방송과 라디오, 일간지 인터뷰 등은 물론 각종 언론사 대표들과 만나 서산 농·특산물 소비 확대와 관광활성화의 초석을 다졌고 오렌지카운티 한인회와 업무협약도 맺었다.

김가등 한인회장은 "한국의 몇몇 지자체의 교류제의가 있었지만, 지난해 이완섭 시장의 적극적인 판촉활동에 감명을 받아 교류를 먼저 제안하게 됐다"며 실질적인 교류를 희망했다.

오렌지카운티 최고위 선출직 공무원인 슈퍼바이저와의 면담에서는 '해 뜨는 서산'을 확실하게 각인시켰고, 최석호 얼바인 시장과 스티브 황보 라팔마 시의원 등 한인정치인들과도 협력적 우호관계 구축을 논의했다.

이어 9월 방문에서는 서부지역 5곳뿐만 아니라 동부지역 5곳에까지 서산의 맛을 전했다. 서부지역 5개 한인마켓과 동부지역 2개 마켓 등 7개 마켓을 공략하고 각종 언론에도 출연해 홍보한 결과 3억 원의 판매실적을 올렸다. 동부지역 최대 한인거주지역인 뉴욕 퀸즈의 한인회와 상생발전을 위한 교류협약을 약속함으로써 서산시는 미국 동·서부 한인회와 협약을 맺은 우리나라 유일의 지자체가 되었다.

서산시의 해외마케팅 전략수립·추진은 농정과 임종근 농업마케팅 팀장의 적극성과 열성으로 만들어졌다고 해도 과언이 아니다. 서산시의 행정실천 덕목인 5S·5품의 모범적 사례로 칭찬

받아 마땅하다.

　2017년에도 서산 농·특산물의 글로벌시장 개척은 계속됐다. 서산시는 2017년 11월 11일부터 19일까지 미국 뉴욕과 캐나다 동부 등지의 8개 마켓에서 농·특산물 판촉행사를 가졌다. 이번 출장길에는 서산에서 6차산업을 선도하고 있는 3명의 농어민들도 함께해서 더욱 생산적인 시간이 되었다. 유명근(어리굴젓), 유제정(소금), 송주현(감태) 대표가 그 주인공들이다. 이들은 현지

팬아시아푸드 이창복 회장과 협약 체결. 2017. 11. 15.

시장상황을 직접 목격하면서 해외시장 개척에 자신감을 얻었고, 시장과의 동행 출장이 큰 도움이 되었다며 만족감을 나타냈다. 나는 그중에서도 캐나다 시장 집중공략에 나섰다. 15일 토론토에 도착한 나는 14시간의 비행에도 불구하고 휴식 없이 중국 언론매체인 대기원시보 인터뷰를 시작으로 본격적인 마케팅 활동에 들어갔다. 이어서 현지 유통전문업체 팬아시아푸드(Pan Asia Food, 회장 이창복)와 농·특산물 수출 활성화 협약을 체결했다. 1972년 설립된 팬아시아푸드는 연간 1,000만 달러의 매출을 올리고 있는 캐나다 최초 한국 농식품 수입·유통업체로 동부지역에 7개 매장을 운영하고 있다.

이날 팬아시아푸드 회의실에서 열린 협약식에서 양측은 서산 농·특산물 공급과 구매확대 등 상생발전협력 등에 대한 포괄적 내용에 합의했다. 이에 따라 서산시는 캐나다 판로확보에 유리한 위치에 서게 됐고 팬아시아푸드는 서산시로부터 젓갈류와 6쪽마늘, 감태, 천일염 등 우수한 농·특산물을 안정적으로 공급받을 수 있게 됐다.

나는 또 16일에는 캐나다 동부지역 최대 한인단체인 토론토 한인회와도 업무협약을 체결하고 서산 농·특산물의 구매를 요청하기도 했다. 이와 함께 토론토에서 한국식품을 취급하는 미시사가점, 다운타운점, 영&스틸점 등에서 농·특산물 판촉행사를 펼쳤다. 이 행사에 많은 교민들이 몰려 6쪽마늘, 뜸부기쌀, 젓갈류, 감태, 천일염 등에 큰 관심을 보였고 시식까지 겸해져 많은 호응을 얻었다. 나는 어깨띠를 두르고 방문객들에게 일일이 시식을 권하면서 "시장이 보증하는 만큼 믿고 구입해도 된다."라며 홍보에 적극적으로 나섰다.

특히, 토론토 all-TV 등 현지 주요언론에서 협약식과 판촉행사를 밀착취재하는 등 서산시에서 펼치고 있는 해외마케팅 활동에 큰 관심을 보였다.

서산시 농·특산물의 해외진출은 이게 다가 아니다. 2014년 연초에는 서산시 대표브랜드 '뜸부기와 함께 자란 쌀(이하 뜸부기 쌀)'이 호주 수입업체인 코즈라인과 100톤 수출계약을 맺었다. 뜸부기쌀은 유기물이 풍부한 대호간척지에서 밥맛 좋은 품종만을 골라 엄격한 '서산쌀 명미화' 프로그램에 의해 친환경농법으로 전량 계약재배하는 쌀이다. 15℃가 유지되는 저온저장시설에 연중 보관했다가 주문 즉시 도정하기 때문에 사계절 내내 햅쌀과 같은 밥맛을 자랑한다.

2014년 7월, 양파 풍작으로 가격이 폭락했을 때는 일본으로 첫 수출길을 열었다. 504톤의 양파(음암면 김길홍 AAC대표)를 수출했는데 일본과는 운송거리가 짧아 신선도 유지가 가능했고 서산 양파의 품질이 뛰어나 바이어들에게 좋은 평가를 받았다. 양파 값 하락으로 시름에 잠긴 농민들을 위해 수출 바이어들과 접촉하는 등 다각적인 행정지원책을 펼친 결과였다.

교황의 후식으로 제공되어 인지도가 높아진 생강한과는 중국 심양에서 열린 '제14회 국제농업박람회'에서 중국인들의 입맛을 공략했고, 서산 양배추는 서산시의 농·특산물 해외판촉전의 성과로 대만에 수출하게 되었다.

2016년에는 100톤 상당의 방울토마토를 일본에 수출했고 막걸리를 비롯해 감태, 뱅어포, 생강한과, 들기름, 쌀국수, 6쪽마늘 등은 몽골, 홍콩, 벨기에, 호주, 미국, 일본 등으로 수출길을 열었다.

2016년 5월에는 서산시청 개청 이래 처음으로 한국무역협회가 서산시를 방문해 지역 농·특산물 수출 희망농가들을 대상으로 수출 상담을 실시했다. 한국무역협회가 기초자치단체에서 농·특산물 수출 상담을 하는 것은 이례적인 일로, 우리 농민이나 지역업체들이 수출에 관한 전문지식이 부족해 수출에 어려움을 겪고 있다는 사실을 알고 서산시가 적극 요청해서 이루어진 것이다. 무역협회에 따르면, 서산시가 전국 처음으로 수출 상담을 요청했다고 한다. 27개 수출희망업체가 참석해 수출 및 해외마케팅 기초강의와 1:1 전문가상담 등으로 진행됐는데 통관절차나 대금결제 등 실무적인 부분에 대한 궁금증이 해소되는 좋은 기회가 됐다.

서산시는 앞으로 중국시장을 적극 공략하려는 계획을 가지고 있다. 2016년 이미 중국관광객이 많이 이용하는 서울 면세점 2개소에 감태와 아로니아 제품을 입점시켰고, 인삼 및 홍삼제품 등 7종도 중국 산둥성 유산시 '한국관'에 전시하고 있다. 2017년에는 산둥성 위해시 '한국관'에 서산시 단독으로 '농·특산물

전시관'을 개설해 바이어 상담 및 관광객 모집 창구로 활용을 추진하고 있다.

2017년 12월 21일에는 미국 서부 지역으로 600여만 원 상당의 서산 딸기(대표 선건수) 400kg을 항공편으로 수출했다. 서산의 농업회사법인인 해미읍성딸기와인(대표 선권수)이 생산·선별·포장을 맡았으며, 청어랑영농법인(대표 임성혁)이 수출을 대행했다. 비록 수출 물량은 소량이지만, 신선농산물의 장거리 첫 수출이라는 점에서 그 의미가 크다. 서산 딸기의 미국 시장 수출길은 미국 현지 신선과일 유통전문업체의 마르퀴스 신건지 대표의 주선으로 성사되었다. 이는 서산시의 공격적이고 체계적인 해외 마케팅 추진과 적극적인 행정지원이 어우러져 만들어진 결실이라 하겠다. 특히 이러한 결실을 이루기까지에는 서산시 농정과 임종근 농업마케팅 팀장의 역할이 컸다. 특유의 부지런함과 열정으로 일의 출발점을 만들어내고 열매를 맺는 수완을 발휘했다.

수입개방 확대로 수출은 이제 시대적 요구가 되었다. 게다가 국내시장은 과잉생산과 소비부진으로 판로확보에 한계가 있다. 이제는 해외마케팅을 더욱 강화해 수출을 늘려야 한다. 수출을 통해 농민들에게 자신감과 희망을 심어주고 지역농업에 활력을 되찾아 주어야 할 때다.

황금빛 톡톡(TalkTalk!)

나는 여기저기 현장을 누비고 다니는 멀티플레이어 시장이다. 이리저리 움직여야 세상이 어떻게 돌아가는지 알게 된다. 가만히 집무실에서 폼 잡고 있으면 누가 떠먹여 주지 않는다는 것을 잘 알고 있다. 움직이는 나의 한 걸음에 기업이 유치되고, 행정이 보완되고, 규제가 제거되고, 시민이 행복해진다면 나는 오늘도, 내일도 광폭으로 뛰어다닐 것이다.

브랜드로
몸값을 높여라

"리더는 사람들을 타성에서 벗어나게 해 주는 사람이다.
미지의 세계에 대한 기대를 심어주는 사람이 리더다."

– 로사베스 칸터 –

시장개방 확대에 따라 농업인들에게 실질적으로 도움이 되는 시책을 발굴하기 위해 나는 항상 고민한다. 농업경영을 안정화시키고 생산성을 높이기 위해 다양한 노력들을 펼쳐야 하기 때문이다.

서산시는 전국 으뜸의 농·축산시책을 추진하기 위해 서산시 전체 일반회계의 11~14%를 투입한다. 예산은 친환경농업 육성과 농·특산물 명품화, 축산물브랜드 육성 등 농·축산물의 부가가치를 높일 수 있는 곳에 주로 쓰인다.

서산시는 천수만을 비롯한 비옥한 토지가 많아 쌀의 대표적인 생산지이기도 하다. 특히 고품질 쌀 생산기반을 구축하기 위해 매년 60~70억 원을 들여 벼 육묘용 제조상토와 환경보존형 맞춤형 비료, 육묘상자 처리약제, 도복경감제 등을 지원한다.

서산시의 대표 쌀 브랜드로 '뜸부기와 함께 자란 쌀(이하 뜸부기

쌀)'이 있다. 2012년 국내 쌀브랜드로는 최초로 호주에 상표등록
을 마치고 독점적 권리를 확보했다. 친환경농법으로 전량을 계
약재배하는 방식으로 연중 저온저장시설에 보관했다가 주문 즉
시 도정하기 때문에 4계절 내내 햅쌀 밥맛을 느낄 수 있다. 뜸
부기 쌀은 3년 연속 소비자평가에서 우수 브랜드로 선정될 만큼
품질을 인정받았고 해외로도 수출되며 서산의 대표적 쌀 브랜드
로 자리 잡았다.

뜸부기 쌀의 사례에서 보는 바와 같이 이제는 농산물도 브랜드 시대, 명품화 시대이다. 서산하면 떠오르는 명품브랜드가 있어야 소비자들에게 서산을 더 오래, 더 선명하게 각인시킬 수 있다. 그래서 서산시는 서산의 농·특산물을 브랜드화하고 브랜드를 뒷받침할 품질향상을 위해 많은 노력을 기울이고 있다.

그중 하나가 우수 농식품의 지식재산권을 확보하는 일이다. 지식재산권 확보는 특허와 상표 등에 관련된 분쟁요소를 사전에 차단할 수 있을 뿐만 아니라 브랜드가치를 높이는 이점이 있다.

지식재산권 확보를 위해 먼저 '지리적 표시 단체표장' 등록을 활용하고 있다. 지리적 표시 단체표장은 세계무역기구와 특허청에서 원산지 지명을 명시하고 상품의 특성 및 명성 등을 상표권으로 인정해주는 제도로서 원산지표시제와 함께 지역 명칭 사용의 법적근거로 작용하여 지역브랜드의 가치를 높여주는 핵심 역할을 한다. 서산시에서는 2006년 6쪽마늘을 시작으로 달래, 생강한과, 어리굴젓, 감자, 한우, 생강 등 7개 품목이 지리적 표시 단체표장으로 등록됐는데 이들 상품에는 '서산'이라는 지리적 명칭을 쓸 수 있게 되는 것이다.

이러한 지리적 표시 등록상품들은 특산물의 홍보마케팅에 활용되는 등 궁극적으로 시민소득 증대에 큰 역할을 하고 있다.

생산량과 품질을 향상시키기 위해서는 우량한 종자를 개발 보급하는 일도 무엇보다 중요하다.

우량종자를 사용하면 일반종자보다 수확량이 30%가량 향상되고 모양과 빛깔이 좋아 농가소득에 기여할 수 있다.

서산시의 감자 재배면적은 충남도 재배면적의 21%를 차지할 정도로 비중이 높았으나 종구의 퇴화와 보급종 수급의 어려움으로 생산성이 저하되고 있는 실정이었다. 그래서 서산시는 2014년부터 식물조직 배양기술을 통한 우량종구 생산에 속도를 냈다. 농업기술센터에 씨감자 생산시설과 저온저장 시설을 설치하고 농가증식단지를 선정해 우량종자를 생산해 냈다. 그렇게 생산된 씨감자 50톤 이상을 농가에 보급했고 2017년까지 감자 재배면적의 50% 이상에 자체 생산한 씨감자를 보급하는 성과를 올렸다. 이와 함께 웰빙식품으로 인기가 높은 서산 황토고구마의 무병묘도 생산 보급하고 있다. 서산시는 우량종구 증식단지 확보와 무병묘 생산시설을 더욱 확충해 나가고 있다.

6쪽마늘도 순도확보와 생산성 향상을 위해 시에서 주아珠芽를 수매해 마늘 농가에 보급하고 있다. 주아珠芽는 식물의 줄기에 생기는 일종의 씨앗으로 '구슬눈'이라고도 하는데 마늘줄기에 착상돼 바이러스에 강하고 이를 활용하면 우량종구 자가생산을 통해 경영비를 대폭 절감할 수 있다. 주아를 파종해 생산한 마늘을 종구로 사용하면 종자구입 비용을 절감할 뿐만 아니라 마늘의 수확량 감소를 억제하고 퇴화를 방지시키는 효과가 크다.

서산시가 인증하는 품질, '서산뜨레'

'서산뜨레'는 서산시가 품질을 보증하는 우수 농산물 인증마

크다. 2008년부터 브랜드 공모를 통해 '푸르넬'을 선정했다가 2010년부터 '서산뜨레'로 바꾸어 사용하고 있는데, 서산의 농·특산물의 브랜드로 자리 잡아 공신력을 인정받고 있다. '서산뜨레' 사용 승인을 받은 품목은 여러 혜택과 함께 품질 관리를 통한 차별화 전략을 지원받는다.

서산시는 '서산뜨레'와 같이 품질 보증을 받은 우수 농·특산물에 대해 국내외의 마케팅 지원과 박람회 참가를 지원하고 있다. 또한 피해보상제와 함께 품질 관리 및 유지를 위해 연 2회의 정기 검사를 진행해 소비자에게 신뢰를 줄 수 있도록 하고 있다.

2014년에는 블루베리와 감태, 냉이에, 2015년에는 토마토, 아로니아 착즙액, 누에정 등 13개 품목에 '서산뜨레' 사용을 승인했다. 현재는 뜸부기 쌀, 서산 인삼, 서산 육쪽마늘, 간월도 어리굴젓 등을 포함해 총 36개 품목에 서산뜨레 인증 마크를 사용하고 있다. 서산뜨레 인증 마크는 부시장 때 내가 직접 디자인 작업에 참여해서 만들었기에 애착이 더 간다.

2015년에는 서산뜨레 한돈 브랜드사업단을 출범시키기도 했다. 서산시는 5억 3,700만 원을 들여 고품질 브랜드육의 생산에 적극 지원하고 있으며, 서산뜨레 한돈의 제조·가공·판매시설인 복합유통센터의 건립도 추진하고 있다.

2018년 말쯤 개소되는 복합유통센터는 햄, 소시지, 돈가스 등의 가공시설과 정육코너, 식당 등의 한돈 전문프라자 및 사무실 등을 갖추고 서산뜨레 한돈 브랜드의 생산, 가공, 유통에서 관리, 운영, 조정 기능의 컨트롤 타워 역할을 할 것으로 전망된다. 제품의 다양화와 유통·판매망 확대 등으로 브랜드 경쟁력이 강화되어 서산뜨레 한돈이 우리나라의 대표적인 축산브랜드로 자리매김하게 될 날도 머지않았다.

전국 최초 명인 육성 조례, 서산명인 선정

서산시는 2010년부터 전국 최초로 명인 육성 조례를 만들었다. 농식품 생산·가공 등에서 차별화된 기술을 보유하고 있는 농업인을 대상으로 농·특산물 분야 '서산명인'을 선정하고 있다. 명인 후보자들은 식품, 마케팅, 농업 등 관련 전문가들로 구성된 '서산시 명인심사위원회'에서 해당 상품의 지역성과 차별성, 희소성, 인지도, 보호가치, 판로확보 여부, 상품육성 의지 등 꼼꼼한 심사과정을 거쳐 서산시를 대표하는 명인으로 뽑힌다. 명인들에게는 인증서 및 인증패를 교부하고 각종 행사 시 홍보부스 개설, 포장디자인 개발, 홈페이지 구축, 시설 개보수 및 기자재 구입 지원 등 다양한 인센티브가 제공된다.

2012년에는 고구마와 호박죽 명인(최근명)을 비롯해 냉동 다진 생강(유홍근), 어리굴젓(유명근), 생강한과(이정로) 등 4명이 첫 서산명인이 되었고, 2013년에는 단호박(최근학), 황화씨환(이윤기), 조청류(최영자), 편강 제조(노수영) 등에서 4명이 탄생했다. 2014년

생강한과 국가브랜드 대상 수상

에는 생강약과(김순주)와 깨강정(이필자) 분야에서 2명의 명인이 탄생했고, 2015년에는 산양산삼(김응화), 건조누에−동충하초(윤성원), 감태(송철수) 분야에서 3명의 명인이 탄생하여 지금까지 모두 13명의 명인이 탄생했다.

고구마와 호박죽 명인인 최근명 씨는 "개인적으로 보면 서산시가 인정하는 명인이 됐다는 것이 영광이기도 하고, 장인정신을 가지고 더 열심히 해서 우리 농·특산물의 우수성을 전국에 알려야 한다는 책임감도 크다"면서 "소비자들이 서산명인이 만든 제품이라는 것을 믿고 구매를 해 주면서 매출액도 15% 이상 상승했다."고 말했다.

이러한 서산시의 명인 육성 프로그램은 전국 최초로 시행되는 제도로서, 경남 하동군과 전남 강진군 등 다른 지자체에서도 벤치마킹과 문의가 잇따르고 있다. 명인제도는 지역 농업을 견인할 핵심인력을 육성하는 것으로, 서산시는 명인이 생산한 농·특산물이 해외시장으로까지 수출될 수 있도록 지원범위를 넓혀 나가고 있다.

농산물공동가공센터 건립

서산시는 충남도의 농산물공동가공센터 건립 공모사업에 선정돼 국비 12억 5,000만 원을 포함해 총사업비 33억여 원을 들여 서산시농업기술센터 내에 연면적 88만 9,000㎡ 규모, 지상 2층의 농산물공동가공센터를 2016년 10월 6일 준공했다.

서산시는 농산물공동가공센터 건립 전부터 여러 준비를 했다. 생산자단체의 의견수렴을 통해 가공센터 건립방향을 수립하고, 농민들이 전처리, 반가공, 완전가공 등을 배워 직접 가공·판매하도록 해 부가가치를 높이게 했으며 가공창업을 희망하는 농가에게는 창업교육과 코칭도 실시했다. 2016년에는 농업인 40여 명을 대상으로 6차 산업화 네트워크 시범교육을 실시함으로써 새로운 부가가치 창출과 생산, 가공, 외식, 유통 등을 융·복합할 수 있는 사업구상의 시간을 가졌다. 이어서 7월에는 농업인 60여 명이 참석해 6차 산업화 네트워크 운영사례 등을 벤치마킹하는 현장교육을 실시하기도 했다.

농산물공동가공센터에는 서산 농·특산물인 쌀과 마늘, 생강, 감자 등의 농산물을 가공해 상품화할 수 있는 전략식품 가공실을 갖추었고, 제품화에 앞서 다양한 상품의 시험생산이 가능한 소량가공시설, 창업보육실, 연구실험실, 전시판매장도 갖추었다. 또한 소규모 농가가 창업을 할 수 있도록 농산물 상품화 창업보육 프로그램도 운영하고 있다.

그동안 농산물공동가공센터 가공공장을 갖지 못했던 농가들에게는 기쁜 소식이 아닐 수 없다. 1차 산업에서 3차 산업까지 자연스레 연결돼 많은 농민들이 혜택을 보고 있는 것이다. 앞으로도 농산물공동가공센터는 생산과 가공, 유통이 결합된 농업의 6차 산업 활성화를 촉진하는 발판이 되며 농산물 부가가치를 획기적으로 높여 농가소득 증대에 큰 도움이 될 것으로 기대된다.

아울러, 2017년 2월 10일에는 인지면 모월리 일원에 유용미생물 배양장도 건립하여 준공식을 가졌다. 이곳 유용미생물을 농작물에 사용하면 토양물리성 개선, 병해충 저항성 향상, 생육증진 등을 돕고 가축에 사용하면 사료의 소화 및 영양흡수 촉진, 축산악취 제거 등에 효과적인 것으로 알려지고 있다.

이에 따라 시에서도 많은 농민들의 호응에 부응하기 위해 활성화 노력을 더해가고 있다.

황금빛 톡톡(TalkTalk!)

도시 브랜딩, 상품 브랜딩, 문화 브랜딩…, 오늘날 브랜드의 위력은 엄청나다. 잘 만든 브랜드 하나로 전 세계 사람들까지도 불러 모을 수 있다. 하지만 이런 무형의 가치를 잘 보지 못하는 사람들은 시큰둥하거나 의구심을 가진다. 리더는 이런 사람들의 타성을 깨어줄 수 있어야 한다. 또한 그 브랜드가 펼쳐 보일 수 있는 무궁무진한 기회를 그들의 눈앞에 구체적으로 그려줄 수도 있어야 한다.

농산물 가공센터 준공식에서 풍선을 날리는 모습

세계 최초의
소 결혼 주례를 서다

"나는 특별한 재능을 갖고 있지 않다.
오직 열정으로 가득한 호기심을 갖고 있을 뿐이다."

– 알베르트 아인슈타인 –

2017년 6월 2일, 나는 한 이색 결혼식의 주례를 섰다. 아마도 세계 최초가 아닐까 싶다. 장소는 제주노랑축제 현장인 일명 제주남이섬(제주시 한림읍). 제주노랑축제는 국내 대표관광지인 남이섬 성공신화를 만든 강우현 대표가 민간주도형 축제로 기획했고, '대자연으로부터 오는 노랑상상의 모든 것'을 주제로 처음 열리는 행사였다. 서산시는 행사 기간 동안 이곳 제주노랑축제장 내에 별도로 마련된 '해 뜨는 서산, 서산정淨·서산지地' 부스에서 서산 한우의 우수성을 홍보했다.

서산 우리한우브랜드가 이 축제에 참가하면서 오프닝 행사로 서산한우 '해우' 군과 제주한우 '탐라' 양이 부부의 연을 맺는 행사를 갖게 되었고 이 별난 한우 결혼식에서 주례를 서게 된 것이다. 신랑 소의 사람 대역은 최기중 서산축협조합장이 맡았고, 제주 소의 사람 대역은 현지에서 제주 여성의 협조를 얻어 치렀다. 당초 오후 4시에 갖기로 했던 세기의 소 결혼식을 빨리 보고 가야 한다는 분들의 재촉으로 30분쯤 앞당겨 거행했다. 그런데 이것이 문제가 됐다. 오후 4시로 알고 시간 맞춰 온 사람들의 불만이 터져 나온 것이다. 즉시 다시 결혼식을 치르기로 하고 한복도 갈아입고 신부도 새로 맞았다. 마침 관광객 중 인천에서 오신 분이 흔쾌히 응해주어 신부도 쉽게 결정되었다. 이런 것을 전화위복이라고 해야 할까. 첫 번째에 비해 예복도 제대로 갖춰 입어 모든 면에서 완벽한 결혼식을 치를 수 있었다. 홍보도 더 잘되었다. 소는 모형으로 만든 소였다. 소의 제주도 반입이 어려워 그리할 수밖에 없었다. 이를 알게 된 제주남이섬 강우현 대표께서 재빠르게 행사에 맞춰 모형 소를 만들어 주셨다. 비록 결혼식은 모형 한우가 대신했지만 사진으로 보면 진짜와 똑같았고 갖춰야 할 절차도 모두 갖추었다.

이 같은 소 결혼식은 제주 한우 개량을 위해 마련된 것으로, 서산 관내 우수 혈통 수정란을 제주 한우에 이식하는 '서산한우 수정란 이식' 퍼포먼스 등은 참석자들로부터 큰 호응을 얻었다. 또한 서산한우를 직접 맛볼 수 있는 시식행사와 장터국밥집도 함께 운영했다. 이를 통해 우리는 서산에 전국 한우 정액의 98%를 생산·공급하는 한우개량사업소가 있다는 사실을 알려 '모든 한국 소의 아버지는 서산 소'라는 인식을 전국적으로 홍보하는 계기를 만들었다.

황금빛 톡톡(TalkTalk!)

사람들이 내게 어떤 때는 '공무원' 같지 않다는 말을 하기도 한다. 연설이나 대화를 할 때는 말을 조리 있게 잘한다는 평을 듣기도 하고, 그림도 그리고 글씨도 제법 쓰고, 색소폰과 하모니카 등 악기도 다룬다. 어떤 분은 이런 나를 보고 신언서판身言書判으로 과분한 칭찬을 한다. 나는 호기심이 많은 편이다. 이런 내 호기심이 서산시장이라는 이 자리까지 끌고 왔다고 생각한다. 나는 '창의'는 당연한 것을 당연하지 않게 보는 호기심에서 나온다고 생각한다. 그리고 이 창의가 서산의 변화와 발전을 이끌었다고 확신한다.

최첨단
전자경매시스템 도입

"세상이 변했으니 나도 생각을 바꾼다
(When the facts change, I change my mind)."

— 존 메이너드 케인스 —

2015년 9월 3일, 음암면 상홍리에 전자경매 가축시장이 문을 열었다. 시비 1억 6,300만 원을 비롯해 총사업비 18억 4,900만 원을 투입해 6,944㎡의 부지에 가축시장과 전자경매시스템을 구축했다. 전자경매 가축시장은 한 번에 45명이 동시 입찰을 할 수 있고 282두의 계류장을 갖추고 있으며 모든 경매 진행 상황을 전산 처리해 전광판에 표시함으로써 경매진행뿐만 아니라 가격에 대한 투명성까지 확보했다. 또한 혈통이 우수한 등록 한우만 출품이 가능해져 축산농가가 믿고 거래할 수 있게 되었다. 상황이 이렇다 보니, 한우 출품이 꾸준히 증가해 2016년에는 평균 105두가 출품됐고 2017년 7월에는 138두가 출품되기도 했다.

가축경매시장과 더불어 인근에 53억 4,500만 원을 들여 육가공시설과 축산물상가, 축산인회관 등의 시설을 갖춘 축산종합센터를 조성하고 있다. 또한 한우개량사업소와 함께 우수혈통 관리 사업을 지속적으로 펼쳐 우수 정액 및 수정란을 지속적으로 농가에 공급할 계획으로, 지역 축산업에 활력을 불어넣어 농가소득 증대로 이어질 수 있도록 힘을 쏟을 것이다.

우량혈통 송아지 생산기지 건립, 혈통 있는 소 키운다

2016년 8월 30일, 서산시는 운산면 가좌리에 총사업비 15억 6,700만 원을 들여 우량혈통 송아지 생산기지를 준공했다. 8,435㎡의 부지에 한우 200마리를 동시에 사육할 수 있는 축사 2동과 관리사 1동은 물론 최신 운영장비까지 구비했다. 이를 통해 전국 98% 이상 한우 정액을 공급하는 한우개량사업소가 위치해 있다는 점을 적극 활용해 상위 5% 이내의 우량혈통 수정란을 공급받아 암소에 이식함으로써 단기간 내 우수한 송아지를 생산해 축산농가에 안정적으로 공급할 수 있게 되었다.

서산시는 또 2017년에 한우개량사업소, 서산축협, 충남한우 조합과의 업무협약을 체결했다. 업무협약을 통해 우량 한우의 수정란을 이용한 서산한우 개량효과의 극대화와 고급육 생산에 함께 힘을 모으기로 했다. 이에 따라 서산시는 수정란 구입과 이식 사업의 비용을 지원하고 한우개량사업소는 보유하고 있는 우량 수정란을 서산시에 대량 공급하게 된다. 또한 서산축협과 충남한우조합에서는 공급된 수정란을 활용해 우량 송아지를 생산하고 농가에 분양하는 역할을 수행하게 된다. 이 같은 협약으로 수소에만 집중됐던 개량사업에서 벗어나 대리모에 수정란을 이식해 우수 송아지를 대량 생산하는 시스템이 정착될 것으로 보이며 고급 한우 생산기반을 마련해 브랜드 인지도 및 농가 소득 증대에도 큰 도움이 될 전망이다.

서산우리한우 국가브랜드 대상 수상. 2017. 4. 6.

황금빛 톡톡(TalkTalk!)

4차 산업혁명이 도래되는 시대에 세상은 기막힐 정도로 빠르게 변화하고 있다. 수많은 정보통신 기술뿐만 아니라 사물인터넷, 자율주행차, 드론 등 최첨단 기술까지도 아찔하게 선보여지는데 현재 제도나 시스템이 그 속도를 따라가기 버거운 것은 사실이다. 하지만 적어도 인간(생각)만큼은 그 속도를 따라가려고 시늉이라도 내야 한다. 4차 산업혁명기에 꼰대로 살 수는 없는 노릇이니까.

바다가
희망이고 미래다

"큰 바람 타고 파도 헤쳐 갈 날 반드시 있으리니
구름돛 곧게 달고 넓은 바다 건너가리라.
(長風破浪會有時, 直掛雲帆濟滄海)"

― 이백 ―

    21세기는 해양의 시대라고 해도 과언이 아닐 만큼 바다에 대한 중요성과 관심이 점점 증가하고 있다. 그동안 인류의 경제활동과 생존활동의 대부분이 육상에서 이루어져 왔으나 이제는 해양으로 눈을 돌리고 있다. 그러다 보니 해양의 경제적·지리적 문제를 둘러싼 다양한 분쟁도 늘고 있다. 국가 간 분쟁부터 지방자치단체 간 분쟁, 법인, 일반인까지 상호 이해관계가 맞물려 끊임없는 갈등이 유발되고 있다. 분쟁의 원인은 무궁무진한 수산자원과 해양 에너지원 등 바다가 인류에게 주는 주요한 혜택들 때문이다.

    앞으로 바다가 가진 무한한 잠재력을 효과적으로 이용하기 위해서는 조선, 플랜트, 항만, 물류 등 다양한 해양 정책을 발굴·육성하는 등 급변하는 해양환경에 선제적으로 대처해 나가야 한다.

    서산시는 천혜의 자연환경을 가진 천수만과 가로림만이 위치해 있고 특히 가로림만 해역 9만 1,237㎡는 우리나라에서 25번째로 해양보호구역으로 지정되었다. 이곳은 대부분 갯벌로 149종의 어패류가 터를 잡고 있으며, 48종의 어류와 낙지, 주꾸미, 대하, 해삼 등 헤아릴 수 없을 정도의 많은 수산자원이 서식하고 있다. 서산시에서는 어민 소득증대와 어족자원 보호를 위해 다양한 지원 사업을 펼쳐 나가고 있다. 어업인 주 소득원인 종패살포, 어장정리, 굴 양식 시설 지원, 어장관리선 건조 지원, 어촌 체험마을 조성, 가두리 양식시설 지원, 바다목장화 사업, 치어 방류 등 많은 시책을 전개하고 있다.

서산시는 해마다 지속가능한 수산자원 조성과 친환경 양식기반 구축을 위해 많은 예산을 투입하고 있다.

2016년에는 고령화와 어족자원 감소, FTA 등으로 어려움을 겪고 있는 어촌의 활성화를 위해 59개 사업에 92억 원을 들였다. 어업인 자립기반 조성과 어획소득 향상을 위한 수산자원 증식, 해양환경 관리, 수산물 유통구조 개선에 집중 투자했다.

2017년에는 110억 원을 투입해 해양수산 경쟁력 강화 및 살기 좋은 어촌 만들기에 집중하고 있다. 특히 2017년부터는 해양환경팀을 신설해 쾌적한 해양환경 만들기에도 박차를 가하고 있다.

갯바위 낚시터로 유명한 팔봉면 호리 주변 낚시터에 오염물질을 제거하고 안전시설물을 설치하기도 했다. 해양쓰레기를 종합적으로 수거·관리하고 무단투기를 계도하는 해양환경 도우미 운영사업도 추진하고 있으며 도서지역에 산재한 해양쓰레기를 처리하는 해양쓰레기 정화사업도 추진하고 있다. 또한 해양 유류오염사고에 대비해 서산호 관리사 1층을 방제창고로 활용해 장비를 비축하고 폐유저장시설도 설치 운영하고 있다.

4개 지구 연안정비 사업 선정, 갯벌 활성화 사업 도전

해양수산부가 주관하는 2차 연안정비사업 대상지로 대산읍 삼길포 등 4개 지구가 선정돼 연안지역에서 발생하는 침식과 침수 등의 재해 피해를 예방하고 친수문화공간을 조성하는 사업도 하게 되었다. 2019년까지 국비 등 68억 원이 투입되는 사업이다.

대산읍 삼길포는 친수호안 정비공사를 하고 휴게 편의시설, 기반시설, 녹지가 조성됐고 팔봉면 호1리는 400m의 친수호안과 1,100m의 해안 산책로를 갖추게 된다. 지곡면 왕산포와 팔봉면 호3리는 침식방지를 위한 연안보전사업이 각각 추진된다. 연안정비사업이 완료되면 재해를 예방할 뿐만 아니라 환경이 개선되어 생태적 가치를 높일 수 있을 것이고 관광객들에게 쾌적한 휴식공간을 제공해 지역경제 활성화에도 기여할 것으로 보인다.

해양수산부는 2016년부터 갯벌복원을 비롯해 생태관광 등의 활성화를 도모하는 갯벌생태 지원 활성화 방안을 추진하고 있다. 이에 충남도는 현재 추진 중인 연안하구 생태복원 대상지가 해수부의 우선 복원갯벌에 선정될 수 있도록 노력하고 있는데 여기에 서산시 고파도리 등 담수호와 폐염전이 선정됐다. 연안 하구 생태복원 사업은 한 곳당 수십억 원에서 수백억 원의 예산이 소요되는 사업이라 정부사업에 선정만 되면 충남도와 서산시의 재정부담이 크게 줄어들 전망이다.

2016년 7월 28일 정부의 해양보호구역으로 지정된 가로림만의 해양생태공원 조성사업을 추진하기 위해 국비 확보에도 힘을 쏟고 있다. 가로림만은 천연기념물 제331호 점박이물범의 서식지이기도 하고 멸종위기종 흰발농게와 보호 대상인 붉은발말똥방게, 거머리말 등 보호가치가 높은 해양생물이 많은 곳이다. 서산시는 2018년~2020년까지 3년간 점박이물범 보호센터 및 상징화사업, 해양습지생태공원(담수정화습지, 수변완충녹지), 생태자연관(자연사박물관, 갯벌생태환경 센터) 조성 등을 골자로 하는 해양생태공원을 구상하고 있다. 아라메길을 확장해 태안구간을 연결하고 유람선 또는 수상택시를 운영하는 등의 관광객 유치를 위한 사업도 포함하고 있다. 사업비는 500억 원 정도로 추산하며 국비를 확보하기 위해 최선의 노력을 기울이고 있다.

가로림만은 국내 환경보호가치 1위로 서산시와 태안군 등 2개 시·군에 걸친 해양보호구역으로 면적으로는 전국 최대이며 그 가치는 그야말로 무한하다 할 것이다.

바다는 경제 효과가 2,800조 원에 이르는 자원의 보고寶庫라고 한다. 세계의 해양 선진국들은 이미 바다를 둘러싼 경쟁이 치열하다. 3면이 바다로 둘러싸인 우리나라는 이런 쟁투전에 얼마나 경쟁력과 전투력을 보유하고 있을까? 바다와 관련된 여러 규제들을 빨리 정비하고, 바다 선진국들이 가진 노하우를 벤치마킹할 필요가 있다.

모두가 다 함께
어울려 살기

3

반갑고 고맙고 기쁘다.
앉은 자리가 꽃자리니라.
네가 시방 가시방석처럼 여기는
너의 앉은 그 자리가 바로 꽃자리니라.

앉은 자리가 꽃자리니라.
앉은 자리가 꽃자리니라.
네가 시방 가시방석처럼 여기는
너의 앉은 그 자리가 바로 꽃자리니라.

나는 내가 지은 감옥 속에 갇혀 있다.
너는 네가 만든 쇠사슬에 매여 있다.
그는 그가 엮은 동아줄에 묶여 있다.

우리는 저마다 스스로의
굴레에서 벗어났을 때
그제사 세상이 바로 보이고
삶의 보람과 기쁨도 맛본다.

앉은 자리가 꽃자리니라.
네가 시방 가시방석처럼 여기는
너의 앉은 그 자리가
바로 꽃자리니라.
– 오상순 · 구상 〈꽃자리〉

사연 없는 삶이 어디 있고, 굴곡 없는 인생이 어디 있으랴.

이 시는 공초 오상순 선생이 평소 사람을 만날 때마다 축복하며 하던 말씀을 구상 시인이 1992년 시집 「꽃삽」에 실은 것이라한다. 그래서 때로 오상순의 시로, 또 때로는 구상의 시로 소개되고 있으나 정확히 말하면 오상순 선생의 말씀을 구상 시인이 정리하여 옮겼으니 공동작품이라 해도 무방하지 않을까 싶다.

지금, 우리는 참으로 풍요롭고 편리한 세상에 살고 있다. 하지만 뉴스에서는 하루도 빠짐없이 온갖 나쁜 소식을 전하고 있다. 어쩌다가 이 같은 현상이 발생하고 있는 것일까? 불평과 불만으로 가득 찬 사람은 자기 삶을 긍정하기 어렵다. 이런 사람일수록 실패와 고통의 원인을 밖에서 찾으려 하고 오히려 회피하려 하며 남에게 전가시키려고 한다. 그러면 어떻게 하면 이를 극복할 수 있는 것일까? 해결책은 간단하고 명료하다. 내가 앉은 이 자리가 바로 꽃자리라고 생각하는 것이다.

나는 기회가 있을 때마다 입버릇처럼 '미인대칭 비비불불'을 말하고 다닌다. 해야 할 일로 '미인대칭(미소, 인사, 대화, 칭찬)'을, 하지 말아야 할 일로 '비비불불(비난, 비평, 불평, 불만)'을 강조하는 것이다.

내가 앉은 이 자리가 바로 꽃사리라고 여기는 것. 그것이 바로 '감옥'과 '쇠사슬', '동아줄'에서 벗어나 '너'와 '내'가 아닌 '우리'로 하나 되는 길이자 뉴스에서 매일 나오는 나쁜 소식을 줄이는 길일 것이다.

산업도시 서산,
양 날개를 달다

"구하는 이마다 받을 것이요,

찾는 이는 찾아낼 것이요,

두드리는 이에게 열릴 것이니라!"

− 마태복음 7장 8절 −

서산시는 석유화학산업과 자동차산업으로 대표되는 신흥도시로 떠오르고 있다. 수도권에 비해 땅값이 저렴하고 도로, 항만 등 기초시설이 잘 갖춰져 있어 기업들이 몰리는 것이다. 대산항은 해마다 물동량이 증가해 2017년 항만운영실적 집계결과 전체항만 물량은 9만 287톤으로 전년 동기 대비 5.1% 증가한 것으로 나타났다. 2016년 대산항에서 처리한 컨테이너 물동량은 전년 대비 7.7% 증가한 11만 2천 673TEU(1TEU는 20피트짜리 컨테이너 1개)에 달해 31개 국내 무역항 중 6위에 올랐다. 2007년 최초 8,388TEU로 시작한 컨테이너 물동량과 비교하면 13.4배의 급성장을 이룬 수치이며, 9년 연속 증가를 이뤄온 대기록이다. 2017년 컨테이너 물동량은 11만 119TEU에 그쳐 2016년보다 2.1% 감소했으나 이는 중국과의 사드 관계 영향으로 보여 사드 문제가 해소되면 다시 예년 수준을 회복하며 상승세를 이어갈 것으로 예상된다. 대산산업단지에는 대산콤플렉스 산단이 들어서고 코오롱인더스트리가 이미 입주해 가동 중이며 현대케미칼 등도 추가로 들어올 예정이어서 기존 단지 남쪽으로 3곳의 산단이 추가로 건설되고 있다.

그동안 서산을 대표하는 산업이 석유화학산업이었다면 이제는 자동차산업까지 가세하면서 크게 양분되고 있다. 특히 자동차산업은 자동차 제조 산업에다 자동차 연구시설, 자동차 주행시험장까지 갖추게 되면서 신흥 자동차 도시로서 외연도 탄탄히 다져졌다. 이러한 산업 발전 덕분에 서산시는 전국에서 경제적으로 뜨는 도시 6곳 중의 한 곳으로 선정(2017. 9. 한국경제연구원 발표)되기도 했다.

대산석유화학단지를 위하여

대산석유화학단지는 여수, 울산과 함께 국내 3대 석유화학단지로 꼽히며 2000년대 이후 대중국 수출 급성장의 원동력이자 현재 70여 개 기업에 1만 5,000여 명이 근무하고 있는 민간산업단지다. 총 1,561만㎡ 안에 대산5사로 불리는 현대오일뱅크, 한화토탈, LG화학, 롯데케미칼, 케이씨씨KCC 등의 석유화학업체와 석유정제시설, 국가석유비축기지가 밀집해 있다. 이 단지에서 생산되는 에틸렌, 합성수지 등은 대부분의 제조업에서 원료와 중간 재료로 사용된다.

그동안 대산석유화학단지가 이뤄낸 성과는 숱하다. 석유화학산업을 국내 제조업 3위로, 에틸렌 생산능력을 세계 4위로 끌어

올리는 데 핵심역할을 했다. 석유 한 방울 나지 않는 나라의 연간 수출액 20%를 석유화학제품으로 채웠다.

대산5사의 최근 연간 매출액은 42조 4,000억 원에 달하고 대산5사가 납부한 국세는 2016년도 기준 4조 9,136억 원이었다. 그러나 지방세 납부는 1.1%인 543억 원에 불과하다. 2012년 ~2016년까지 5개년간 납부한 국세는 22조 1,038억 원에 달하지만, 도·시비를 합한 지방세는 1,902억 원으로 국세의 1%에도 못 미치는 0.86%에 머물고 있는 실정이다. 대산단지는 국가산단인 여수, 울산과는 달리 개별공단이어서 국가지원(SOC 조성 및 녹지사업 등)으로부터 소외되기 때문에 해결해야 할 문제도 많이 안고 있다.

특히 대산단지는 독성물질 누출, 화재, 폭발, 수송·운송 과정에서의 대형사고 등의 잠재성을 지니고 있고 지역주민들은 생활불편, 건강피해, 환경오염 등에 상시 노출되어 있다. 단적인 예가 지난 2007년 사상 초유의 기름유출 사고로 전 국민에게 엄청난 피해를 준 허베이스피리트호 기름유출 사고다. 이 사고는 막대한 예산을 투입했음에도 여전히 끝나지 않고 있다. 사정이 이렇다면 그에 따른 보상과 지원책 마련은 당연지사겠지만 현실은 그렇지가 못하다. 대산단지가 개별산단이라는 이유 때문이다. 지방세 비율도 낮고 국비 지원까지 미미하여 주변 도로망 및 공공시설 등 인프라 구축과 환경유지 비용부담에 어려움을 겪고 있는 현실이다.

이 같은 실정에서 '석유화학단지 지원에 관한 법률'을 마련하

대산석유화학단지 전경

고 석유화학단지가 입주하고 있는 지역과 지역민들에게 실질적
인 지원을 해달라고 하는 것이 과도하다고 말하지는 못할 것이
다. '석유화학단지 지원에 관한 법률'은 '발전소 주변지역 지원에
관한 법률'과 같이 위험요소를 안고 있는 석유화학단지 주변지
역도 법을 정해 지원해야 한다는 것이다.

　나는 그동안 국회 및 중앙부처를 수차례 방문해 국세의 지방
세 환원비율을 높여줄 것과 법률 마련을 건의했고 기업체와 각
계 전문가 등을 초청해 정책세미나를 개최하는 등 공감대 형성
을 위해 노력해 왔다. 또한 석유화학단지가 입주해 있는 지자체

인 전남 여수시와 협력체계도 구축했고 2016년 6월에는 주철현 여수시장과 간담회를 개최해 양 도시 간 협의체 구성, 공동연구 및 용역실시 방안 등에 대한 다양한 의견을 교환했다.

대산공단 국세 10% 지방세 환원, 석유화학단지 주변지역 지원 법률 제정 요구

대산지역은 공장굴뚝에서 뿜어져 나오는 연기와 미세먼지로 집집마다 빨래를 내다 널 엄두를 내지 못한다. 한때 2만 5천 명이던 대산인구가 1만 5천 명으로 줄어들 정도로 삶의 지수는 팍팍해졌다. 공단 조성 30년 동안 환경평가는 2차례밖에 없었고 2012년 국립환경과학원 조사에서는 벤젠과 니켈 등 발암물질 위해도가 기준치를 넘었다. 70여 개의 입주기업이 연간 42조 원대의 매출을 올리지만 환경오염을 막기 위한 저감시설이나 도심공원 조성 등 실제 지역사회에 환원되는 노력은 턱없이 부족해 주민들의 불만은 고조되고 있다.

대산공단은 해마다 국가예산의 1.2%에 해당하는 평균 4조 원 이상의 국세를 내지만 민간산단이라는 이유로 국가로부터 대우를 받지 못하고 있다. 국가경제에 막대한 영향력을 가진 산단임에도 공장동에 없어서는 안 될 물, 전기, 도로, 환경보호시설 등에 대해 국가로부터 지원을 받지 못하고 있다. 재정자립도가 낮은 서산시는 그저 공단의 애로사항이나 조금씩 해결해주며 지금에 이르고 있을 뿐이다.

이에 서산시는 민간 공단의 경우 국세 중 일부를 지방세로 전환해 환경오염 방지 시설을 설치하는 등 지역발전에 재투자할 수 있도록 요구하고 있는 것이다. 2014년부터는 여수시, 울산시 남구와 공동으로 석유화학단지 국세납부 총액의 최하 10%까지 지역 환원이 가능하도록 제도화해 줄 것을 요청했다. 3개 지자체는 공동으로 이 같은 내용의 건의서를 작성해 대통령 및 국무총리, 관계부처 장관에게 제출한 바 있다. 특히 서산시는 '석유화학 국세 지역환원'을 위해 태스크포스TF팀을 구성하는 등 종합적 대책 수립에 나섰다.

TF팀은 석유화학단지 국세납부 총액의 10% 이상 지역환원 제도화를 위해 실효성 있는 대안을 모색했다. 보통교부세 배분 항목 중 기준 재정 수요액의 보정수요에 석유화학단지 관련 항목을 포함해 지방교부세 규모를 확대하는 방안이나, 정유업자로부터 서산시가 징수하는 주행세의 일부분을 과세근거가 되는 휘발유 정유 제조에 따른 지역피해 개선비용으로 서산시에 귀속시키는 방법, 석유화학단지 주변 사회기반시설 확충 및 환경관련 국고보조사업을 신설하거나, 납부하는 국세 중 일정 부분을 기금으로 조성하는 방안 등을 검토했다.

2015년 10월 29일에는 서산시가 주최하고 충청투데이가 주관하여 종합사회복지관 대산분관 대강당에서 '석유화학단지 주변지역 지원 특별법' 제정을 촉구하는 정책토론회를 개최했다. 토론회에는 정종필 지방행정연수원 교수, 염명배 충남대 국가정책대학원장(주제발표), 이민정 충남연구원 연구원, 허재권 충남도 투자입지과장, 김영제 서산시 미래전략사업단장, 장갑순 서산시의회 의원, 김기진 대산읍 주민자치위원장 등 8명이 패널로 참석하여 다양한 의견을 제시했다. 이 자리에 참석한 토론자들은 석유화학단지 주변지역 지원의 정당성에 모두 한목소리를 냈다. 발전소나 천연가스LNG 인수기지 주변지역은 관련법에 의해 매년 지원사업이 체계적으로 시행되고 있지만 유사시설인 석유화학단지 주변지역은 어떤 지원도 받지 못한다는 것은 상식적으로도 이치에 맞지 않다. 주민의 불안감 해소와 기업의 안정적인 생산 인프라 구축을 위해서라도 석유화학단지 주변지역 지원 법률이 반드시 제정되어어 한다.

나는 2016년 6월 20일 김금배 기획감사담당관, 전성배 성장전략과장, 김종민 기획팀장과 함께 여수시를 방문해 주철현 시장을 만났다. 여수시와 함께 당시 정부가 추진하고 있는 '법인지방소득세 및 지방재정교부금 개편방안'에 대해 논의하고, 석유화학단지 주변지역 지원 대책 공동추진에 힘을 모으기 위해서였다. 이 자리에서 협의 내용에 대해 의견을 같이하고 지역 국회의원과 연대하여 특별법 제정 추진에 더욱 힘써 나갈 것을 약속했다. 이후 여수시 주승용 국회의원과 서산·태안의 성일종 국회의원의 특별법 발의가 이어졌다. 앞으로 두 지역 국회의원이 발의한 동 특별법 제정안이 상임위원회에서 심도 있는 검토와 논의를 거쳐 단일안을 마련, 빠른 기간 안에 빛을 볼 수 있게 되길 간절히 바라는 마음이다.

주철현 여수시장실에서 현안사항 논의

얼마 전 한 시민단체는 화력발전소들이 밀집된 충남 당진·태안·보령·서천 지역 상공에 아황산가스 등 2차로 생성된 미세먼지가 서울보다 최대 2배 이상 많다는 조사결과를 발표했다. 주요 원인으로 화력발전소와 정유시설을 꼽았다. 당진·서산·태안·홍성·보령·서천 등 서해안 일대 6개 시·군의 온실가스 배출량은 8만 7,349톤으로 충남도 전체 배출량의 80%를 차지한다. 화력발전소와 석유화학단지 등이 중심이 된 충남 서해안 일대 주민들의 건강문제가 심각한 상황에 노출돼 있다는 뜻이기도 하다.

이제 기업을 넘어 국가도 책임이 있는 만큼 국가의 다각적인 대책 마련이 필요한 시점이다.

대산단지 부족한 전력을 확보하라

국내 3대 석유화학단지라는 명성에 맞지 않게 대산단지는 정전에 따른 조업차질 불안에 시달리고 있다. 이곳은 한국전력공사 대산변전소 한 곳에 의존해 전력을 공급받고 있는 실정이다. 여수와 울산의 경우 인근에 4~5개의 발전소가 있고 각각 6개의 변전소를 통해 전력을 공급받는 것과는 상당한 차이가 있다. 대산단지는 낙뢰, 산불, 변압기 고장 등으로 정전사고가 끊이지 않고 있다.

대산단지 입주 기업들은 2020년까지 총 7조 5,800억 원 규모의 투자계획을 가지고 있다. 이 같은 투자가 실현되려면 415~930MW의 추가전력이 공급돼야 한다. 하지만 추가 발전시설 건설계획은 마련되지 않았고 정부가 미세먼지 유발 등의 이유로 화력발전소를 더 이상 건설하지 않을 방침이어서 대산단지 전력공급 전망이 밝지만은 않다.

이러한 상황에서 충남도와 서산시는 대안으로 LNG발전소 건립을 추진하고 있다. 대산단지에 있는 MPC대산전력이 현재의 경유발전시설을 LNG시설로 바꾸고 발전용량도 늘릴 수 있도록 정부에 사업승인을 요청했다. 국가 전체적으로 전력이 남는 상황이어서 발전소 증설허가가 쉽지는 않겠지만 충남도는 대산단지의 불안한 전력상황을 감안해 지속적으로 건의할 계획이다.

앞서 2015년 8월 13일, 나는 중국 선양에서 안희정 충남지사와 린지엔Lin Jian CGN메이야파워 홀딩스컴터니CGN Meiya Power Holdings Company와 9,000억 원 규모의 투자협약을 맺은 바 있다. 이 협약에 CGNPC는 오는 2020년까지 대산단지 내 16만 5,508㎡의 부지에 기존 경유발전소를 대체할 LNG복합발전소를 건립한다는 내용을 담고 있다. 발전용량은 국내 원자력발전소 1기의 발전용량과 비슷하고 이곳에서 생산된 전기는 대산단지와 인근 산업시설에 공급된다.

해수담수화 사업 추진

2015년의 극심한 가뭄으로 대산단지에 심각한 위기상황이 닥쳤다. 입주기업들은 인근 농업용 저수지인 대호지에서 산업용수의 절반을 공급받고 있는데, 대호지의 저수율이 20% 미만으로 떨어지면 농업용수 확보를 위해 산업단지로 공급되는 용수가 자동으로 끊어진다. 가을에 대호지 저수율이 23%까지 내려가면서 하마터면 용수공급이 중단될 뻔한 위기 상황에 놓였던 것이다.

2017년의 봄 가뭄도 대산단지 입주 기업들을 긴장하게 만들었다.

기후변화로 가뭄이 반복되자 바닷물을 민물로 바꾸는 '해수담수화'가 주목받게 되었다. 정부는 2025년까지 전국 9개 지역에 해수담수화시설을 짓는다는 계획도 가지고 있다.

2016년 11월 18일, 충남도와 서산시는 서산 대산단지 해수담수화시설 설치 추진에 힘을 모으기 위해 K-water, 현대오일뱅크 등 대산단지 8개 사와 손을 맞잡았다. 대산단지 해수담수화사업 추진 과정에서 관계기관 및 기업 간 긴밀한 협력체계를 유지하기 위해 기본협약을 체결한 것이다. 대산단지 해수담수화시설은 8개 업체에 1일 10만㎥의 공업용수를 공급한다는 계획으로, 총사업비는 2017년부터 2019년까지 2,200억 원이 투입될 예정이다.

충남도와 서산시는 해수담수화시설을 대산단지 물 부족 문제 해결을 위한 가장 현실적이고 직접적인 대안으로 보고 있다. 바닷물의 경우 마르지 않는 항구적 수자원으로, 이를 이용한다면 가뭄 등 재해 영향을 받지 않고 안정적인 용수 공급이 가능하기 때문이다. 현재는 아산공업용 수도를 이용해 하루 10만 톤을, 농업용 저수지인 대호호에서 하루 10만 톤을 끌어와 총 20만 톤의 공업용수를 기업에 공급 중이다.

당초 2017년 6~7월 중에 예타 결과가 나올 것으로 기대했으나 2018년 1월 현재까지 나오지 않고 있어 아쉽다. 조만간 예타 결과가 나오겠지만, 향후에도 조속히 추진될 수 있도록 관계기관들과 함께 힘을 모아 나갈 것이다.

자동차 도시 서산

서산을 자동차 도시로 아는 사람들은 그리 많지 않을 듯싶다. 2017년 6월 23일, 밀레니엄 서울힐튼호텔에서 열린 '2017 국가대표 브랜드 대상 시상식'에서 서산시가 자동차 산업도시 부문 대상을 수상했다는 사실을 안다면 더욱 놀랄 것이다. 대산석유화학단지에서 남쪽으로 15km 떨어진 성연면·지곡면 일원에는 서산오토밸리, 서산인더스밸리, 서산테크노밸리 등 자동차 산업단지들이 밀집해 있다. SK이노베이션 전기자동차 배터리

공장과 자동차 부품 생산업체인 현대다이모스, 현대파워텍, 현대파텍스 등 70여 개 자동차 관련 기업도 입주해 있다.

부석면 서산간척지에 조성 중인 바이오·웰빙·연구특구에도 자동차 연구 개발을 위한 특화산업단지가 들어서고 있다. 현대모비스가 2,500억 원을 들여 주행시험로, 내구시험동 등 자동차부품 연구시설을 건립했다. 향후에는 국내 최초로 자율주행 시험로 조성계획을 가지고 있어 계획대로 추진될 경우 서산바이오·웰빙·연구특구가 서산을 자동차 도시로 확고히 자리매김하게 할 것이다. 그러나 서산바이오·웰빙·연구특구가 지금의 모습을 갖추기까지에는 우여곡절이 많았다.

2008년 12월 19일 지식경제부, 제16차 지역특화발전특구위원회에서 서산바이오·웰빙특구 지정이 심의를 통과했다. 당초 서산바이오·웰빙특구는 현대건설이 2012년 말까지 민자 6,000억 원을 들여 농업바이오단지와 농업체험단지, 골프장, 승마장, 종합복지시설, 웰빙복합단지, 테마파크 등을 조성하는 것이 목표였다. 그러나 기대와 달리 특구 내 토지매입 등으로 난항을 겪으면서 지지부진한 상태로 3년을 흘려보냈다.

그 사이 현대자동차그룹이 사업자인 현대건설을 인수하게 되사 현대모비스 자동차연구개발용지를 특구에 포함시키는 내용의 특구계획안 변경이 추진됐다. 현대건설은 당초 계획된 특구안에서 승마장 시설용지를 삭제하고 바이오전시유통단지와 첨단바이오단지, 골프장 등을 축소하는 대신 현대모비스 자동차

연구개발시설이 추가된 특구계획 변경안을 2011년 지역특화발전특구위원회에 신청했다. 그러나 지식경제부는 2012년 5월 제26차 지역특화발전특구위원회에서 현대건설의 특구계획 변경에 대해 자동차 관련시설이 간척지라는 지역특성 및 여건에 맞지 않는다는 이유로 불허결정을 내린 것이다.

이에 서산시 주민 1,983명은 재심의 또는 바이오·웰빙특구의 조속한 착공을 바란다는 내용의 탄원서를 작성해 청와대 수석, 지식경제부 장관, 선진통일당 원내대표, 충남도지사, 현대모비스 대표이사, 현대건설 사장 등에 보내 지역민들의 확고한 바람을 전했다. 나도 모든 행정력을 동원해 노력을 계속했다. 그 결과 지지부진하던 5년의 시간을 끝내고 2013년 7월 11일 청와대 제2차 무역투자진흥회의에서 이 특구계획 변경을 허용하는 결정이 내려졌다.

이후 현대건설은 2014년부터 7,200억 원을 들여 서산시 부석면 천수만 간척지 B지구 일원 570만㎡ 부지에 자동차 첨단부품 연구소와 농업바이오단지, 의료 및 관광시설 등을 짓고 현대모비스도 110만㎡에 2,700억 원을 투입해 주행시험로, 내구시험동, 연구동을 갖춘 자동차 첨단부품 연구시설 등을 지어 나갔다.

그런데 또 한 번의 특구변경 신청이 제출됐다. 2015년 11월 27일 정부서울청사 3층 국제회의실에서 열린 제35차 지역특화발전특구위원회에서 서산바이오·웰빙·연구특구 내 자율주행차 개발을 위한 연구시설 추가조성 등 첨단 자동차연구시설의 규모를 늘리는 특구계획 변경신청이 심의를 통과했다. 국내 최초의 자율주행시험로, 무인주행 시스템 등 신기술을 연구·검증할 수 있는 주행시험로 및 연구시설이 추가로 조성되는 것이 변경내용의 핵심이었다. 기존 14개에서 4개를 추가해 주행시험로는 모두 18개로 늘어났다. 또한 자동차 첨단부품 연구시설 부지면적도 변경 전보다 41만 2,000㎡ 확대됐다. 자동차 연구시설 건립 사업비도 3,900억 원으로 늘어나고 전체사업 기간도 2018년 12월까지로 늘어났다.

서산시는 이를 통해 이곳을 특화산업단지로 지정해 지역 내 포진한 자동차산업과 연계해 시너지효과를 극대화하는 한편, 서산시 주력산업을 석유화학산업과 자동차산업이라는 두 축으로 집중 육성하는 데 주력하고 있다. 다만, 현재 업체 측의 진척도가 보이지 않고 있어 업체 측에 신속한 추진을 요구하고 있고 지역민들의 원성의 목소리도 커지고 있어 이에 부응하는 조치기 이어질 것을 기대하고 있다.

서산을 자동차 도시로 이끈 기업은 단연 현대파워텍이다. 2001년 국내 최초로 변속기 전문기업으로 시작해 미국, 중국 등 3개국에서 6개의 사업장을 운영하며 연간 330만 대의 변속기 생산능력을 갖출 정도로 성장했다. 현재는 소형부터 대형까지 자동변속기 국산화는 물론 자동변속기 풀-라인업을 갖춘 세계 3위권 자동변속기 메이커다. 2011년 미국 굴지의 자동차 회사인 크라이슬러와 1조 2,000억 원 규모의 전륜 6단 자동변속기 공급계약을 체결하는 등 세계 최대시장 미국에서도 기술력과 노하우를 인정받고 있다.

동희오토는 기아자동차 브랜드인 '모닝'과 '레이'의 완성차를 생산하는데, 서산시가 완성차를 생산하는 도시라는 이미지를 심어주고 있다. 동희오토는 2004년에 설립돼 모닝과 레이를 합쳐 하루 평균 1,038대의 자동차를 생산하고 있다.

현대위아는 1차로 서산오토밸리에 6,000억 원을 들여 자동차부품공장을 만들었고, 2차로 2020년까지 2조 원을 투자할 계획이다. 현대위아 서산공장이 완공되면 1,000여 명의 고용효과가 기대되며, 생산 개시 후 매년 5,000여 명의 신규 고용이 기대된다. 현대위아는 직접적으로 20~30개 업체를, 입주하게 하는 한편 연관기업은 최대 100여 개까지 동반 입주할 것으로 보여 더욱 기대되는 바가 크다.

특구계획 변경승인이 결정된 후 청사 앞에서

서산솔라벤처단지 조성

서산시는 태양광 특화기술산업의 중심으로도 떠오르고 있다. 어쩌면 '해 뜨는 서산'으로서는 당연한 일이 아닐까? 2016년 7월 22일, 서산테크노밸리 내에 '서산솔라벤처단지'가 들어섰다. 이곳은 이른바 '태양광 관련 전문기업들의 집합체'로 서산시 미래경제 창출의 살아 있는 현장이 될 것이다.

서산솔라벤처단지는 한화케미칼에서 총 300억 원을 투입해 1만 6,734㎡에 연면적 8,442㎡, 지상 4층 규모로 2015년 9월에 착공해 2016년 4월에 준공했다. 이미 태양광 휴대용 충전기를 제작하는 스마트기술연구소와 태양의 위치에 따라 각도가 자동 조절되는 태양광 발전 구조물을 제작하는 태호쏠라 등 9개 기업이 입주해 본격적인 연구개발에 들어갔다.

서산솔라벤처단지는 총 22개 실이 있으며 입주업체에게는 2년간 임대료가 면제되고 센터 내 보유설비 공동이용, 테스트베드 공간 무상 제공 및 강소신재생에너지 혁신투자펀드 등 다양한 형태의 지원이 이뤄진다. 서산솔라벤처단지가 본격 운영되면 충남창조경제혁신센터의 핵심과제인 태양광클러스터 구축을 위한 거점으로 활용될 것이고 서산시가 명실상부한 태양광산업 특화기술의 요람으로 자리매김할 것으로 기대된다.

태양광클러스터 조성은 상상력과 창의력을 과학기술에 접목해 새로운 시장을 창출해내는 창조경제의 핵심가치가 녹아 있는 대표적인 사례인 만큼 지속적으로 성장·발전시켜 나가야 할 대상이다.

황금빛 톡톡(TalkTalk!)

자생 기업이 별로 없는 서산에 기업을 유치하기 위해 서산시 공무원들은 '세일즈맨'이라는 마인드로 유치전에 뛰어들었다. 옷깃을 여미고, 신발 끈을 고쳐 매면서 기업들을 일일이 찾아다니면서 줄기차게 설득하고 소통했다. 잘 키운 기업 하나가 지역의 미래를 이끈다. 단순히 지역을 빌려주는 것이 아니라 그들이 지역에 뿌리내리고 마치 자생기업 같은 자부심을 느낄 정도로 만들어 줘야 한다.

함께 가야
멀리 간다

"외나무가 되려면 혼자 서라.
푸른 숲이 되려거든 함께 서라!"

– 아프리카 격언 –

일본의 한 작가는 '좋은 사회'의 전형을 공중목욕탕에서 찾을 수 있다고 말한다. 공중목욕탕에는 눈에 보이지 않는 하나의 시스템이 작동한다. 즉, 공동으로 사용하는 물건을 소중히 여기고 욕조의 물이 넘치지 않도록 서로가 조심한다. 또 시끄럽게 떠들지 않으며 욕조에 들어가기 전에 먼저 샤워부터 한다. 그곳에서는 부자와 가난한 사람 구분 없이 모두가 발가벗은 채 같은 규칙 아래 서로 자중하고 배려하는 것이다. 공중목욕탕이라는 같은 공간 안에 있다는 사실이 그들 모두가 서로를 존중하게 만드는 것이다.

경주 최 부잣집의 육훈(六訓)
조선시대 최대 거부인 '경주 최 부잣집'은 기부왕으로 명성이 자자했다. 현종 때 최국선은 보릿고개를 맞으면 쌀 100석을 이웃에게 무상으로 나눠줬다. 흉년으로 쌀을 빌려 간 농민들이 이를 갚지 못하면 자식들이 보는 앞에서 담보 문서를 불살랐다.

최국선의 할아버지는 최진립으로 임진왜란과 정유재란에 참전한 공으로 나라에서 많은 땅과 재물을 받았고, 국선의 아버지 최동량은 이를 토대로 부를 축적했다. 그는 서민의 고혈을 짜내 돈을 벌지 않았다. 소작료도 수확한 양의 반만 받았다. 중간에서 빼돌리는 마름도 두지 않았고, 딱한 사정이 있는 농민의 소작료는 깎아 주었다.

최국선은 어릴 적부터 부자가 세상을 살아가는 법을 뼈에 새겼다. 이처럼 후한 인심 덕에 최 부잣집엔 사람이 끊이지 않았고, 이 인적 네트워크와 정보는 더 큰 부의 원천이 되었다. 그런데 이 집안에는 '육훈六訓'이라는 독특한 가르침이 있다. 첫째, 절대 진사 이상의 벼슬을 하지 마라. 둘째, 1년에 1만 석 이상을 모으지 말고 그 이상은 사회에 환원하라. 셋째, 나그네를 후하게 대접하라. 넷째, 흉년에는 남의 논밭을 매입하지 마라. 다섯째, 집안에 새 식구가 들어오면 3년 동안 무명옷을 입혀라. 여섯째, 사방 100리 안에 굶어 죽는 사람이 없게 하라. 부자의 도덕적·사회적 책임이 절절히 느껴지지 않는가?

앞서 대산공단 기업들의 국가기여도는 상당한 반면 지역기여도는 극히 미미함을 얘기한 바 있다.

지금은 기업과 지역사회가 동반 성장하는 시대다. 우리 고장에서 날로 발전하는 대산공단 기업들은 최 부잣집의 사례를 옛이야기로 흘려들으면 안 될 것이다. 무려 300여 년간 노블레스 오블리주를 실천하며 부를 유지한 최 부잣집처럼 오랫동안 지역사회와 함께 더 큰 글로벌기업으로 성장하기 위해서는 동반성장에 적극 나서야 한다.

대산공단과 동반성장

서산시는 이제 미래 2030년의 인구 30만 도시를 바라보면서 성장을 이어가야 한다. 그러기 위해서는 지역사회와 대산공단 입주기업이 상생 발전하는 선순환구조가 반드시 정착돼야 한다.

나는 2017년 8월 30일 서산시청 대회의실에서 대산공단 입주기업의 지역사회 공헌을 촉구하는 '특별기자회견'을 갖고 이같은 뜻을 밝혔다. 이 자리에서 서산시는 꾸준한 인구 증가와 도시 인프라 확충으로 외형적으로는 발전하는 모습을 이어가고 있지만 울산시나 여수시와는 달리 산업시설이 있음에도 추동력을 받지 못하고 공회전만 하며 앞으로 나가지 못하는 자동차와 같다고 덧붙였다.

실제로 대산공단에서는 연간 42조 원이 넘는 매출을 올리며 공장증설을 거듭하고 있고 정부에는 연간 5조 원에 달하는 국세를 납부하고 있지만 지역에 대한 국가의 지원과 기업의 사회공헌 활동은 극히 미미하다. 그 결과 공장에서 내뿜는 매연과 공해로 인해 환경오염과 건강문제 유발, 각종 사고 등의 위협과 불안요소를 떠안고 있는 지역주민들의 고통은 가중되고 있어 이에 대한 불만과 해소 대책을 요구하는 여론이 고조되고 있는 실정이다.

서산시와 비슷한 여건에 놓여 있는 울산의 SK이노베이션은 1천 20억 원을 들여 울산대공원을 조성했고 여수의 GS칼텍스는 1천억 원 이상을 투입해 종합문화예술회관인 예울마루를 건립하고 매년 운영비까지 지원하고 있다. 특히 인근 지자체인 당진시의 당진화력에서는 문예의전당, 종합버스터미널, 다목적체육관을 건립해 지역사회에 기증하는 등 지역사회와 동반성장을 위해 꾸준히 노력하고 있다.

반면 대산공단의 입주기업들은 많은 내적 성장을 거듭해 오면서도 온갖 고통을 감내한 지역에는 소모성 환원사업뿐인 눈치보기식 생색내기에만 급급하다고 보는 것이 시민들의 시각이다.

그래서 나는 "지금까지 대산공단 입주기업들이 보여줬던 소극적인 자세를 청산하고 이제는 진정한 상생을 위한 고민과 행동이 있어야 할 때"임을 강조하고 "서산시에서도 '기업 및 지역사회 동반성장 프로젝트'를 추진하겠다."고 밝혔다.

대산 지역 주민들은 물론, 서산 시민 다수가 혜택을 누릴 수 있는 기업의 사회공헌사업을 유도하고 2030년 30만 도시로 성장할 수 있도록 시민의 행복을 위한 기반시설 확충과 함께 대기·수질 등 환경오염 영향조사 및 개선대책 추진, 지역주민 정기 건강검진 등의 의료지원, 취약계층 등 사회적 약자 지원 등에 총력을 기울일 계획이라고 천명했다. 뿐만 아니라 교육·문화·예술 및 도시기반시설 등 시정현안사업을 지원하는 것도 주요사

대산공단 동반성장 촉구 특별기자회견

업으로 언급했다.

　이를 위해 전담조직(TF팀) 신설과 전문가 자문 및 협의체 구성을 마무리해 프로젝트 추진기반을 마련하고 2018년부터는 운영체계를 갖춰 전략적 사회공헌사업 발굴 등을 추진할 방침이다.

　이후로 서산시는 2017년 9월 7일 대산농협 회의실에서 '대산공단 사회공헌 참여촉구 기관·단체 토론회'를 열고 대산공단 입주기업의 사회공헌활동 참여촉구 등을 위한 지역민의 의견을 들었다. 이 자리에서도 대산공단 입주기업들이 30여 년 동안 수십조 매출기업으로 성장했지만, 고향을 잃고 환경오염 등으로 고통의 날을 보내고 있는 대산읍 주민들에게는 소홀했고 더는 방치할 수 없다는 데 의견을 모으고, 기업의 사회적 책임을 적극 요구하는 성명서를 냈다. 성명서에서는 "언제까지 토론만 하고 있지는 않을 것이며 올해 안에 대산공단 입주기업들과 최대공약수를 추출해 사회적 협약을 이끌어내는 것을 목표로 하고 있다"고 강조했다.

2017년 9월 13일에는 전담기구인 '기업과 지역사회 동반성장 추진단'을 구성하고 서산시청 회의실에서 대산공단에 입주한 5개 기업체 관계자들과 간담회를 개최했다. 현대오일뱅크를 비롯해 한화토탈, LG화학, 롯데케미칼, KCC 등이 참석했다.

나는 이 자리에서 서산시가 추진 중인 '기업과 지역사회의 동반성장 프로젝트' 로드맵 등을 설명하고 다른 지역 기업의 사회공헌사업을 언급하며 대산공단 입주기업의 적극적인 참여를 당부했다. 특히 서산시가 2030년 30만 도시로 성장하려면 지역사회와 동반성장을 위한 기업의 큰 결단이 필요하다고 강조했다. 대산 5사 관계자들은 대체로 서산시의 동반성장 취지에 공감하고 추후 구체적인 실행계획에도 참여하겠다는 뜻을 밝혔다.

서산시 의회도 2017년 9월 19일 대산공단 입주기업의 상생 노력을 촉구하는 성명을 발표했다. 서산시 의회는 성명서를 통해 "대산공단 기업들은 그동안 환경피해 등의 고통을 겪고 있는 주민의 어려움은 외면하고 기업성장에만 주력했다"며 "이제 거스를 수 없는 시대적 흐름인 상생발전에 기업이 응답할 차례로,

지역발전 상생협력 MOU 체결식

2017. 12. 27.(수) 11:00 / 서산시청 대회의실

대산공단 4사와의 상생협력 MOU 체결식 후

지역사회와 기업이 함께 상생하며 발전하는 분위기를 통해 지역 경제의 선순환 구조를 다져나가는 데 의회가 앞장서겠다."고 밝혔다.

2017년 10월 13일에는 기업과 지역사회 동반성장을 위한 민관협력체인 지역발전 상생협의회를 구성, 발족하고 1차 회의를 가졌고, 이어서 11월 13일 2차 회의를 열어 실무적인 부분과 구체적인 추동력을 더했다. 또 대산읍민과 대산4사 종사자 700명을 대상으로 1차 설문조사를 실시하고 서산 시민 1,700명을 대상으로 2차 설문조사를 실시해 시민의 시정참여도를 높였다.

2017년 12월 15일에는 기업과 지역사회 동반성장을 위한 시민토론회를 종합사회복지관 대산분관에서 개최해 시민 설문조사결과 발표와 다양한 의견개진을 통한 소통의 시간을 가졌다.

이러한 노력의 첫 결실은 특별 기자회견 이후 4개월이 되는 시점에 나타났다.

2017년 12월 27일 대산공단 입주기업인 현대오일뱅크㈜, 한화토탈㈜, ㈜LG화학, 롯데케미칼㈜ 등 4개 기업과 서산시청 대회의실에서 '기업과 지역사회 동반성장을 위한 지역발전 상생협력 협약'을 맺은 것이다.

협약식에서 나를 비롯해 우종재 서산시의회 의장, 서철모 충남도 기획조정실장과 현대오일뱅크 강달호 부사장, 한화토탈 이은 경영지원실장, LG화학 김동은 주재임원, 김용호 롯데케미칼 총괄공장장이 협약서에 서명을 했고, 성일종 서산·태안지역구 국회의원은 당일 참석이 어려워 전날 협약서에 서명을 했다.

연말 바쁜 일정 등으로 참석이 어려웠던 이들 4사 대표들은 참석지 못함에 대해 양해를 구하면서 서면 메세지를 통해 협약 이행을 위해 적극 노력하겠다는 약속을 전해왔다.

협약서에는 대산지역 환경개선사업, 서산지역 지역경제 활성화사업, 시민 복지증진을 위한 사회공헌사업, 대산공단 입주기업을 위한 지원 사업 등 상호약속을 담았다. 이를 토대로 앞으로는 구체적인 선도사업 선정을 비롯해 단계적으로 사회공헌사업 등을 가시화시키는 노력을 경주해 나갈 것이다.

황금빛 톡톡(TalkTalk!)

기업을 유치하고 지역 내 어느 산업이 육성되면 그 반대급부적인 부작용
과 갈등도 어쩔 수 없는 법이다. 갈등의 골이 깊어지기 전에 서로가 끊임
없이 방법을 모색해야 한다. 길은 찾으면 생기는 법이다. 그 길을 같이 손
잡고 걸어가야 한다.

기업하기 좋은
서산

"아는 것만으로는 충분하지 않다. 이를 적용해야 한다.
의지만으로는 충분하지 않다. 이를 실천에 옮겨야 한다."

— 괴테 —

기업유치, 집념으로 임한다

2013년부터 4년간 서산에 새로 터를 잡은 기업이 138개에 달하고 이 업체들이 서산에서 새롭게 일자리를 만들겠다고 밝힌 숫자는 3,000명이 넘는다. 수도권에서 온 기업만도 2015년에 12곳, 2016년에는 18곳이었다.

우리 서산이 이렇게 기업도시이자 부자도시로 우뚝 서게 된 배경은 우선 천혜의 입지조건 때문이다. 사통팔달 교통망을 갖춰 물류이동이 쉽고 수도권에 비해 땅값이 저렴하며 대산항과 룽옌항을 잇는 국제여객선 취항을 앞두고 있어 다른 어떤 지역보다 미래비전도 밝다. 실제 인천 남동공단이나 안산 시화공단 등 수도권 산업단지와 비교할 때 서산 인더스밸리, 서산오토밸리 등 서산에 조성된 산단의 땅값은 10% 수준에 불과하다. 아울러 서산시 공무원들이 보여준 열정과, 믿음을 주는 행정서비스도 기업유치의 1등 공신이다.

사실 이전하는 기업들에게 주는 세제혜택 등 인센티브는 지역별로 큰 차이가 없다. 그러나 그들이 서산으로 마음을 결정한 데에는 서산시 공무원들의 적극적인 발품행정이 있었다.

안산 시화공단에서 서산으로 본사를 옮긴 한 회사의 대표는 서산 외에도 경기 화성, 충남 당진, 충북 충주 등도 이전 후보지로 검토했지만 결국 서산으로 마음을 정한 이유를 이렇게 밝혔다.

"공장 이전을 검토하던 중 서산시 공무원들이 수도 없이 찾아오며 끈질기게 유치활동을 벌이는 것을 보고 이곳으로 마음을 굳혔습니다."

서산시는 기업유치 전담 TF팀을 구성하고 투자촉진 보조금 등 다양한 인센티브 지원을 통해 우량기업과 고용창출 효과가 큰 기업을 유치하기 위해 심혈을 기울이고 있다. 어떤 기업이 수도권에서 지방 이전을 검토한다는 정보를 입수하면 해당 기업을 수시로 방문하는 것은 기본이다. 그리고 서산시 이전이 결정되면 법의 테두리 안에서 모든 행정지원을 아끼지 않는다. 이러한 적극적인 마케팅 전략으로 해마다 일찌감치 기업유치 목표를 초과달성해 어떨 때는 추가 목표치를 설정하기도 했다.

2013년에 이어 2014년에는 20곳을 목표치로 잡았으나 10월에 이미 20곳을 넘어 연말까지 30곳을 유치했고, 2015년에도 민관합동 TF팀 3개조 12명을 구성해 더욱 적극적인 마케팅을 펼쳐 당초 20곳 목표를 일찌감치 달성하고 연말까지 총 35곳의 기업을 유치했다. 또한 그해 10월에는 서산인더스밸리 산업단지 분양률 100%를 달성하기도 했다. 2016년에도 목표치는 20곳이었으나 42곳을 유치하며 목표대비 210%를 달성하는 기염을 토했다. 2017년에도 30개 기업을 유치하여 어려운 환경 속에서도 목표치의 150%를 달성하는 실적을 거뒀다.

국내외 경기부진과 수도권 규제완화라는 어려운 여건에도 불구하고 이와 같은 성과를 거둔 것은 서산시의 적극적인 기업유치 시책과 기업 입지 여건개선을 위한 노력이 주효했다는 평가다.

2017년 말 서산시 산업단지 중 인더스밸리는 61만 867㎡ 규모의 분양이 모두 완료됐고 서산오토밸리와 서산테크노밸리도 각각 97%의 분양률을 보이고 있다. 이곳에 핵심 산업을 중심으로 관련 기업을 집중 유치해 단지별 산업 집적화를 추진하는 것이 최종목표다. 그러기 위해서 지역 대기업 및 중견기업의 협력사를 중심으로 유치활동에 나설 계획이며, 적극적인 마케팅도 지속적으로 펼쳐나갈 계획이다. 특히 대규모 신·증설 기업을 유치하기 위해 투자촉진보조금 등 외부재원 확보에 총력을 기울이는 한편 지방 투자유망기업을 발굴하고 산업통상자원부 등 관련 중앙부처도 수시로 방문해 '기업하기 좋은 서산' 홍보에 행정력을 집중할 방침이다.

폴리텍대학 유치 추진

영국의 경제학자 맬서스는 그의 저서 『인구론』에서 "인구는 기하급수적으로 증가하지만, 인간의 생존에 필요한 식량은 산술급수적으로 증가하기 때문에 훗날 식량이 부족해 사회가 극도로 혼란해질 것"이라고 예측했다. 그러나 그의 이론은 보기 좋게 빗나가고 말았다. 현실은 인구가 많아서가 아니라 인구가 줄어서 고민하고 있다. 인구가 많다는 중국까지 산아제한정책을 폐지해 버렸다. 심각한 저출산에 따른 노동인구 감소와 급격한 노령화라는 사회문제가 대두되고 있다.

인구는 사회나 국가를 떠받치는 바탕이다. 지금과 같은 저출산 고령화 시대에서 인구증가는 곧 그 사회의 성장 및 경쟁력과 직결된다. 서산시도 이러한 생각 때문에 모든 자원 중에 으뜸 자원을 '사람'으로 보고 시정을 추진해 가고 있다.

서산시는 다양한 출산정책과 교육정책, 귀농 · 귀촌정책, 기업진흥정책 등을 펼쳐 사람이 모여들도록 노력하고 있다. 특히 기업을 유치하고 기업하기 좋은 환경으로 만들어줌으로써 자연스럽게 인구증가가 이루어지도록 행정력을 집중하고 있다.

2000년대 들어 16만 명 돌파 목전에서 멈춰 섰던 인구는 내가 취임한 후 증가세를 보이면서 2014년 17만 명을 돌파했다. 2017년 5월 기준 17만 5천 명을 돌파해 18만 명을 눈앞에 두고 있다. 2~3년 안에 인구가 20만 명을 돌파할 것으로 보인다.

인구증가로 주택 수도 2005년 5만 3,653가구에서 2015년 7만 5,880가구로 10년 사이 2만 가구 이상 증가했다. 주택 건설 붐이 일고 있다고 해도 과언이 아닌 상황인데, 서산시는 여기에 대비해 대학교, 종합병원, 철도 등 도시기반시설을 꾸준히 확충해 나갈 계획이다.

그러나 서울이나 부산 등 대도시와 연결되는 철도망이 없고 종합대학도 1개뿐이라는 사실은 지속가능한 기업유치를 위해서 풀어야 할 숙제이다.

서산시는 인력을 공급할 지역특성화 대학인 한국폴리텍대학 유치와 노동자들을 치료할 대학병원급 산재병원, 산업현장의 문제를 다룰 서산고용노동지청 설립 등을 추진해 고용노동부 서산출장소를 유치했다.

폴리텍대학 유치에 있어서는 인근 지역인 홍성군에 한국폴리텍대학이 있어 같은 지역군으로 분류돼 그동안 심사점수가 낮게 나온 것이 걸림돌이었다. 3년 전에도 본격 추진을 시도했으나 역시 홍성에 이미 폴리텍대학이 설립되어 있어 더 이상 진전을 이뤄나갈 수 없었다. 그렇다고 포기할 수 없어 2017년에 다시 도전하기로 하고 가채점을 해보았다. 그 결과 심사기준인 70점을 넘어 기획담당관실에 적극 추진을 지시했다. 이후 담당공무원들의 열성과 끈질긴 발품이 이어졌고 지금은 한국폴리텍대학을 유치할 수 있을 것이라는 기대를 갖기에 이르렀다.

충남 서북부지역인 서산·당진·태안 등의 노동자와 시민들을 위한 대학병원 유치도 필요하다. 이들 지역은 화학·금속산업이 집적돼 있어 산재관련 수요가 높은데도 불구하고 산재종합병원은 전무한 실정이며 서산시에 산재지정 의료기관은 10개소뿐이다. 노동자들이 늘어나고 있는 만큼 산재병원 역시 꼭 필요한 시설로 산재종합병원 서산 유치를 위해 최선을 다해 나가야 한다는 생각이다.

황금빛 톡톡(TalkTalk!)

최근 최저임금 인상과 근로시간 단축, 환율하락 등으로 기업의 투자와 경영이 많이 위축되고 있다. 이럴 때일수록 지자체는 기업을 위해 할 수 있는 일이 뭔가 고심해야 한다. 기업이 지자체를 고르는 선택기준으로 입지만큼 이런 지자체의 소통력, 공무원의 행정력을 많이 고려한다는 사실을 알아야 한다.

고용노동부
서산출장소 유치 쾌거

"결단은 내리면 즉시 실천하라!
김은 새어나가기 마련이다"

– 손자 –

    2017년 9월 5일. 서산태안 민주노총 소속 14개 노동자 대표들이 서산 시장실을 찾아왔다. 으레 생각할 수 있는 민원이나 항의차 찾아온 것이 아니라 감사한 마음을 전하러 온 것이었다. 시장실 방문 전 이들은 시청 브리핑룸에서 기자회견을 갖고 고용노동부 서산출장소 유치에 기여한 데 대해 감사의 뜻을 표했다. 참으로 이례적인 일이 아니겠는가.

    서산시가 고용노동부 서산출장소를 유치한 것은 지역의 노동자를 비롯한 시민 모두에게 유익한 일이다. 더구나 지방에 정부조직을 신설한다는 것이 얼마나 어려운 일인가? 행정안전부에서 조직담당 과장으로 일했던 나는 그 어려움을 누구보다 잘 안다.

    우리나라는 '한강의 기적'이라 찬사를 받으며 짧은 기간 동안 놀랄 만한 경제성장을 해 왔다. 일제 강점기와 6·25전쟁을 겪

고용노동부 서산출장소 유치 환영 기자회견하는 노동단체 대표자들

으며 한때는 세계 최빈국이었으나, 근면·검소한 국민성과 높은 교육열을 바탕으로 반세기 만에 세계무역 10위 안에 드는 경제선진국의 대열에 올랐다. 이처럼 짧은 기간 동안 '한강의 기적'을 이룬 주인공이 누구인가? 가장 쉽게 떠올릴 수 있는 사람들은 각 분야에서 땀 흘리며 열심히 일했던 노동자들이 아니겠는가. 경제발전의 발판을 마련한 파독 광부와 간호사, 중동의 건설노동자, 그리고 국내에서 열심히 일한 노동자들이 있어 우리는 경제대국이라는 위상과 물질적 풍요로움을 얻었다. 그러나

너무 빨리 달려온 탓에 부작용도 있었다. 노동자들의 숭고한 희생이 따라야 했던 것이다. 2016년 국제노동조합총연맹에서 발표한 세계노동권리지수GRI를 보면, 한국은 최하위 5등급으로 분류되어 있다. 경제성장이라는 명분에 가려져 노동자의 권익을 보호하지 못하고 있는 것이 지금의 현실이다. 노동자가 보호받기 위해서는 노동법이 잘 지켜지는지를 관리·감독하는 노동관청이 적재적소에 있어야 한다. 노동관청이 노동자와 사용자 사이의 연결고리 역할을 함으로써 노사관계의 안정을 도모하고, 노동자 권익보호, 산업재해 예방 등 노동자의 삶의 질을 향상시키며, 그에 따른 선순환을 통해 경제 발전에도 기여하기 때문이다. 우리 서산시를 비롯한 충남 서북부 지역은 석유화학·자동차·화력 등의 산업이 집적화되어 있으며 그로 인해 지속적으로 기업과 노동자가 급증하며 노동 관련민원이 해마다 늘고 있다. 그런데도 노동자들은 민원 해결을 위해 고용노동부 지청이 위치한 보령시까지 가야 하는 상황이다. 서산시에서 보령시까지 68㎞, 태안군은 82㎞를 달려가야 한다. 접근성이 떨어지다 보니 지역 노동자 권익은 그만큼 보호받기 어려웠다.

전국의 고용노동지청 현황만 보더라도 대전·충청권은 소외받아 왔다. 부산·경남권은 7개소, 대구·경북권, 광주·전라권은 각각 5개소인데 비해 대전·충청권은 4개소뿐이었다. 충남지역의 국가경제 기여도만 생각해도 불합리한 구조이다. 나는 이러한 안타까운 현실과 불합리함을 바로잡아야겠다고 생각했다. 그래서 2016년 말부터 고용노동부 서산지청 유치에 적극 나설 것을 기획담당부서에 지시하고 신설지역의 산업과 노동자의 근로 여건 등을 면밀히 분석하고 필요한 논리를 개발했다. 이어 2017년 새해 기자회견장에서 고용노동부 서산지청 유치를 시정 10대 핵심과제 중의 하나로 추진하겠다고 선언하고 온 행정력을 집중했다. 실무자들에게만 맡겨서 될 일이 아니라는 것은 누구보다 잘 알기 때문에 행정안전부 담당과장과 수시로 통화하며 직접 진행 상황을 챙겼다. 행정안전부 담당부서 방문도 필수였다.

경제조직과를 방문해 유미년 담당사무관, 서남교 과장은 물론이고 이재영 국장, 심보균 차관, 김부겸 장관까지 모두 만나 고용노동지청의 신설 필요성을 역설하고 협조를 요청했다. 권혁문 부시장도 뛰었고, 박노수 기획담당관과 신현우 기획팀장은 고용노동부와 행정안전부를 열심히 드나들며 발품을 팔았다. 성일종 지역구 국회의원도 나와 함께 김부겸 행정안전부 장관을 방문하는 등 적극적으로 힘을 보탰다.

땀과 노력은 배신하지 않는다고 했다. 그 말처럼 우리의 노력은 헛되지 않았다. 2017년 4월 고용노동부에 '서산고용노동지청' 유치신청서를 제출해 행자부 및 고용노동부 심사와 검토 등의 절차를 거쳐 2017년 9월 5일 고용노동부 서산출장소 유치를 이뤄내고야 말았다. 고용노동부 서산출장소 유치 쾌거는 서산시의 또 하나의 작은 역사로 남을 것이다.

2017년 8월 중앙부처의 공감대를 이끌어내 고용노동부 조직 개편안에 서산지청 신설안이 반영되었고, 마침내 9월에 확정되었다. 다만 뒤늦게 뛰어든 당진시 때문에 심사과정에서 서산지청이 출장소로 축소되어 다소 아쉬움이 남지만 앞으로 이를 활성화하여 지청으로 승격될 수 있을 것이라는 믿음을 갖는다. 고용노동부 서산출장소의 신설은 9만여 명의 서산·태안 근로자들을 포함한 24만여 시·군민에게 큰 선물이라고 생각한다. 앞으로 고용노동부 서산출장소가 노동자 입장에서 어려움을 대변하고 권익을 보호하는 근로자들의 따뜻한 안식처가 될 수 있도록 힘써나갈 것이다.

감사 인사차 시장실을 방문한 노동자단체 대표들

황금빛 톡톡(TalkTalk!)

'김샌다'라는 표현이 있다. 뭔가 마음먹었을 때 하지 않으면 추진동력을 잃는다는 의미다. 점점 기업은 늘어나고 행정수요도 늘어나는데 고용노동부 관련 기관이 하나도 없다는 것이 나를 다시 뛰게 만들었다. 행정의 공백이 보인다면 바로 메울 수 있도록 움직여야 한다. 처음 작았던 틈이 머뭇거리고 알아보는 사이에 더 커질 수 있기 때문이다.

전통시장을
활성화하라

"작은 변화가 일어날 때 진정한 삶을 살게 된다."

— 레프 톨스토이 —

옛 이야기와 현재의 삶이 공존하는 곳, 사람 냄새 물씬 나는 서민적인 곳, 그곳은 바로 전통시장이다. 전통시장은 예나 지금이나 치열한 '삶의 현장'이자 '서민들의 백화점'이다. 그중에서도 서산시에 있는 동부전통시장은 전국에서도 몇 안 되는 대표적인 전통시장으로 손꼽힌다. 산, 들, 바다를 모두 가지고 있는 지역특성상 이곳은 그야말로 '없는 것이 없다'는 말이 딱 들어맞는 만물시장이다. 산에서 캐 온 각종 산나물과 약초가 지천이고, 들에서 나는 온갖 과일이며 곡식이 한가득이다. 또 서해바다에서 막 건져 올린 싱싱한 해산물도 풍성하다.

서산 장날은 원래 2일과 7일에 장이 서는 2·7장이었다. 그러던 것이 지금부터 50여 년 전 공설시장이 들어서면서 상설시장으로 바뀌었다. 지금은 대지면적 2만 3,647㎡에 매장면적 7,628

㎡의 전통시장으로 성장해 263개의 점포가 자리하고 있다. 이곳에서 일하는 사람 수만도 1,200여 명에 이른다. 서산시는 지난 2005년부터 동부전통시장 활성화사업에 나서 시설현대화와 경영효율화에 주력하고 있다. 시설현대화를 위해 진입도로를 개설하고 공중화장실과 쌈지공원, LED조명, 아케이드 등을 설치했다. 경영효율화를 위해서는 주말 가족체험캠프, 시민 노래자랑, 어린이 사생대회, 비보이 공연 등 다양한 프로그램을 진행하고, 상인대학을 열어 의식개혁과 서비스 개선에 나서고 있다.

대통령상 받은 동부전통시장

서산시 동문동에 위치한 동부시장은 1920년대 서산읍에서 처음으로 형성되어 지금까지 내려오는 서산을 대표하는 전통시장이다. 어시장이 가장 크고 채소와 포목시장 등도 성업 중이다. 지역주민뿐만 아니라 관광객들도 많이 찾는 시장으로 싱싱하고 저렴한 수산물이 인기비결이다. 시장주변에는 터미널과 관공서, 은행, 병원 등이 자리 잡고 있는 우리 지역의 중심지다. 하지만 싱싱한 해산물과 채소를 사러 가고 싶어도 그동안은 주차공간이 부족해 망설이는 사람이 많았다.

이렇듯 동부시장은 충남 서북부 최대의 전통시장이지만 시장 내 주차 공간은 주차장 53면과 임시주차장 38면에 불과할 정도로 시설이 미비했다. 이렇다 보니 서산시와 상인들은 주차장 조성에 대한 공감대는 형성됐지만 부지와 사업비 확보로 난항을 겪으면서 지지부진했던 것이 사실이다.

나는 취임 이후 '동부시장 관광명소화사업'을 시작하면서 '서산시 발전 핵심 5대 과제'로 동부시장 주차장 마련을 선정했고 그때부터 공영주차장 조성사업이 탄력을 받게 되었다.

2012년 10월, 나는 시장실에서 주차장 조성부지 토지소유주와 매매계약을 체결하고 동부시장 주차장 조성사업 본격 추진을 대내외에 밝혔다. 사실, 이 단계까지 오기에는 많은 노력이 뒤따라야 했다. 토지소유주가 주변에 비해 터무니없이 낮은 가격이라며 매매를 거부했기 때문이다. 그러나 지성이면 감천이라고 했던가? 나와 담당공무원들의 끈질긴 노력과 설득으로 일이 성사되었다. 시민들과 관광객들을 위해 적극 협조해주신 토지소유주들께 참으로 감사한 마음이다.

주차장이 새로 조성되는 곳은 동부시장과 인접한 서산시 제2청사 옆 동문동 800번지 일원으로 5,014㎡ 규모였다. 서산시는 국비 46억 원을 확보하여 총사업비 77억 원을 들여 주차장 조성에 나서 2015년 1월에 완공했다. 대형버스 여러 대와 승용차 150여 대를 동시에 수용할 수 있는 규모로 이용요금도 저렴하고 시장 이용객이나 장애인, 국가유공자, 경차, 봉사자 등에게는 규정에 따라 주차요금 감면까지 해주는 등 편의를 더했다. 공영주차장 때문에 고객 접근성이 향상됐고 관광객 유입이 증가해 전통시장이 활성화된 것은 두말할 나위가 없다.

동부시장의 경쟁력 있는 수산물을 특화하기 위해 지상 2층 규모의 수산물 전문식당가도 조성했다. 서해안에서 갓 잡은 싱싱한 수산물을 저렴하게 먹을 수 있는 수산물 전문상가는 기존의 노후된 수산물상가를 철거하고 상인회가 15억 6,000만 원을 들여 새로이 지었다.

1층에는 활어와 선어, 건어물 등을 판매하는 점포 24개가, 2층에는 200명을 동시에 수용할 수 있는 수산물 전문식당 4곳이 입주했다. 관광객들은 시장에서 구매한 수산물을 2층 전문식당으로 가져가 즉석에서 요리해 먹을 수 있게 되었다.

수산물 전문상가 개장으로 외부관광객 유치가 한결 탄력을 받고 있으며, 동부시장은 4계절 내내 쇼핑과 관광을 즐길 수 있는 곳으로 탈바꿈했다.

동부시장은 2013년 중소기업청이 주관하는 문화관광형시장으로 선정돼 2015년까지 15억 원을 들여 대대적인 변모를 시도했다. 2014년에는 '어魚와 둥둥 먹거리 야시장'을 열어 2일간 1만 명의 관광객이 다녀갔고 특설무대에서는 난타, 불꽃쇼 등 다채로운 공연이 펼쳐져 볼거리를 더했다. 시장을 단순히 물건만 파는 곳이 아닌 문화가 공존하는 공간으로 만든 것이다.

2015년에는 전국 우수시장 박람회 개막식에서 전통시장 육성 및 자체사업 발굴 지원 사업 등에서 높은 평가를 받아 전통시장 활성화 우수 자치단체로 선정돼 대통령상을 수상했다.

2017년 10월 27일에도 우리 동부시장은 중소벤처기업부와 소상공인시장진흥공단이 개최한 '전국 우수시장 박람회'에서 대통령 표창을 받았다. 이 같은 성과는 그동안 서산시와 상인들이 서민경제의 근간인 전통시장 활성화를 위해 함께 노력해 일궈낸 소중한 결과라고 생각한다.

이밖에도 동부시장은 전국 최초의 상인복지센터를 조성해 상인교육과 동아리방, 각종 행사를 여는 등 다목적공간으로 활용하고 있다. 또한 라디오방송국 운영과 수산물축제, 만화 공모전을 개최하는 등 다양한 콘텐츠를 개발함으로써 전국의 시장상인 및 자치단체에서 월평균 70~80명이 벤치마킹을 위해 다녀가는 전국 최고의 우수 시장으로서 그 면모를 갖춰 나가고 있다.

구(舊)도심 살리고 지역경제도 살리고

서산시에 아파트가 들어서며 인구 유입이 빠르게 진행되고 있다. 도심이 확장됨에 따라 호수공원을 중심으로 원룸촌과 대단위 아파트단지가 속속 들어서 새로운 상권을 형성하면서 상대적으로 번화로를 중심으로 한 원도심의 침체현상이 두드러져 갔다. 서산시 번화로와 중앙로 부근의 원도심은 지난 70여 년간 '서산의 명동'으로 불리며 의류, 귀금속, 금융 등의 중심상권 역할을 톡톡히 해왔다. 하지만 호수공원 인근 지역이 신도심으로 부상함에 따라 상권이 급속히 위축된 것이다.

이에 따라 서산시는 구도심을 살리고자 여러 가지 노력을 기울이고 있다. 2016년 5월과 7월에는 '차 없고 축제가 열리는 거리'를 운영해 원도심에 활력을 불어넣었다. 당시 원도심에는 점포 일부가 비어 있는 등 상권 위축이 심각한 상태였다. 번화1로

(舊 충청은행 거리) 스케쳐스에서 줄리엣까지 약 130m 구간에서 차량을 통제하고 브랜드 세일과 먹거리, 문화공연 등 다양한 이벤트와 볼거리로 방문객을 유도해 인근 상권의 매출을 수직 상승시켰다.

서산시는 이러한 이벤트가 원도심 상권회복에 미치는 영향을 모니터링해 원도심의 근본적인 활성화를 위한 기초자료로 삼고 있다. 또 기초자료는 상인회와 워크숍, 시민대토론회 등 원도심 활성화를 위한 정책에 적극 반영하고 있다.

2016년 9월에는 도심 중앙에 쇼핑의 즐거움을 한껏 누릴 수 있는 로데오거리 준공식을 가졌고, 번화1·2로 750m 구간에 국비 45억 원을 들여 대대적인 환경정비도 실시했다. 전신주 지중화와 간판정비, 공영주차장 및 공중화장실 설치 등을 통해 현대적이고 깨끗한 도시 미관으로 변화시켰다.

이어 11월에는 원도심 활성화 시민대토론회를 갖고 서산시민이면 누구나 의견을 자유롭게 제시할 수 있도록 했다. 시장인 나를 포함해 시의원, 상인대표, 언론인, 충남연구원 등 각계 전문가들이 상권 활성화방안에 대해 자유롭게 의견을 교환하고 토론회에서 제시된 고충 및 건의사항과 시민의견을 수렴해 종합발전계획에 반영했다. 2016년 연말에는 로데오거리에 20여 개의 대형 크리스마스트리를 설치하고 문화축제를 열어 연인들과 가족 단위 고객들을 끌어모았다. 2017년 12월에는 문화공간 '문화잇슈'를 개관하여 젊은 층을 중심으로 한 문화 활동 활성화에 불을 지폈다. 이러한 노력들이 모여 구도심에 다시 활기가 돌고 있다.

2017.12.19. 문화잇슈 개관식

황금빛 톡톡(TalkTalk!)

현대화라는 세련된 명목으로 점점 사라지고 있는 아련한 옛 풍경이나 문화가 너무도 많다. 전통시장이 그중 하나였다. 하지만 사라지는 것들에 대한 아쉬움에 반대급부적으로 옛것을 잘 지키고 오히려 특성화시켜 문화적으로, 상업적으로도 잘 활용하는 예도 많다. 전통시장과 그곳의 상인들을 변화시키면서 다시 도시재생과 상권 활성화가 이뤄지면서 또 다른 삶이 펼쳐졌다. 이것이 도시의 선순환이다.

서산만의 독특한
매력 갖기

4

해뜨는 서산

사람이 온다는 건

실은 어마어마한 일이다.

그는

그의 과거와

현재와

그리고

그의 미래가 함께 오기 때문이다.

한 사람의 일생이 오기 때문이다.

부서지기 쉬운

그래서 부서지기도 했을

마음이 오는 것이다.

그 갈피를

아마 바람은 더듬어볼 수 있을

마음,

내 마음이 그런 바람을 흉내 낸다면

필경 환대가 될 것이다.

– 정현종 〈방문객〉

어쩌면 이리도 절묘한 표현이 가능할까. 이 시를 처음 읽었을 때 나는 무릎을 탁 치며 크게 공감했다. 너무도 정확하고 너무도 적나라하지만 결코 가볍지는 않았다.

이 시에서 방문객은 그냥 잠시 오는 존재가 아니라 그의 과거와 현재, 그리고 미래가 함께 오는 것이다. 즉 그의 전부가 오는 것이다. 전부가 온다는 것은 그의 모든 것이 오는 것이다. 그래서 함께 울고 함께 웃으며 함께 사랑하고 함께 살아가야 하는 것이다.

그러면서 문득 드는 생각이 있었다.
'나는 어느 순간부터 만남에 너무 무감각해지고 있는 것이 아닐까, 상대방은 모든 것을 다 가지고 내게 오는데, 나는 그를 그저 순간으로 만나고 있는 것이 아닐까'
만남은 소중하다.
그리고 만남은 살아 있어야 한다.
만남은 모든 것과 또 다른 모든 것의 가슴 뜨거운 포옹이어야 한다.

서산시 방문객들에게 나부터 가슴을 활짝 열어 해줄 수 있는 모든 것을 다 해주고 보여줄 수 있는 모든 것을 다 보여줄 것이다. 그렇게 되면 그 만남은 이 시에서 표현한 것처럼 필경 환대가 될 것이다.

중국 관광객을
잡아라

"천 리 밖까지 바라보려면
누대 한 계단 더 올라가야 한다.
(欲窮千里目 更上一層樓)"
- 왕지환 -

관광산업은 '굴뚝 없는 산업'이라 불리며, 미래의 새로운 먹거리로 각광받을 것이 분명하다. 역사, 문화, 예술, 콘텐츠, 정보기술IT 등 모든 분야의 영향이 총체적으로 결집되는 대표적 융·복합형 산업인 관광산업이야말로 일자리 창출과 고부가가치 창출이 가능한 분야이기 때문이다. 일반적으로 관광산업의 취업 유발 계수는 제조업의 2배, IT산업의 5배에 달하는 것으로 알려져 있다. 이렇기에 세계 각국은 끝이 없는 경기침체와 고용 없는 성장의 대안으로 관광산업을 미래 성장 유망산업으로 육성하려는 경쟁을 치열하게 벌이고 있다.

서산 대산항이 과연 중국 관광객을 맞아 환황해권의 미래를 열 수 있을 것인가에 대한 우려의 목소리가 컸다. 중국 관광객을 머물게 할 인프라, 즉 숙소나 음식점, 관광자원 및 콘텐츠가 있는가에 대한 의구심 때문이었다.

서산시는 이 같은 우려를 불식시키기 위해 충남도 및 인근 시·군과 함께 대산항 국제여객선 취항에 대비해 다양한 마케팅과 관광안내 서비스를 추진하고 있다. 특히 '관광업계의 큰손'이라 불리는 중국인 관광객을 유치하기 위해 총력전을 펼치고 있다.

서산시는 중국인 관광객의 적극적인 유치를 위해 9개 분야 38명으로 태스크포스TF팀을 구성하고 부서별 협력에 초점을 맞춰 다양한 시책을 추진 중이다. TF팀은 관광, 숙박, 음식점, 농·특산물, 옥외광고물, 홍보 등 분야별 16개 사업을 중점적으로 추진하고 있는데, 핵심전략은 중국관광객 확보를 위한 다양한 관광상품 개발과 쇼핑 및 숙박시설 개선 등이다.

중국인들이 선호하는 관광콘텐츠를 개발하고 지역의 우수한 관광자원을 홍보하기 위해 중국의 주요 여행사를 초청해 팸투어를 실시하고, 중국인 단체관광객을 유치한 여행사에 인센티브를 지원하는 사업을 운영하고 있다. 또 중국에서 열리는 관광박람회에 참가하는 등 중국 현지 홍보활동에도 힘을 쏟고 있다. 여기에 관광안내지도와 표지판, 이정표 등에 중국어를 병행 표기하고 지역대학과 중국인 유학생 통역서비스를 추진하는 등 관광객 수용태세에도 박차를 가하고 있다.

서산에 특급호텔이 문을 열다

중국과의 뱃길이 열리면 장차 서산시가 국제적인 도시가 될 것이라는 얘기를 할 때마다 마음 한구석이 편치 않았다. "변변

한 호텔 하나 가지고 있지 않은 도시가 어찌 국제적인 도시가 될 것이냐"라는 반문이 나올 수 있기 때문이다. 중앙부처에서 워크숍을 오려고 했다가도 숙박을 겸한 워크숍을 열 수 있는 호텔이 없어서 번번이 무산되는 일도 가슴 아픈 일이었다. 그만큼 서산시에는 이렇다 할 호텔이 없어 관광 이야기가 나올 때마다 안타까운 마음이 자리했다.

시장으로서 호텔 유치가 시급하게 느껴졌다. 나는 호텔 유치를 위해 다방면으로 노력을 기울였다. 관련부서에서 적극적으로 사업자를 찾아 나서도록 채근했다. 이런 갈증을 모를 리 없는 당시 이인수 건설도시국장이 2013년 어느 날 서산에 호텔을 신축하겠다는 삼운레저(대표 이태의)를 찾았다고 보고를 했다. 이후 시장실을 방문한 이태의 대표에게 서산에 최고의 호텔을 신축할 수 있느냐고 물었고, 이 대표는 그렇게 하는 것이 자기 꿈이라고 대답했다. 나는 서산에 최고 수준의 호텔을 지어야 나중에 인근에 호텔이 들어서도 걱정이 없게 된다며 서산에 1호 호텔이 되는 만큼 최고 수준의 호텔을 지어주길 소망했다.

2014년 3월 22일, 드디어 호텔 기공식을 갖게 되었다. 이 단계까지 오는 데는 참으로 말도 많고 힘든 과정도 많았다. 서산에 호텔이 들어서려다가 무산된 전례가 있던 터라 기공식 단계까지 왔다는 말을 믿지 않는 사람들이 많았다. 심지어 시장의 선거용이라는 터무니없는 말까지 나왔다.

큰일은 쉽게 이루어지지 않았다. 기공식 이후 공사가 잘 진행

베니키아호텔 전경

되는가 싶었는데 기공식을 가진 지 4개월이 안 돼 공사가 중단
되는 사태가 발생했다. 삼운레저 이태의 대표가 중증의 암에 걸
려 병원에 입원했고 사업추진이 어렵게 됐다는 보고였다. 난감
힌 일이었다. 이상한 말들도 돌았다. 그러나 다행스럽게도 그
후 이태의 대표가 건강을 회복해서 2015년 2월에 다시 공사가
재개되었고 유언비어도 사라졌다.

　이후에도 내부문제 등으로 당초 준공예정 일정이 계속 미뤄졌

고 호텔 이름도 바뀌는 등 우여곡절은 계속됐다. 당초 '베니키아 호텔 서산'에서 '엠스테이호텔 서산'으로 바뀌었다가 다시 '베니키아호텔 서산'이 됐다.

'베니키아호텔 서산'은 도심에서 종합운동장 방면으로 넘어가는 갈산벌에 세워졌다. 공사시작 전만 하더라도 도심이 훤히 내려다보이는 전망이었으나 이후 아파트가 들어서면서 시야를 가려 호텔 측에서 보면 아쉬운 부분이다. 이 호텔은 삼운레저가 8,074㎡의 면적에 지하 3층, 지상 13층으로 지었다. 호텔이 문을 열게 되면 일자리 창출과 세수 증대 등 지역경제 활성화를 견인하는 효자 역할을 할 것으로 기대된다.

차별화된 서산 관광을 알려라

자치단체들은 그 지역의 특색 있는 관광자원을 알리느라 여념이 없다. 서산시도 마찬가지다. 아니 오히려 그 어떤 지자체보다 더 열심이다.

2014년 8월, 산둥성山東省 지난시濟南市에서 열린 국제관광박람회에 참가해 지역 관광지와 농·특산물을 홍보했다. 산둥국제관광박람회는 중국 15개 성을 비롯해 세계 30개국에서 8만 명 이상이 참여한 대규모 행사였다. 여기서 서산시는 대산항과 룽옌항 간 국제여객선 취항과 지역 관광상품을 알리는 데 주력했다. 홍보부스에서는 대산항과 서산시 홍보영상물을 상영하고 지역의 대표적 관광명소인 서산9경과 농·특산물을 홍보해 문전성시를 이뤘다. 특히, 중국 현지기자 및 관광국 관계자, 여행업계 종사자 등과 잇따른 간담회를 열고 관광활성화 방안을 토의하는 등 인적 네트워크 구축에도 힘을 쏟았다. 그 이후 산둥국제관광박람회는 매년 참가해 서산의 관광자원을 적극 알리고 있는데 2014년부터 2016년까지 3년 연속 최고 전시상을 수상하는 성과를 냈다.

중국뿐만 아니라 일본 도쿄에서 열린 '투어리즘 엑스포 재팬 2014 세계여행박람회'에도 참가해 관광지와 농·특산물 등을 알렸다. 이 행사는 아시아에서 가장 큰 국제관광행사이자 세계 2위의 박람회로 세계 150개국 15만여 명의 관람객이 참가한다. 이 행사에서는 프란치스코 교황이 다녀간 해미읍성, 국보인 마애여래삼존상, 충남 4대 사찰인 개심사, 무학대사가 수도한 간월암, 우럭으로 유명한 삼길포항 등 지역대표 관광지를 홍보했다. 해미읍성 역사체험축제, 국화축제, 철새기행전 등의 지역축제와 농·특산물을 홍보하는 데도 많은 시간을 할애했다. 서산시의 주요관광지가 그려진 엽서를 활용한 국제우편 보내기 행사는 다양한 연령의 일본 관람객으로부터 좋은 반응을 얻었다.

이외에도 2016년 서울 코엑스에서 개최된 '2016 한국국제관광전'에도 참가해 대표관광지뿐만 아니라 축제, 고택, 체험관광 등을 집중 홍보해 박람회 조직위원회로부터 특별부스 운영상을 받기도 헸디.

이뿐만 아니라, 서산시는 중국 현지 온라인매체인 에포크미디어의 채널을 통해서도 서산시의 우수한 관광콘텐츠를 적극 홍보했다. 여기서는 서산의 '9경·9품·9미' 중 중국인들이 가장 선호하는 먹거리, 볼거리, 살 거리를 집중 홍보했다. 에포크미디어는 세계 35개국에 41개의 지사를 두고 있으며, 중국의 고학력층과 해외거주 고소득층이 주로 방문하는 중국의 대표적인 온라인매체다.

2017년 8월에는 일산 킨텍스에서 열린 '대한민국국제관광박람회'에 참가해 관광세일즈를 펼쳤다. 서산시는 홍보관을 개설해 해미읍성축제와 어리굴젓축제, 빅필드뮤직페스티벌, 뻘낙지먹물축제, 국화축제를 관광명소와 함께 집중 홍보했다. 또한 박람회에 참석한 해외여행업계 관계자와의 간담회를 통해 인적네트워크 구축과 서산의 인지도를 향상시키는 데도 힘을 쏟았다.

황금빛 톡톡(TalkTalk!)

더 높은 경지와 진취적 삶을 추구하기 위해서는 항상 주변 정세를 살피는 눈을 갖춰야 한다. 6차 산업이라는 관광산업을 잘 융성시키기 위해서는 정책이나 인프라를 구축하는 것만큼 현재 외교관계나 그 나라의 문화나 국민성을 잘 이해하고 활용할 줄 알아야 한다. 중국은 천 년 전에도, 천 년 후에도 우리 이웃나라라는 변함없는 사실을 잊지 말아야 한다. 서산은 지금 능동적으로 중국을 '공부'하고 있다.

프란치스코 교황
서산 방문

"삶이 있는 곳에 희망이 있는 것이 아니라
희망이 삶을 지탱하고 지켜주며
성장할 수 있도록 해주는 것이다."
— 프란치스코 교황 —

2014년 8월 17일은 서산시로서는 매우 뜻깊은 날이었다. 가톨릭교회의 정신적 지도자인 프란치스코 교황이 서산을 찾은 날이기 때문이다. 교황은 8월 14일부터 18일까지 '제6차 아시아청년대회AYD'에 참석하기 위해 우리나라를 방문했고 그중 17일에는 '제6차 아시아청년대회AYD' 폐막미사에 참석하기 위해 서산 해미읍성을 찾았다. 1989년 세계성체대회 참석을 위해 요한바오로 2세 교황이 방문한 이후 25년 만의 일이었다.

해미읍성은 조선 후기 천주교 신자 수천 명이 처형된 곳이다. 천주교도들의 시체를 내가던 읍성 서문, 김대건 신부의 증조부 김진후(비오)가 순교한 옥터, 순교자들의 머리채를 묶어 매달던 호야나무 등 조선시대 천주교 박해의 슬픈 역사를 품고 있는 곳이다. 이러한 역사적 배경 때문에 교황의 방문지가 되었다.

이날 교황은 세월호 희생자들에 대한 세례를 시작으로 해미성지 순교기념전시관에서 '아시아 주교들과의 만남'을 가졌는데, 이 자리에는 한국 천주교주교단 15명을 비롯해 아시아 각국에서 온 추기경과 주교 등 60여 명이 참석했다.

폐막미사는 아시아청년대회AYD와 한국청년대회KYD 참가 청년들, 아시아 주교단 50여 명은 물론 참석을 희망하는 모든 이에게 개방됐고, 미국 CNN, 영국 BBC 등을 통해 전 세계에 생중계됐다. 행사에는 23개국 6,000여 명의 가톨릭 청년을 비롯해 2만 3,000여 명의 신자가 입장했고 행사장에 들어가지 못한 1만 8,000여 명은 해미면사무소를 비롯해 8군데에 설치된 대형 스크린으로 교황의 미사를 지켜봤다. 그야말로 전 세계가 서산을 주목하는 순간이었다.

교황은 우리 서산에서 점심식사를 했다. 오찬으로는 서산지역 특산물인 6쪽마늘이 가미된 한우등심구이와 뻘낙지죽, 탑라이스로 지은 찰진 밥이 올랐고 간식으로 6쪽마늘빵이, 후식으로는 토종생강한과가 올랐다.

서산시는 교황 방문이 해미순교성지를 역사적으로 재조명하고 서산을 세계에 알릴 뿐만 아니라 지역홍보에 상당한 파급효과를 거둘 것으로 기대하고 교황 방문기간 동안 지역 관광자원과 농·특산물을 널리 알리기 위한 관광홍보관과 농·특산물 홍보부스를 운영했다. 서산시의 맞춤형 전략은 적중했다. 농·특산물 홍보부스는 북새통을 이뤘고 관광홍보관도 교황방문을 기념해 제작한 기념품이 모두 팔려 나갔을 정도로 인기가 좋았다.

서산을 방문한 교황을 위해 서산시는 '천상열차분야지도'라는 세계에서 2번째로 오래된 천문도 모형을 기념품으로 선물했다. 천상열차분야지도는 1,467개의 별을 밝기에 따라 크기를 다르게 새겨 넣은 과학천문도로서 서산 출신 천문학자 금헌 류방택 柳方澤 선생의 천문계산에 기초해 권근, 설경수 등 11명의 학자에 의해 제작된 국보 제228호다.

프란시스코 교황을 영접하는 모습. 구 해미초등학교 입구

이 천상열차분야지도가 만 원권 지폐의 뒷면에 디자인되어 있다는 사실을 아는 국민은 그리 많지 않다.

나는 천문도 모형과 함께 서한문을 교황청을 통해 교황께 전달했다. 서한문에는 "교황방문이 가난한 사람들과 소외된 이웃들에게 꿈과 희망을 주는 고귀한 시간이 될 것"이라며 "한반도에 평화의 메시지를 전달하고 인류화합의 길로 인도하는 놀라운 역사가 함께하길 기도드린다"고 감사의 뜻을 전했다.

교황을 맞이할 완벽한 준비 태세

교황을 맞이하기 위한 서산시의 정성은 매우 섬세하고도 철저했다. '아시아청년대회' 폐막식 행사 지원을 위해 7개 팀 54명으로 태스크포스팀을 만들고 기획홍보, 의전안전, 교통대책, 의료지원, 환경정비, 행사지원 등을 담당하게 하는 등 모든 행정력을 집중했다.

대대적인 민관합동 대청소도 실시했다. 충남도와 서산시, 당진시는 힘을 합쳐 이틀간 서산과 당진의 천주교성지와 순례길을 중심으로 일제 대청소를 실시했다. 새마을회와 주민자치위원회 등 지역 주민은 물론 한화토탈을 비롯해 현대오일뱅크, 롯데케미칼, LG화학, 현대제철 등 지역에 입주해 있는 기업체와 공무원, 천주교 신도 등 1,000여 명이 참여했다.

시민들도 교황과 관광객을 맞이하기 위해 마음을 모았다. 해미면 24개 사회단체장들로 구성된 '교황방문준비협력주민협의회'는 시가지 환경정비, 친절운동, 바가지요금 근절, 음식·숙박업소 청결 유지 등에 힘썼고 시설물 안전관리, 도보순례길 정비, 응급의료대책 마련 등에서도 주민들의 합심이 돋보였다.

17만 5,000여 시민 모두와 3,200여 명의 자원봉사자들이 곳곳에서 궂은일을 마다하지 않았기에 서산시는 교황방문 행사를 안전하고 품격 있게 치를 수 있었다.

내가 할 수 있는 일은 각 행사준비 현장을 돌며 수고하는 공무원들과 자원봉사자들을 격려하고 위로하며 고마운 마음을 전하는 것이었다. 모두 내 일처럼 생각하고 임해주어서 감사할 뿐이었다. 큰 행사를 잘 마친 후 자원봉사자들 개개인에게 감사의 손편지를 보냈음은 물론이다.

세계적 명소 만들기

교황 방문은 서산을 세계에 알리는 동시에 서산시의 위상을 높이는 계기가 됐다. 나는 교황이 다녀간 다음 날 확대간부회의 자리에서 해미천주교성지를 지역 관광자원과 연계한 세계적인 관광명소로 만들자고 말했다. '교황방문도시'라는 이미지에 걸맞은 브랜드를 개발하기 위해 각계각층의 의견수렴도 필요하다고 강조했다. 교황이 위로와 평화의 기도를 올린 해미읍성과 해미천주교성지는 앞으로 많은 관광객이 찾아올 것이기에 관광수요에 부응하는 인프라를 확충하고 새로운 관광상품을 개발해 세계적 관광명소로 만들어 나갈 필요가 있었기 때문이다.

전문가들도 교황 방한의 경제적 영향을 극대화하기 위해서는 후속조치가 필수라고 지적한 바 있다. 김경숙 한국관광학회장은 "당진의 솔뫼성지나 서산의 해미성지 등 교황이 찾은 충청권 천주교 성지를 전 세계 천주교 신자를 포함해 국내·외 관광객이 즐겨 찾는 대표 문화자원으로 키워야 한다"고 말했다. 이에 맞춰 한국관광공사는 교황 방문지를 중심으로 '힐링 순례길' 조성을 추진하고 있다.

교황 방문 이후 해미읍성을 찾는 관광객이 30%나 급증하는 등 교황 방문 효과는 즉각적으로 나타났다. 해미읍성을 찾는 관광객이 늘자 지역경제도 활기를 띄고 있음은 물론이다.

2014. 8. 17. 프란치스코 교황 폐막미사, 해미읍성

서산시는 세계 각국에서 성지순례 관광객들이 모여들 것에 대비해 해미읍성 및 해미천주교성지 명소화사업을 추진하고 있다. 이를 위해 해미읍성과 해미천주교성지를 찾는 방문객이 머물고 체험할 수 있는 공간과 프로그램을 확대하는 작업을 실시하고 있다. 해미읍성 주변에 위치한 구 초등학교 건물과 대지 등을 활용해 성곽 전시 및 체험장으로 조성하고 성곽 전시장, 성곽 게스트하우스로 활용하는 방안을 고민 중이다. 여기에 성곽 스테이와 캠핑을 겸한 야외체험장과 샤워장 등 각종 편의시설도 늘릴 계획이다.

'해미읍성 스탬프투어 프로그램'도 계획하고 있는데, 해미읍성을 찾은 관광객들이 인근에 위치한 해미향교, 해미전통시장, 해미순교성지, 오학리 별마을 등을 연계 방문할 경우 기념품을 증정하는 것이다. 또 해미천주교성지를 출발해 해미읍성을 거쳐 한티고개까지 이어지는 구간은 내포천주교순례길에 포함되는 만큼 충남도와 인근 시·군의 순례길명소화사업과 연계할 예정이다. 해미읍성축제 등 읍성 안에서 이뤄지는 관광프로그램도 대폭 보강하고 관광기념품 개발, 교황방문 기념관 및 광장 조성, 전신주 지중화사업 등을 추진할 계획이다.

충남도와 천주교 대전교구는 도내 산재돼 있는 천주교 유산을 체계적으로 정리해 오는 2021년을 목표로 유네스코 세계문화유산 등재를 추진한다. 이를 위해 안희정 도지사와 라자로 대전교구장은 2016년 4월 '충남 천주교 종교유산 세계문화유산 등재를 위한 업무협약'을 체결했다. 앞으로 충남도와 대전교구는 도내 천주교 종교유산의 독창성과 가치를 규명해 유네스코 세계문화유산으로 등재하고 충남도 대표유산으로 관리하는 데 힘을 합치게 될 것이다. 또한 도내의 보호해야 할 천주교 유산에 대한 기초 조사 및 전문연구 등 제반 사항도 함께 추진하게 될 것이다. 서산시도 당연히 이의 추진에 필요한 힘을 함께 모아나갈 것이다.

교황 오찬브랜드 개발

교황 방문 기간 중 교황이 맛본 음식에 대한 일반인들의 관심이 매우 뜨거웠다. 서산시는 교황의 오찬으로 지역 농·특산물을 활용한 상차림을 마련했는데, 교황의 검소함을 고려해 무채색 계열의 소박한 밥상으로 빡빡한 일정에 조금이나마 기력을 북돋울 수 있는 메뉴를 찾기 위해 고심했다.

한식 세계화 추진위원이며 롯데호텔의 총주방장인 이병우 조리명장이 오찬준비를 진두지휘했다. 메인요리는 탑라이스로 지은 쌀밥과 6쪽마늘을 곁들인 서산우리한우 등심구이, 서해에서 갓 잡은 우럭살을 빚어 만든 우럭어알탕, 각종 해산물을 섞어 쪄낸 꽃게찜, 서산 6년근 인삼을 곁들인 야채쌈이었다. 식전 입맛을 돋우기 위해서는 지곡 중왕리 뻘낙지를 갈아 만든 뻘낙지죽이 제공됐다. 교황은 낙지죽을 두 번이나 더 요청했을 정도로 매우 흡족해했다. 후식으로는 토종생강이 첨가된 한과와 6쪽마늘을 넣은 6쪽마늘빵을 제공했다.

서산시는 교황 오찬에 대한 브랜드명과 디자인 작업을 마치고 오찬 메뉴를 확정한 뒤 외식업소에 기술을 이전하는 방안을 추진했다. 그 결과 1년 뒤 '교황정식'이라는 브랜드로 일반인에게도 선보이게 됐다. 교황정식은 교황이 드셨던 오찬 메뉴에 사용된 식재료와 계절적 측면을 고려해 4계절 관광객들이 쉽게 접할 수 있도록 대중화한 것이 특징이다. 주된 상차림은 서산낙지어죽, 서산우리한우 채끝등심구이, 우럭어알탕, 뜸부기쌀밥, 백김치, 계절나물 등이다. 2015년 8월부터 서산6쪽마늘 음식전문브랜드 취급점인 '마늘각시' 대리점에 교황정식 레시피 전수를 마치고 본격적인 홍보활동에 들어갔고 교황정식 메뉴가 지역경제에 도움이 되도록 다양한 채널을 통해 홍보에 힘쓰고 있다.

황금빛 톡톡(TalkTalk!)

원래도 해미읍성같이 천주교와 관련된 곳이 있었지만 교황님이 방문하신 이후 서산은 마치 천주교의 메카 같은 곳이 되었다. 하지만 니는 많은 이들이 마음의 안식을 얻는 희망의 도시로 기억해주면 더 좋겠다. 더 나아가 도시가 발달하고 시민의 생활이 더 나아져서 전 세계인의 부러움을 받는 도시가 되기를 바라는 마음이다.

문화도시 서산으로
발돋움

"엄청난 자신감이 없으면
아무리 노력한다고 할지라도
결코 가능해지지 않는다."
— 스티브 잡스 —

시민들의 행복지수를 높이고 명품도시로 도약하기 위해서는 산업의 발달뿐만 아니라 문화도 함께 발전시켜야 한다. 문화와 산업이 함께 공존해야 시너지효과를 일으키고 도시의 지속발전이 가능하다.

서산시는 문화도시로 거듭나기 위해 많은 노력을 기울이고 있다. 2016년부터 문화도시 조성사업을 추진 중에 있는데, 이는 문화체육관광부가 전국 지자체를 대상으로 공모한 '문화도시사업'에서 서산시가 충남에서 2번째로 선정되었기 때문이다. 이의 추진을 위해 문화도시사업단(단장 임진번)을 발족해서 활발한 활동을 이어가고 있다.

문화도시사업은 2020년까지 계속되는데, 우선적으로 2016년부터 5년간 총사업비 37억 5,000만 원을 들여 '문화예술 발전도시 해 뜨는 서산' 프로젝트를 진행하고 있다. 시민들에게 문화향유 기회를 확대하는 톨레랑스 프로그램, 공연예술 레지던시 프로그램, 방학 중 어린이 예술학교와 지역의 청년 예술인들을 문화기획자로 양성하는 청년문화 아카데미, 주민참여형 프로그램인 생활형 공연창작 프로그램 등 다양한 사업을 추진하고 있다.

이와 함께 지역 간 문화격차 해소를 통해 문화복지 향상을 도모하기 위한 사업과, 시내중심가 원도심 문화공간 조성사업, 지역 영상문화발전 기반 구축을 위한 서산시영상미디어센터 조성사업, 최치원 선생과 안견 선생 선양사업의 일환인 지역문화자원 문화브랜드 구축사업 등을 진행하고 있다.

아울러 문화회관을 시민친화적 문화공간으로 조성해 폭넓고 다양한 장르의 우수 프로그램을 적극 유치하고 있으며 규모 있는 공연 및 행사공간으로 활용될 수 있도록 소공연장 무대를 확장하고 108석의 객석을 설치하는 등 소극장 형태로 새 단장했다. 뿐만 아니라 장애인을 위해 승강기도 설치했다.

또 역사가 찬란한 문화도시로 만들어 가기 위해 개심사에서 소장하고 있는 국가지정 보물 4종 38점 및 중요문화재 400여점을 안치할 보호각도 건립하고 해미읍성 위험구간의 성곽보수도 추진했다.

이러한 다채로운 문화도시 조성사업은 앞으로도 계속 추진될 것이며 이를 통해 시민들의 의식이나 문화수준이 향상되고 창의인재 육성, 일자리 창출에도 기여할 것으로 기대하고 있다. 이 모든 사업의 원활한 추진으로 우리 서산이 명실상부한 명품 문화도시로 발돋움하기를 바라는 마음이다.

황금빛 톡톡(TalkTalk!)

서산시는 다양한 문화예술사업과 문화재 보존·전승 사업을 추진하고 있다. 문화격차 해소를 통해 문화복지 향상을 도모하기 위한 문화도시사업, 시내 중심가에 원도심 문화공간 조성사업, 지역 문화재의 고유한 가치와 역사적 의미를 재창조해 계승하는 사업 등을 펼치고 있다. 아울러 빅데이터를 활용한 지역축제 효과도 분석하는 등 4차 산업기술까지 접목하여 문화도시 융성에 심혈을 기울이고 있다.

해자 발굴,
보물 승격

"꿈꿀 수 있다면 실현도 가능하다."

― 월트 디즈니 ―

해미읍성 해자 복원

문화재의 가치를 높이는 노력도 소홀히 하지 않고 있다.

나는 우리 서산의 대표적인 문화유적인 사적 제116호 해미읍
성의 진남문 해자 복원 사업도 추진하고 있다. 해자란 적의 침
입을 막기 위해 성 밖을 둘러 파고 그 안에 물을 채운 것을 말한
다. 일본 출장 당시 보았던 오사카성의 해자를 보고 우리 해미읍
성 해자도 복원해야겠다는 생각을 실행에 옮기게 된 것이다. 문
화관광과에 추진을 지시한 후 2016. 8. 18부터 8. 21까지 2천
400㎡ 규모의 해미읍성 진남문 해자 구간 시굴조사를 마쳤다.

해자의 위치와 방향, 잔존현황을 파악해 복원정비의 학술적
근거를 마련하기 위해 추진된 발굴조사는 국비 2,600만 원을
포함해 총 용역비 3,800만 원이 투입됐다. 그리고 전문적인 조
사를 위해 충남도 역사문화연구원에 용역을 의뢰했다.

이번 조사에선 해미면 읍내리 32의 2지역 일대 4곳에 시굴갱을 파고 해자 유구의 잔존현황 등을 파악했다.

조사 결과 해미읍성 성벽에서 9~10m 떨어진 거리에 해자 내벽이 위치했던 사실이 확인됐으며, 1, 2차 외벽과 성벽 회절 구간 해자의 형태도 일부 파악됐다.

앞으로 국비를 확보해 정확한 해자의 현황 파악과 원형복원을 위해 정밀 발굴조사를 할 계획이다. 정밀 발굴조사 결과에 따라 해자 복원계획을 세우고 문화재청에 발굴 및 현상변경 허가 등 행정절차를 거친 뒤 2019년부터 본격적으로 해자 복원을 추진할 계획이다.

해미읍성 해자발굴 시굴조사(2016. 8. 18~8. 21.)

명종대왕태실 및 비 보물 승격

서산시 운산면 태봉리 산6-2에 위치해 있는 명종대왕태실 및 비(충남 유형문화재 제121호)에 대한 보물승격도 추진해서 값진 결실을 거뒀다. 2018년 1월 마지막 날에 낭보가 날아들었다. 문화재청에서 명종대왕태실 및 비를 국가지정문화재 보물로 승격 지정할 것을 예고한 것이다.

태실이란 조선 왕실에서 자손이 태어나면 태胎를 태항아리에 봉안한 것을 말한다.

명종대왕 태실 및 비는 조선 13대 왕인 명종이 태어나던 1538년(중종 33년)에 건립됐다고 한다. 먼저 태를 봉안한 태실石室과 '대군춘령아기씨태실비' 1기가 건립되었고, 이어 명종이 즉위한 후 1546년에 '주상전하태실비' 1기, 1711년 '주상전하태실비'를 재건하면서 비석 1기를 추가로 건립해 현재는 태실 1기와 비 3기가 보존되어 있다.

태실은 둘레를 8각형의 난간석으로 두르고 그 중앙에 태실을 배치한 형태의 구조로 되어 있다. 태실에 봉안됐던 태항아리와 지석은 일제강점기인 1928년경 일제에 의해 경기도 고양 서삼릉으로 옮겨졌고, 이후 1996년 국립문화재연구소에서 수습해 국립고궁박물관으로 이전·보관 중에 있다.

서산의 명종대왕 태실 및 비는 조선왕조실록 등에 관련 기록이 상세히 적혀져 있고 원래의 자리에 온전하게 남아 있다는 점에서 다른 태실들과 차별된다. 특히 태실과 가봉태실, 가봉개수태실의 변천 과정까지 한눈에 살펴볼 수 있어 그 가치가 뛰어나다는 평가를 받고 있다.

우리 서산시는 2015년 4월부터 6개월간의 연구용역을 거쳐 충청남도에 보물승격을 신청(2016.3.9.)했었다. 그리고 2년 만에 바라던 결실을 거두게 된 것이다. 보물지정 예고 소식을 김세철 문화예술과장으로부터 듣는 순간 너무도 기쁜 마음이었다. 이 날 예고에 앞서 문화재청 문화재위원과 전문위원들은 2017. 8. 25에 현장을 방문하여 조사를 가졌었다. 앞으로 3. 2까지 30일간의 예고기간 경과 후 문화재위원 심의를 거쳐 보물로 지정 고시가 된다. 이로써 서산은 백제의 미소로 불리는 국보 제84호 용현리 마애여래삼존상을 비롯해 보물이 14점으로 늘어나서 모두 71개의 문화재를 보유하게 되었다.

서산의 자랑
9경 9품 9미

서산시는 천혜의 자연환경과 유구한 역사문화자원을 가지고 있어 볼거리가 많다. 그래서 서산에 오면 꼭 보고 가야 할 관광지 아홉 곳을 9경景으로 정해 마케팅에 활용하고 있다. 그리고 여행에서 빠질 수 없는 지역 특산품 9가지와 먹거리 9가지를 각각 9품品과 9미味로 정해 서산 9경·9품·9미를 적극 홍보하고 있다. 9경·9품·9미에 대한 디자인도 개발했다. 9경은 자연의 절경을 상징할 수 있도록 푸른색과 녹색계열로, 9품은 물건을 담을 수 있는 광주리의 모습으로, 9미는 맛의 식감을 살려 붉은색 계열로 디자인을 완성시켰다.

이렇게 제작한 서산 9경·9품·9미 브랜드 디자인은 한국어와 영어, 중국어, 일본어로 표기된 관광지도와 스토리북으로 만들어져 국내·외 관광박람회나 G마켓, 옥션 등 온·오프라인 등에

9경 9품 9미 디자인

서 다용도로 활용되고 있다. 이제 9경·9품·9미는 서산 하면 떠오르는 서산만의 관광브랜드가 되었다.

2013년에는 서산 9경 중 서산 용현리 마애여래삼존상이, 2015년과 2017에는 해미읍성이 한국인이 가장 좋아하고 꼭 가봐야 할 국내 대표 관광지 '한국관광 100선'에 선정됐고, 2016년과 2017년에는 '서산 9경·9품·9미'가 2년 연속 소비자평가 No.1 브랜드대상 문화관광브랜드 대상을 수상했다.

이처럼 서산 9경·9품·9미는 서산시만의 특화된 자연을 창의적이고 차별화된 관광브랜드로 개발해 시민의 소득증대를 꾀하고 관광객 유치와 인지도를 높이는 데 큰 성과를 거뒀다는 평가를 받고 있다.

서산에 오면 꼭 보고 가야 할 9가지 구경거리, 9경은 해미읍성, 마애여래삼존상, 간월암, 개심사, 팔봉산, 가야산, 황금산, 한우목장, 삼길포항이다.

해미읍성은 현존하는 가장 잘 보존된 평성이자 전국 최대 순교성지로 교황 방문 이후 관광객이 급증했다. 용현리 마애여래삼존상은 국보 제84호로서 마애불 중 가장 뛰어난 백제 후기의 작품이며 백제의 온화하면서도 낭만적인 기질을 엿볼 수 있는 문화유산이다. 태조 이성계의 왕사였던 무학대사가 이곳에서 깨달음을 얻었다는 간월암은 낙조가 유명하며, 충남 4대 사찰 중 하나이자 사계절 아름다운 경관을 자랑하는 개심사는 특히 봄철 왕벚꽃이 만개할 때는 더욱 아름답다. 그 밖에도 여덟 개의 봉우리가 줄지어 이어져 산과 바다가 어우러진 경치를 자랑하는 팔봉산, 서산시와 서해바다가 한눈에 내려다보이고 각종 야생화가 장관을 이루는 가야산, 몽돌해변과 코끼리 바위가 유명한 황금산, 한국 축산업의 미래이자 드넓은 초지가 아름다운 서산한우목장, 풍부한 수산물과 화려한 야경, 다양한 축제가 있는 삼길포항도 서산의 자랑이다.

서산시를 대표하는 농·특산물 9품에는 항암효과가 뛰어난 6쪽마늘과 생강, 생산에서 도정까지 엄격한 관리로 여름철에도 햅쌀 밥맛을 자랑하는 뜸부기쌀, 교황의 식탁에 올랐던 갯벌낙지, 사포닌 함량이 월등한 6년근 인삼, 전국 생산량의 70%를 차지하는 달래, 단단한 육질과 아삭한 식감이 일품인 황토알타리무, 3년 연속 대한민국 탑브랜드 대상을 수상한 팔봉산 감자, 가로림만 청정갯벌에서 채취한 감태가 있다.

서산시에 오면 꼭 먹어봐야 할 9미味도 유명한데, 신선하고 질 좋은 식재료에서 맛이 나는 만큼 서산의 먹거리들은 신선도와 품질에서 뛰어나 미식가들의 입맛을 사로잡고 있다.

서해안 꽃게로 만든 꽃게장과 무학대사가 간월암에서 수도할 때 처음으로 태조 임금께 진상해 수라상에 올랐던 어리굴젓, 겨울철 서민음식 게국지, 박속의 깔끔한 맛과 낙지의 구수함이 일품인 밀국낙지탕, 한우의 본고장에서 30개월 이상 비육해 1등급 이상 고급육만 선별한 명품 서산우리한우, 말린 우럭포를 이용해 끓인 대표적인 토속음식 우럭젓국, 전통식품 부분 2014년부터 4년연속 국가브랜드대상을 수상하고 연간 35억 원의 매출을 올리는 서산지역 대표 명물 생강한과, 서산6쪽마늘로 만든 음식브랜드 마늘각시, 서산특산품 굴을 이용한 영양굴밥이 있다.

황금빛 톡톡(TalkTalk!)

외형도 나쁘지 않지만 더 중요한 것은 콘텐츠다. 다행히도 서산은 킬러콘텐츠가 무궁무진하다. 과학기술과 인문예술이 공존하고 새로움과 전통이 상충하지 않으며, 다양한 맛과 멋을 발하여 다른 지역민들까지도 유인하는 등 문화관광도시로 인정받고 있다.

역사의 현장,
서산과 정주영과 현대

"'적당히'라는 그물 사이로
귀중한 시간을 빠져나가게 하는 것만큼
우매한 행동은 없다."
– 정주영 현대그룹 명예회장 –

서산은 참으로 상서로운 땅이다. 서산의 '서'자도 상서롭다는 의미를 가진 '瑞'자를 쓴다.

그래서 그런지 자연재해도 타 지역에 비해 적은 편이며, 토질도 비옥하고 기후도 좋다. 서산은 현대사에서 빼놓을 수 없는 역사의 현장이 된 곳이기도 하다.

특히 서산은 현대그룹의 창업주인 고故 정주영 명예회장과는 떼려야 뗄 수 없는 깊은 인연을 가진 곳이다. 정주영이 누구인가? 맨주먹 하나로 세상에 뛰어들어 공사판의 막노동 일꾼에서 일약 세계 굴지의 현대그룹을 일궈낸 시대의 거인이 아닌가.

나는 어렸을 때 정주영 회장이라는 분이 우리 지역(해미 선수모퉁이)에 왔다 갔다는 얘기를 종종 들으며 자랐다. "악수를 했는데 손이 엄청 크더라", "씨름하는 것을 보니 이길 장사가 없겠더라"라는 얘기를 들었던 기억도 떠오른다. 그때 그분이 대한민국 신화창조의 주인공인 정주영 명예회장인지 어찌 알 수 있었겠는가. 정주영 하면 나는 크게 네 가지가 떠오른다.

1971년 혈혈단신 런던으로 건너가 500원짜리 지폐 속 거북선을 보여주며 차관을 들여와 울산 앞바다에 조선소를 건설했던 일, 1982년에 서산 현대간척공사를 마무리하여 대한민국의 지도를 바꿨고, 이때 일명 정주영공법(유조선공법, 폐유조선을 활용한 물막이공법)으로 물막이를 완성하여 세계를 놀라게 했던 일, 1998년에 서산 현대목장에서 키운 500마리의 소를 50대의 트럭에 실어 육로로 군사분계선을 넘는 이른바 '소떼방북'(2003년까지 1,601마리)으로 남북 간 화해의 물꼬를 텄던 일, 그리고 "이봐 해봤어?"로 대변되는 고 정주영 명예회장의 불굴의 도전정신이 그것이다.

서산간척지는 현대건설이 1980년부터 1995년까지 15년 3개월간 6,470억 원을 투입해 부석면 창리, 홍성군 서부면 궁리, 태안군 남면 당암리 등 3개 시·군에 걸쳐 조성했다. 여의도 면적의 33배에 달하는 광활한 면적이다.

올해로 탄생 103주년을 맞는 고 정주영 명예회장을 이 시점에 다시 떠올리는 것은 전혀 새삼스럽지 않다. 서산시장으로 있으면서 '서산은 현대의 고향'이며 '제2의 울산'이라는 생각을 많이 했다. 앞서 말한 정주영공법과 소떼방북이라는 역사적 사실뿐만 아니라, 아직도 현대의 피와 땀이 배어있는 현대 간척지를 비롯해 현대농장, 현대간척공사를 진두지휘했던 현대영빈관(현재 기념관)이 그대로 남아 있고, 현대모비스 주행시험장 건설 등 최근에도 현대와의 인연이 계속되고 있기 때문이다.

나는 이러한 현대現代의 역사가 창조되고 지금도 새로운 역사를 써가고 있는 서산에서 고 정주영 명예회장의 불굴의 도전정신과 그 위대한 업적을 기리는 일에 현대가 그룹 차원에서 나서주길 간절히 바라고 있다.

서산 천수만 간척지가 품고 있는 역사적 현장을 재조명하며 관광자원화하고, 천혜의 어장(천수만)을 잃은 지역민들과의 상생을 위한 기업이익의 사회적 환원 차원에서도 바람직한 일이라고 생각한다.

서산시는 사통팔달 도시의 비전으로 뜨고 있다. 서산–당진간 고속도로 건설 사업도 잘 추진되고 있고, 서산민항 유치와 더불어 대한민국의 허리를 관통하는 동서횡단철도 건설도 추진된다. 사드문제로 미뤄졌던 서산 대산항과 중국 룽옌항 간 카페리호 취항도 눈앞에 다가와 있는 등 서산은 이미 동북아 진출을 위한 허브도시로 각광받고 있다.

서산은 이와 함께 중국인 관광객 유치를 위한 관광산업에도 일찌감치 서둘러 왔다.

서산 현대간척지를 관통하는 관광도로 개설, 간월도 관광단지 조성, 서산버드랜드 조성, 사기–정자지구 개발 계획, 서산 대산항 여객터미널공사 마무리, 시외버스 터미널 이전계획 추진, 동서간선도로 연내 마무리 등 관광도시로의 발전을 위한 큰 그림을 그려나가고 있다.

이러한 사통팔달의 교통망 구축과 관광인프라 구축이 착착 진행되는 과정에서 본다면 이제는 현대그룹 차원에서 관심을 가지고 현대의 혼이 담긴 서산을 바라봤으면 하는 바람이다.

나는 현대가의 임원들을 만나면 꼭 이런 바람을 얘기했다. 2018년 새해 초 시장실을 인사차 방문한 현대서산농장 정희찬 대표와 박찬호 현대도시개발공사(주) 대표에게도 나의 이런 생각을 힘주어 역설하며 현대그룹 상층부에 보고해주길 희망했다.

"밀짚모자를 쓴 고 정주영 명예회장이 소고삐를 잡고 북으로 향하는 모습의 초대형 동상을 세워 평화의 상징으로 삼았으면 좋겠다. 서산을 찾는 분들의 필수 코스가 될 정도로 인기가 있을 것이고, 그 앞에서 사진을 찍어 SNS에 올리면 정주영과 현대와 서산이 동시에 뜨는 일이 될 것이다"

또 이런 얘기도 했다. "세계를 놀라게 했던 정주영공법(물막이 공법)을 기릴 수 있도록 교육과 역사의 장을 조성(유조선공원)한다면 대한민국 국민의 우수성과 현대의 브랜드 가치를 높이는 효자 역할을 할 것이다"

아울러 "허름한 정주영 기념관을 재건립하거나 관광지화 했으면 좋겠다. 여기에 거북선이 그려진 500원짜리 지폐를 든 정주영 명예회장과 "이봐 해봤어?" 등을 활용해서 도전과 성취의 메카로 키워가야 할 필요가 있다.", "현대농장의 대형 사일로를 활용하여 관광자원화했으면 좋겠다"는 등의 생각을 얘기한 바 있다.

현대그룹은 이제라도 대한민국 경제성장의 거목인 정주영의 가치를 재조명하는 선양사업으로 정주영 기념관을 세우고, 대한민국의 지도를 바꾸고 소떼방북의 역사적 현장을 만들어낸 왕회장의 업적을 기리며 제2의 도약을 이뤄가겠다는 마음으로 서산지역과 동반성장하는 큰 걸음을 성큼성큼 걸어가 주길 소망한다.

웃음을 잃지 말고
희망 찾기

5

수업시간 몰래하는 수다는
끊어지지 않네.

화요일 3분 이야기 수업에
모래시계를 내리네.
그때는 모래길을
막아 놓은 것 같네.

하던 일도 멍석 깔면
못한다더니
이야기꺼리가
다 날아가 버리네.
– 정석임 〈3분 모래시계〉

이 시는 마을학교를 통해 한글을 깨치신 81세 할머니의 글로, 2017년 9월에 있었던 제12회 서산시 평생학습발표회 문해백일장 작문부문 대상 수상작이다.

평생 글을 모르고 살다가 한글을 읽고 쓰게 되었을 때의 기쁨은 이루 말할 수 없었을 것이다.

작품에는 수업시간에 짝꿍과 몰래 수다를 떠는 모습이며 3분 말하기 때 긴장하는 모습이 생생히 그려져 있다. 백발에 주름이 더 많은 얼굴이 되었지만, 소녀시절 미처 다 피워 보지 못했던 감성과 수줍음이 그대로 묻어난다.

나는 아무리 급한 일이 있어도 마을학교 입학식과 졸업식에는 꼭 참석하려고 노력한다. 우리 부모님들께서 어떻게 살아오셨고 어떠한 헌신과 희생으로 지금의 대한민국을 일구었는지 잘 알고 있기 때문이다.

또 다른 시 한 편을 소개한다.

어린 시절
내 동생 공부시키려고
나는 글을 못 배웠네.

자식 낳고 살면서
글을 못 배운 것이 후회되어
글을 배우게 되었네요.

동생한테 글 배우러 다닌다 하니
언니 미안해 하고 말하네요.
나는 괜찮아 했네.
왜냐하면 지금 나는 행복하니까.
  － 안종예 〈내 동생〉

이 시 역시 2017년 문해백일장 작문부문 최우수상 수상작이
다. 무슨 더 긴말이 필요하겠는가. 눈물이 나오려고 하는 걸 겨
우 참았다.

나는 보편타당한 복지, 혜택이 고른 복지를 위해 많은 노력을
기울이고 있다. 특히 어린이와 청소년, 어르신, 여성, 장애인
등 사회적 약자에 대한 보호와 배려에 더 많은 관심과 지원을
늘려나감으로써 '지금 나는 행복하니까'라는 희망을 선물하고자
한다.

그림: 안남숙

실질적으로
도움을 주는 복지

"어려운 일을 나서서 먼저 한다.(先難後獲)"

– 공자 –

　복지사업이 활기를 띤다는 말은 상대적으로 지역의 사회경제적 여건이 그리 좋지 못하다는 역설적인 뜻도 일부 포함하고 있다. 또한 아무리 복지서비스가 다각화되고 촘촘해진다 하더라도 복지의 사각지대는 어디서든 나타날 수 있다.

　2014년 2월에 있었던 '송파 세 모녀 자살사건'을 기억할 것이다. 이 사건은 송파구에 살던 세 모녀가 큰딸의 만성질환과 어머니의 실직으로 생활고에 시달리다 "정말 죄송합니다!"라는 메모를 남기고 자살을 한 사건이다. 이들은 전 재산인 현금 70만 원을 집세와 공과금으로 남겨둔 채 번개탄을 피워 세상을 등졌다.

　뉴스를 접한 많은 사람들은 경제성장에 가려졌던 우리 사회의 어두운 단면을 접하고 안타까움을 토로하는가 하면 이들을 제대로 살피지 못한 정부를 향해 쓴소리를 쏟아내기도 했다.

　다가올 4차 산업혁명 시대는 지금까지 인류가 겪었던 그 어떤 변화보다 더 많은 변화가 일어날 것이다. 인공지능이 인간을 대신해 주문을 받고 기계를 돌리며 그림을 그리고 시를 쓰게 될 것이다. 이런 세상에서 인간이 할 수 있는 일은 무엇일까? 누군가에게 무엇을 할 수 있거나 없다고 낙인을 찍고 색안경을 끼고 보던 편견이 결국 나에게로 돌아오는 세상이 될 것이다.

브라이언 코페이 뉴질랜드 장애지원처 국장은 최근 한 국내 신문과의 인터뷰에서 "장애인 복지를 '포용적 성장'의 관점에서 바라봐야 한다"고 주장했다. 즉, 인간의 수명이 길어지면서 누구나 미래에 장애를 가질 확률 역시 그만큼 높아진다는 것이다. 그렇다 보니 복지는 더 이상 내 것을 남에게 퍼주는 의미가 아니라 미래에 대한 투자의 의미로 이해해야 한다는 것이 그의 주장이다. 상당히 일리 있고 설득력 있게 다가온다.

이처럼 복지의 중요성이 강조되는 상황에서 어떻게 소외계층 없이 골고루 복지혜택을 누리게 할 것인가 하는 것은 정치적 성향에 관계없이 국정이나 시정을 이끌어가는 모든 리더들에게 공통적인 숙제가 아닐 수 없다.

따지고 보면 시정의 궁극적인 목표도 시민의 행복한 삶이라 할 것이다. 나는 서산시 발전을 위한 모든 노력들이 시민 삶의 질 향상과 행복체감도를 높이는 방향으로 진행될 수 있도록 노력을 아끼지 않을 것이다.

복지 사각지대를 없애라

복지는 사각지대 없이 그 혜택이 모든 이에게 골고루 돌아가야 한다. 그동안 서산시는 민관이 협력해 전수조사 및 특별조사를 벌이는 등 여러 가지 방법으로 복지 사각지대에 놓인 가구들을 발굴해 왔다. 부양의무자 기준에 적합하지 못해 탈락하거나 지원이 중단된 가구들에 긴급지원도 해주고 생활보장심의위원회 심의를 통해 공공지원을 받게 하거나 민간지원을 연결해주기도 했다.

특히 동절기에는 더욱 많은 관심을 기울였다. 이를 위해 이·통장, 복지위원 등 민간부문과 함께 위기가정 방문상담을 실시하고 노인안전돌보미 시스템과 노-노 안전순찰대를 통해 독거노인의 안전과 건강을 챙겼다.

2015년 2월, 생계 및 신병을 비관한 자살이 잇따르자 복지대상자 발굴을 통해 사회안전망을 강화하기 위해 '행복나눔지원단' 발대식을 가졌다. 220명의 민·관연합 단원으로 구성된 지원단은 폐지 줍는 노인이나 가스·전기 요금이 연체된 가구 등을 중심으로 도움이 필요한 복지대상자를 발굴하고 모니터링했다.

같은 해 11월에는 사회보장 심의·자문기구인 '서산시 지역사회복지협의체'를 '서산시 지역사회보장협의체'로 명칭을 변경했다. 사회보장 패러다임의 변화와 협의체의 역할이 확대된 점을 반영해 주거 및 교육 분야까지 협의체의 영역을 확대하고 발전 방향에 대한 역량교육도 실시했다.

이렇게 해서 새로 구성된 서산시 지역사회보장협의체는 보장협의체, 실무협의체, 실무분과, 행복나눔지원단을 총괄하고 복지대상자 발굴 및 지원, 연계사업을 활발히 펼치고 있다.

2016년 1월에는 '행복키움지원단'이 복지 사각지대 제로화를 목표로 본격 출범했다. 복지 이·통장과 행복나눔지원단, 좋은 이웃들, 사회복지관 및 서비스제공기관과 연계한 인적안전망으로 사람이 사람을 찾아 도와줄 수 있게 된 것이다. 이들이 발굴한 위기가정은 경제적·정서적 서비스를 지원받게 되는데, 현재까지 수백 가구에 생계비 및 의료비, 연료비 등을 지원했고 난방유와 이불, 전기장판, 겨울 내의 등을 지원받은 가구도 수백 가구에 이른다.

2016년 2월에는 민간단체와 복지소외계층 지원을 위한 업무협약을 체결해 민·관 협력 복지네트워크를 구축했고, 같은 해 12월에는 '읍·면·동 복지허브화사업'을 위해 해미면과 수석동에 맞춤형 복지팀을 신설했다. 맞춤형 복지팀에서는 복지사각지대 발굴을 비롯해 찾아가는 복지상담, 통합사례 관리, 민관협력사업 등을 담당했다. 이를 시작으로 서산시는 2017년 6월 말 모든 읍·면사무소와 동주민센터의 명칭을 '행정복지센터'로 바꾸었다.

2017년 4월부터는 매주 목요일을 '위기가정 발굴의 날'로 정하고 읍·면·동 직원이 어려운 가정을 방문해 복지수요를 집중 조사하는 '위기가정 지키기 틈새 프로젝트'를 운영하고 있다. 또한 지역 기관단체에 복지소외계층을 연결시켜 도움의 기회를 주는 '1:1 한가족 손잡기 결연'도 호응을 얻고 있다.

서산우체국 등 6개 기관단체와도 업무협약을 맺어 협력체계를 구축함으로써 민·관에서 각자 가지고 있는 자원을 최대한 활용해 맞춤형 통합서비스를 제공하는 것이 가능해졌다.

황금빛 톡톡(TalkTalk!)

복지의 외형적 확대보다 더 중요한 것이 질적인 욕구 충족일 것이다. 서산시는 맞춤형 복지 실현을 위한 지역사회복지계획을 수립하기 위해 사회·경제적 실태, 복지서비스 만족도, 복지 수요 등 '주민 복지욕구 조사'를 실시함으로써 복지시책의 큰 그림을 그리고 있다.

전국 최초 확장형
고용복지플러스센터 개소

"리더란 희망을 나눠주는 사람을 말한다."
– 나폴레옹 –

휴가철이면 워터파크의 인기가 대단하다. 워터파크에 가면 아이들이 시원한 물놀이와 함께 여러 가지 놀이기구를 마음껏 골라서 이용할 수 있고 어른들도 온천과 사우나를 오가며 피로를 풀 수 있다. 외부에 나가지 않고도 안에서 기호에 맞는 식사도 할 수 있다.

이처럼 워터파크는 고객의 편리성에 우선을 두고 모든 것을 한 번에 해결할 수 있게 운영된다. 이것이 비록 치열한 시장경쟁에서 살아남고 이윤을 창출하기 위한 기업의 노력일지라도 우리 행정이 본받아야 할 부분이 있다면 본받아야 한다고 생각한다.

2013년 12월, 정부의 제5차 사회보장위원회에서는 국민의 입장에서 고용과 복지를 연계하는 방안이 논의되고 여러 가지 추진방안이 모색됐다. 어떤 기관이 어떤 서비스를 제공하는지 알기 어려워 일일이 여러 기관을 돌아다니며 찾아다녀야 하는 국민의 불편함을 해소하자는 취지였다. 정부는 외국 사례연구 등을 통해 경기도 남양주시를 시작으로 워터파크와 같은 행정서비스 체계를 출범시켰다. 그 결과 부산 북구, 구리, 천안에 이어 2014년 7월 21일 우리 서산시에도 전국에서 5번째로 고용복지플러스센터가 문을 열었다. 개소식에는 이기권 고용노동부장관, 문형표 보건복지부장관, 김희정 여성가족부장관, 신제윤 금융위원장, 이성호 안전행정부 제2차관, 김희범 문화체육관광부 제1차관 등 6개 중앙부처 장·차관을 비롯해 안희정 충남지사와 김제식 국회의원, 기타 많은 각 사회단체장들이 참석하여 센터 개소의 의미와 가치를 높여주었다.

중앙호수공원 인근 빌딩에 자리 잡은 고용복지플러스센터는 그동안 각 기관에서 수행하던 일자리 업무를 한곳에서 통합적으로 제공하게 되었다. 기초생활보장, 긴급복지 등 복지서비스 전반에 대한 상담 및 신청 등도 한자리에서 통합적으로 이루어지고 저금리 자금, 신용회복 지원, 불법사금융피해 상담 등 서민금융서비스와 취업상담, 직업훈련까지 원스톱으로 받을 수 있게 된 것이다.

실직으로 실업급여를 받으러 온 중년남성은 실업급여를 받고 여러 취업기관에서 제공하는 취업정보를 얻어 빠른 시간에 재취업을 노릴 수 있다. 전업주부나 경력단절여성은 고용센터 내에 마련된 직업교육을 통해 취업이 한층 수월해진다. 아울러 높은 대출이자 때문에 어려움을 겪던 서민들은 고용복지플러스센터 내에 있는 서민금융지원센터에서 낮은 이자로 전환 받을 수 있다. 구직자가 없어 인력난을 겪거나 신규 입주로 많은 인원의 직원을 채용해야 하는 기업들도 혜택을 누릴 수 있다. 직종에 적합한 인력정보를 한곳에서 제공받아 보다 수월하게 필요한 인재를 뽑을 수 있기 때문이다. 구인구직 등 혼자 고민했던 부분들을 이곳에 와서 상당 부분 해소하기 때문에 매우 효율적이고 경제적인 곳이라 할 수 있다.

특히, 서산고용복지플러스센터는 전국 최초의 확장형 모델로 고용과 복지 외에도 생활문화센터까지 갖추고 있다. 센터 이용자와 지역주민, 동호인들이 북카페, 음악감상실, 전시문화공간까지 이용하며 문화와 여가를 즐길 수 있는데, 예약이 늦으면 이용이 어려울 정도로 큰 인기를 끌고 있다.

그러나 고용복지플러스센터가 들어서는 과정이 순탄했던 것만은 아니다. 지역여건이 달랐고 부처의 입장 차이도 있었다. 하지만 나는 당시의 안전행정부와 고용노동부에 적극적으로 유치의사를 피력하고 담당자들을 설득해 결국 목표를 달성했다. 안전행정부 이정민 과장과 보령고용노동지청 김효순 지청장의 도움이 컸다. 이들의 도움으로 지방과 중앙, 부서 간의 벽을 허물고 통합적 행정서비스 및 개인 맞춤형 서비스를 제공하여 개방과 공유, 소통과 협력이라는 가치를 이뤄낸 것이다.

서산고용복지플러스센터를 이용하는 시민들에게는 다양한 사연이 있다. 그중 하나를 소개하면, 지적장애 2급 딸을 둔 40대 A씨 부부가 모두 실직을 하자 고용복지플러스센터를 찾아온 일

서산 고용복지플러스센터 개소식

이 있다. 상담을 통해 센터는 A씨 부부가 5개월간 월세를 내지
못해 쫓겨날 처지라는 사실을 알았고 이 사실을 서산시에 알려
긴급지원 생계비 100만 원을 지급받을 수 있도록 도왔다. A씨
부부는 고용복지플러스센터를 통해 위기를 기회로 바꿈과 동시
에 남편이 관내 사회적기업에 취업하는 기쁨까지 누리게 됐다.

　원스톱 서비스뿐만 아니라 법무부 소속 변호사가 상주하면서
어려운 시민들을 위해 무료 법률상담까지 해주니 시민들의 이용
률도 증가했다. 그러자 세종시, 충주시, 고창군 등 전국의 많은

지방자치단체가 서산고용복지플러스센터를 벤치마킹하며 롤모델로 삼고 있다.

우수사례로 청와대에 보고되다

이러한 성과들로 2015년 말에는 서산고용복지플러스센터의 사례가 청와대에서 열리는 국정핵심과제 성과보고회 우수사례로 보고됐다. 전국 최초의 확장형 고용복지플러스센터로 주목받아온 서산센터는 고용·복지·문화가 어우러진 정부3.0의 대표 모델이기도 했기 때문이다. 당시 전국 24개 센터 중 우수사례로 청와대에 보고된 것은 서산센터가 처음이었다.

지방 4년제 대학을 나와 서울에서 직장을 다니던 K씨의 사례도 청와대 보고에 포함됐다. K씨는 뇌졸중을 앓고 있는 아버지를 모시기 위해 고향 서산으로 내려오려 했지만 쉽지가 않았다. 안정적인 일자리를 구해 경제적인 문제를 해결하는 게 급선무였던 K씨는 각종 포털사이트와 구인구직사이트, 생활정보지를 매일같이 살피고 지인에게 부탁도 했지만 소용이 없었다. 그러다가 서산고용복지플러스센터 채용박람회에 참여해 자동차용품 생산업체에 취업해 아버지를 모실 수 있게 됐고 병의 호전도 기대할 수 있게 되었다. K씨는 "서산센터를 통해 직장을 얻어 아버지를 고향에서 모실 수 있게 됐다"며 감사의 뜻을 밝혔다.

서산고용복지플러스센터는 기대대로 사회적 약자들에게 든든한 버팀목이 되어 주었다. 개소 3개월 만에 1,000명이 넘는 인원이 취업에 성공했고, 첫해 1년 동안 1만 700여 명이 새 일자리를 찾았다. 고용복지플러스센터 내에 있는 여성새로일하기센터(일명 '새일센터'), 일자리 종합센터, 서산교육센터 등도 기대 이상의 성과를 거두고 있다.

한 공간에서 일한다고 해서 다 통합이고 다 협업이라고 말할 수는 없다. 구성원들 마음의 통합이 선행돼야 하고 진심 어린 협업이 이뤄져야 시민의 입장에서 문제를 해결하려는 열정과 노력이 빛을 발하게 될 것이다. 그래야만 비로소 고용복지플러스센터라는 이름처럼 시너지효과를 창출하고 복잡한 행정의 통합과 원스톱 서비스 제공이라는 서비스혁신이 다른 분야에까지 확산될 수 있다. 그리고 그것이 진정한 통합이고 진정한 협업인 것이다.

황금빛 톡톡(TalkTalk!)

청년층 고용절벽이 사회적으로 큰 이슈가 되고 있다. 그들의 꿈과 미래를 실질적으로 열어주는 것은 현실적으로 '일자리'가 가장 큰 열쇠일 수밖에 없다. 서산시 역시 청년구직자에 대한 지원, 민간 청년 일자리창출 지원, 비정규직 청년들의 취업기회 확대 등 청년일자리 사업 확대를 위해 노력하고 있다.

여행만사성
女幸萬事成

여행만사성女幸萬事成이라는 말을 들어봤는가? 여성과 관련한 말을 할 때 나는 가화만사성家和萬事成에 빗대 곧잘 이렇게 표현한다. 여성이 행복해야 만사가 행복해진다는 의미로 쓰는 말이다.

성性에 대한 고정관념! 이것은 여성의 사회적 참여를 방해하는 것으로 반드시 타파하고 깨어져야 할 견해차다. 이를 뛰어넘지 않고서는 성숙된 사회로 진입하기는 어렵다. 우리나라는 예로부터 여성을 사회로부터 철저하게 고립시킨 봉건적 사상이 지배하여 왔다. 남편에게 철저히 순종하는 것이 미덕이었고 열부烈婦라고 칭송받았다. 만약 그 테두리를 벗어나면 온갖 지탄과 뭇매를 맞아야 했다.

일자리, 결혼, 육아, 노후 문제 등은 모두 만만치 않은 것이 현실이다. 그 속에서 여성의 권익 증진은 필요하며 여성 참여를 늘리고 혜택의 분배를 보장해 일상생활에서 차별 없이 살아가는 양성평등의 사회를 만들어 가야 한다. 여성은 배려받아야 한다.

서산시는 2016년 12월, 여성가족부로부터 '여성친화도시'로 지정되었다. 여성친화도시란 지역정책과 발전과정에 남녀가 동등하게 참여하고 그 혜택이 모든 주민에게 고루 돌아가면서 여성의 성장과 안전이 구현되도록 하는 도시를 말하며 여성가족부에서 공모한다. 여성친화도시에 선정되면 5년간 여성친화도시의 지위를 유지할 수 있는데, 현재 충남에는 아산, 보령, 태안, 홍성, 논산, 당진이 지정돼 있다. 여성친화적 문화는 세계적 트렌드로서 서산의 위상을 높이는 중요한 기회가 될 것이다.

서산시는 여성친화도시로 선정되기 위해 지역적·경제적 여건을 충분히 고려한 종합적이고 체계적인 전략으로 접근했다. 우선 관련 조례를 제정하고 타 지자체의 모범사례도 벤치마킹했다. 주민지원국장을 단장으로 하는 태스크포스팀을 구성해 사업추진 성과에 대한 점검과 평가도 실시했다. 포커스 그룹회의와 서포터즈 워크숍 개최 등을 통해 시민의 다양한 의견을 수렴했고 여성친화적 문화를 확산시키고자 노력했다.

특히 4,000만 원의 예산을 들여 여성친화도시 중장기계획 연구용역도 실시했다. 이 용역에서는 서산의 지역적 특성과 주민 요구조사 등을 실시하여 서산시가 추구해야 할 비전 및 전략목표를 설정했다. 또한 각 분야 여성인재를 발굴해 정책결정과정에 참여시키는 여성인재풀을 운영하고 시민과 여성단체 등을 대상으로 지속적인 교육도 실시했다. 그 결과 여성과 소통하고 공감하는 도시로 거듭나게 되었다.

서산시는 2017년부터 2021년까지 지역정책과 발전과정에서 여성과 남성이 평등하게 참여하도록 하고, 여성의 역량이 강화되고 돌봄 및 안전이 구현되도록 여성친화도시로서 다양한 정책을 추진해 나갈 것이며, 이 같은 움직임을 이후로도 계속해 나갈 것이다.

'여행만사성女幸萬事成'을 위해서!

경력단절 여성의 재취업을 돕다

서산고용복지플러스센터 내에는 임신, 출산, 육아 등으로 경력이 단절된 여성의 재취업을 돕는 '여성새로일하기센터(이하 새일센터)'가 자리하고 있다. 경력단절여성들은 이곳 새일센터를 중심으로 체계적이고 종합적인 취업지원을 받을 수 있다. 취업상담에서부터 교육훈련, 동행면접, 사후관리까지 원스톱서비스를 받을 수 있고 기업체의 수요에 맞는 맞춤형 직업훈련과정도 제공 받는다.

자동차부품 조립 전문가, 단체급식 조리기능사, 전산회계 전문가, 어린이 영어지도사, 전래놀이 지도사, 주산 지도사 등 여러 교육과정이 운영되고 있는데, 그중에서도 자동차부품 조립과정은 자동차전문산업단지 내 기업체에서 필요로 하는 맞춤형 기능인력 양성과정으로 100%에 가까운 취업성공률을 보이고 있다. 전산회계 2급 자격증, 컴퓨터활용능력 2급 자격증 등 5개 자격증 취득과정도 수료생의 80%가 넘는 인원이 전문자격증을 취득하고 이를 발판으로 60%가 넘는 취업률을 나타내고 있다.

2017년에는 충남 최초로 '호텔룸메이드 실무 양성과정'을 개설했다. 새로 문을 열 '베니키아 호텔 서산'과 여성친화일촌기업 협약을 맺고 기업맞춤형 프로그램으로 개설된 것이다.

뿐만 아니라, 새일센터는 취업 후에도 안정적으로 직장생활을 할 수 있도록 취업자 만남의 날, 멘토링 프로그램, 밑반찬 지원 등 사후관리에도 힘을 쏟고 있다.

취업설계사와 전문상담원이 대형마트나 기업체, 아파트단지 등을 방문해 구인·구직상담을 해주거나 취업을 알선해 주는 '찾아가는 취업지원 서비스'를 펼치기도 한다. 매월 4회 운영하는 이동상담실은 구직자들에게 큰 호응을 얻고 있다.

여성취업박람회도 매년 규모를 확대해 개최하고 있고 '구인·구직 만남의 날'도 정기적으로 여는 등 취업연계활동 문화 확산을 위해 꾸준한 노력이 이어지고 있다.

2015년부터는 '여성 인턴제'도 실시하고 있다. 경력단절여성과 결혼이민여성들에게 직장체험 기회를 제공함으로써 취업 후 직장에 잘 적응할 수 있도록 돕는 프로그램이다. 새일여성 인턴과 결혼이민여성 인턴을 모집해 여성 인턴을 채용하는 기업에는 1인당 300만 원 한도 내에서 장려금을 지원한다. 인턴 참여 대상자는 새일센터 구직을 등록한 미취업 여성 중에서 소정의 심사과정을 거쳐 선정하는데, 여성 인턴제는 여성구직자의 능력개발뿐만 아니라 여성인력에 대한 편견을 해소하는 데 크게 기여하고 있다.

여성친화도시 일촌기업 협약식, 고용복지플러스센터

　서산시는 또 여성친화적 기업문화 확산을 위해 관내 기업과 여성친화기업 일촌 협약을 맺는 등 여성이 일하기 좋은 사회적 분위기 조성에도 앞장서고 있다. 협약을 체결한 기업에는 여성 친화 일촌기업 현판이 주어지고 기업환경 개선금 및 여성 인턴 지원 등의 인센티브가 제공된다. 기업들은 여성인력 채용과 모성보호, 양성평등 실현에 기여하게 될 것이다.

　2017년 12월 기준으로 93개 기업과 여성친화 일촌기업 협약을 맺었고 지역 내 다양한 기관과 취업정보 제공을 위한 네트워크도 구축해 나가고 있다.

　새일센터는 2014년 7월 서산고용복지플러스센터에 입주한 이후 2015년 1,020명, 2016년은 1,350명, 2017년은 12월 말 현재 1,471명의 여성에게 새로운 취업의 길을 열어주는 등 여성 재취업의 전당으로 자리를 잡았다. 그 때문에 새일센터는 2년 연속 충남도 최우수기관으로 선정돼 도지사 표창을 받았다.

서산시는 앞으로도 취업을 희망하는 여성들이 원하는 분야에서 마음껏 능력을 발휘할 수 있도록 교육 프로그램과 취업지원 서비스를 대폭 확대하고 일과 가정이 함께하는 사회분위기 조성에도 노력을 아끼지 않을 것이다.

육아종합지원센터 유치

어른들이 우스갯소리로 하는 말 중에, "애를 볼래, 아니면 밭에 나가 김을 맬래?" 하면 김을 맨다고 한다는 말을 들어본 적이 있을 것이다. 이처럼 육아는 여성의 가장 큰 고민거리 중 하나이다. 여성취업이 늘어나고 있는 상황에서 안심하고 아이를 키울 수 있는 환경이 마련돼야 출산율도 높아진다는 것은 당연하다.

서산시는 부모가 안심하고 아이를 맡길 수 있는 보육환경 조성을 위해 행정력을 집중하고 있다. 어린이집 통학차량 승·하차 보호기 및 후방카메라 설치비를 지원했고, 농어촌지역의 노후된 국·공립 어린이집의 안전시설을 전면 개·보수했다. 또 맞춤형 보육을 위해 직장어린이집 3개소도 신규로 개설했고 시간 단위로 이용할 수 있는 시간제 어린이집과 공공형 어린이집 및 열린 어린이집도 지속적으로 확대해 나가고 있다.

아동학대 예방을 위해 관내 모든 어린이집에 설치된 CCTV 운영실태도 일제 점검했고 관내 모든 초등학교에 CCTV를 설치해 안전한 학교 만들기도 추진하고 있다. 또 보육전문가와 학부모를 포함한 모니터링단을 구성해 급식, 위생, 안전 분야에 대한 지원과 점검도 강화하고 있다.

어린이집 교직원의 처우 개선비도 월 13만 원~16만 원으로 충남도 내 최고액을 지원하고 난방비도 40만 원~120만 원을 지원하고 있다.

2017년에는 아이 기르기 좋은 보육환경 조성을 위해 467억 원을 투입해 39개 보육사업을 추진했다. 쾌적하고 안전한 보육환경 조성을 위해 기능보강사업 대상지를 20개소에서 24개소로 확대하는 등 보육환경 개선에 적극 앞장서고 있다. 어린이집 평가인증에 참여하는 모든 어린이집에는 평가인증 수수료를 지급하며 평가인증 어린이집 127개소에는 최대 30만 원까지 냉·난방비를 지원하고 있다. 이와 함께 어린이집 이용 아동의 연령에 따라 22만 원에서 43만 원까지 보육비를 지원하며 가정양육 아동은 연령에 따라 10만 원에서 20만 원까지 양육수당을 주고 있다.

2017년부터는 아이돌봄서비스인 '영아종일제서비스' 대상아동 연령을 기존 만 24개월에서 만 36개월 이하로 확대했다. 이번 서비스 확대로 영아종일제는 만 3개월 이상~만 36개월 이하, 시간제 돌봄은 만 3개월 이상~만 12세 이하까지 이용할 수 있게 됐다. 이용요금도 소득수준에 따라 차등적으로 지원하고 요금납부방식도 카드결제를 도입해 편리를 더했다.

특히, 서산에 육아종합지원센터를 유치한 것은 2017년에 이룬 큰 성과 중 하나다. 서산·태안지역구 성일종 국회의원의 도움도 컸다. 서산시는 그동안 전문가 정책자문을 시작으로 시민 설문조사, 보건복지부 방문 등 육아종합지원센터 유치를 위해 많은 노력을 기울여 왔다. 그 결과 2017년 12월 1일 서산시 육아종합지원센터 유치가 최종 확정됐다. 2018년부터 2019년까지 2년간 총사업비 40억 원을 들여 완공될 육아종합지원센터는 연면적 1,500㎡에 지상 3층 규모로, 부모상담, 영유아 발달검사, 시간제 보육 등 가정양육 및 어린이집 지원, 체험교실 운영 등 각종 프로그램을 운영할 계획이다.

기업입주가 이어지고 도시 인프라 확충으로 서산시 인구가 지속적으로 증가하고 있는 상황에서 종합적인 육아지원 거점기관인 육아종합지원센터의 유치는 '아이 낳기 좋고 아이 키우기 좋은 서산'을 위한 구심점 역할을 할 것으로 기대된다.

다문화가족 지원 사업

우리나라에 다문화가족이 크게 증가하고 있는 추세다. 시산시에 거주하고 있는 다문화가족은 2017년 말 기준 1,200가구에 이른다. 서산시 농촌지역 결혼한 부부 5쌍 가운데 2~3쌍이 다문화가족이라 할 정도다. 이들의 정서적 안정과 공동체의식 확산을 위해서 노력해야 할 부분이 많은 게 사실이다.

서산시는 다문화가족지원센터를 통해 어려움을 겪고 있는 결혼이주여성들을 돕기 위해 한국어교육, 가족교육, 인권교육, 사회통합교육 등 다양한 프로그램을 운영하고 있다. 특히, 국적취득을 돕기 위해 국적취득 대비반을 운영해 이주여성들에게 큰 호응을 얻고 있다.

국적취득 대비반은 한국어교육, 면접교육, 기본소양교육 등 실무위주의 맞춤형 과정으로 마련되었는데, 한국역사와 문화, 애국가 제창, 기본질서법규 등 혼자서 준비하기 어려운 내용을 중심으로 강좌를 구성해 결혼이주 여성들에게 큰 도움이 되고 있다는 평이다.

또 서산시 다문화가족지원센터에서는 다문화가족의 일자리 창출 및 취업·창업 지원을 위해 2016년 11월 동문동 먹거리골에 아시아음식 전문점 '아시안-쿡'을 개점했다. 센터에서 1년간 준비하고 서산시와 한화토탈에서 지원한 1억 3,000여만 원을 투입해 지상 1층 규모로 만들었는데, '아시안-쿡'에서는 이주민 토속음식경진대회에서 우수상을 받은 팀이 직접 요리한 쌀국수를 비롯하여 팟타이, 탕수육, 닭개장 등 한국, 베트남, 태국, 중국의 전통음식을 맛볼 수 있다.

새일센터에서도 2017년부터 결혼이주여성 20명을 대상으로 '결혼이민 아시안-쿡 전문가 양성과정'을 개설해 자격증을 취득할 수 있도록 지원해 20명 전원이 수료, 이 중 3명이 조기 취업에 성공했다. 새일센터는 20명 전원에 대한 취업지원은 물론 취업 후에도 고용유지를 위한 네트워크 구축, 정기적인 상담과 교육 등 사후관리도 실시할 계획이다.

나는 결혼이주여성이 우리나라에 성공적으로 정착해 완전한 우리 사회의 구성원으로서 제 역할을 성실히 수행할 수 있도록 모든 노력과 지원을 아끼지 않을 것이다.

다문화 가족들이 운영하는 아시안쿡 개소식

황금빛 톡톡(TalkTalk!)

여성이 행복하고 아이들이 안전해야 행복도시라 할 수 있다. 여성들이 매력을 느끼며 만족감을 가지고 살아갈 수 있는 사회가 되어야 하다. 불완전한 시설이나 시스템들을 꼼꼼히 정비해 나가고 있다. 이런 세심한 관심만이 흉악해진 사회 속에서 사회적 약자들을 보호하는 안전망이 될 것이다.

더불어 잘 사는
서산

"백성은 가난에 분노하기보다는 불공정에 분노한다.
(不患貧 患不均)"

− 논어 −

예일대학의 심리학자 주디스 로딘Judith Rodin은 한 요양원에서 65~90세의 노인들을 대상으로 한 가지 연구를 했다. 취미활동으로 화초를 키우는 프로그램을 만들어 참가자들을 둘로 나누었다. 한 집단은 화초에 직접 물을 주고 거름도 주는 등 주체적인 활동을 하게 했고, 다른 집단은 요양원 직원들이 화초를 가꾸는 모습을 옆에서 바라보게만 했다. 결과는 놀라웠다. 스스로 화초를 가꾼 노인들이 그렇지 않은 노인들에 비해 행복도와 자존감, 건강상태 등 다양한 지표에서 적게는 10%에서 많게는 50%까지 높게 나타난 것이다.

어르신들에게 일자리는 최고의 복지다. 서산시는 노인인구가 급격히 증가하고 있는 시점에서 어르신들에게 맞춤형 일자리를 제공함으로써 사회참여 기회를 확대하고 이를 통해 노인문제도 해결해 나가는 방향으로 노인복지를 진행하고 있다.

이를 위해 2017년 45억 원을 들여 노-노케어사업, OK6070 아파트택배사업, 서산사랑 환경지킴이사업, 경로당 도우미사업, 스쿨존 교통지킴이사업, 보육교사 도우미사업, 해미읍성 활성화사업 등 29개의 사업을 추진하고 있다. 참여인원은 2016년 대비 89명이 증가한 2,014명으로, 저소득층 노인의 실질적 소득보장을 위해 65세 이상 기초연금수급자 중에서 인원을 선발해 일자리를 제공하는 방식으로 진행하고 있다.

서산시에는 노인 일자리사업을 전담하는 '시니어클럽'이 있다. 시니어클럽은 2010년부터 폐현수막 재활용, 스쿨존 교통지킴이, 아파트 택배사업 등 16개 사업을 발굴해 노인 일자리 창출에 크게 기여하고 있다.

이 같은 노력에 힘입어 서산시는 2016년 보건복지부에서 평가하는 노인 일자리사업 평가에서 3년 연속 우수기관으로 선정돼 1,100만 원의 인센티브를 받은 바 있다. 또 '2016년 한국시니어클럽협회 연차 표창대회'에서 우수지자체상을 받았고, 2017년 12월에는 한국노인인력개발원(원장 최성재) 표창을 받기도 했다.

어르신들이 행복한 세상을 위해

서산시는 경로당 활성화시책도 적극 추진하고 있다. 어르신들의 대표적인 여가시설인 경로당의 역할이 날로 중요해지고 있기 때문이다. 관내 경로당 375곳에 운영비 및 난방비 등을 지원했고 냉장고와 TV, 건강기구 등 소요물품을 제공해 어르신들의 편의를 도모하고 있다. 또 낡고 오래된 경로당은 신축 및 개·보수를 실시하고 충남도 최초로 전체 경로당에 대한 종합보험을 가입했을 뿐만 아니라 친환경 세제도 보급하고 있다.

경로당은 물론 관내 모든 노인이용시설을 종합보험에 가입시켰는데 마을회관과 분회사무실, 노인공동생활체 등 405곳이다. 또한 경로당 146개소에 요가, 수지침, 노래교실 등 경로당 활성화 프로그램을 보급하고 행복경로당 15개소를 운영해 어르신들이 즐겁게 노후생활을 영위할 수 있도록 힘쓰고 있다.

노인사회활동지원사업도 큰 호응을 얻고 있다. 이 사업은 환경정비, 청소 등 단순한 일자리 제공 측면보다 어르신들이 일을 통해 보람을 느끼고 사회참여를 통한 자존감을 일깨울 수 있도록 하는 데 초점을 두고 추진하고 있다.

음악, 미술, 무용 등에 소질이 있는 어르신들이 복지시설에 재능을 기부하는 실버예술단과 실버교육단이 좋은 반응을 얻고 있고, 지역기업과 연계한 중간제조사업과 천연비누 제조사업 등은 만족도가 상당히 높다. 노인들이 직접 만든 천연비누와 손두부, 친환경 감자와 방풍나물은 입소문을 타고 큰 호응을 얻으며 수익을 쌓아가고 있다.

국가유공자 보훈복지 '전국 최고'

우리나라가 지금의 눈부신 경제성장을 이루며 잘 살고 있는 것은 나라를 위해 헌신한 많은 국가유공자들이 있었기 때문이다. 나는 늘 국가유공자와 유가족들에 대한 감사한 마음을 잊지

해 뜨는 서산

박희모 6·25참전유공자회 중앙회장으로부터 감사패를 받는 모습

말아야 한다고 강조한다. 그런데 요즘 학생들 중에는 6·25가 무엇인지조차 모르는 아이들이 많다는 소식을 접할 때마다 참으로 안타까운 심정이다.

서산시는 국가유공자에 대해 전국 최고의 예우를 하고 있다. 2014년부터 월 10만 원씩 지급하던 참전명예수당을 2016년부터는 월 20만 원으로 인상해 1,200여 명에게 지급하고 있는데, 전국 지자체 중 가장 높은 금액이다. 또 10만 원의 생일축하금도 별도로 지급하여, 참전유공자의 명예를 선양하고 시민들에게 나라사랑 정신을 심어주고 있다.

2017년에는 보훈복지를 한층 더 확대해 사망한 참전유공자의 배우자에게 복지수당 월 10만 원, 기타 유공자와 유족에게 지원되는 보훈명예수당도 5만 원에서 10만 원으로 인상해 지급하고 있고, 2018년부터는 미망인에게도 유공자 수당의 50%(월 10만 원)를 지급한다.

이와는 별개로 2016년에는 인지면 산동리 일원의 시립묘지인 희망공원을 자연친화적 장묘시설로 탈바꿈시키면서 전국 최초로 유공자묘역을 따로 조성해 타 지자체의 부러움을 사고 있기도 하다. 그 때문에 6·25참전유공자중앙회 박희모 중앙회장은 2012년 3월 7일과 2015년 3월 10일 두 차례나 시장실을 방문해 나에게 감사패를 주고 고마움을 표했다.

황금빛 톡톡(TalkTalk!)

서산시는 복지 사각지대의 축소로 시민 모두가 행복한 도시를 만들기 위해 올해도 저소득층, 노인, 장애인 등 사회적 약자에 대한 다양한 시책을 추진하고 있다. 갈수록 심해지고 있는 사회 양극화를 개선하고 이웃사랑, 나눔 실천을 위해 다각적이고 지속가능한 방안을 촘촘하게 마련하고 있다.

희망공원 내에 별도로 조성된 유공자 묘역 전경

명품 교육도시를 향해 나아가다

> "곡식을 심으면 1년 후에 수확을 하고,
> 나무를 심으면 10년 후에 결실을 맺지만,
> 사람을 기르면 100년 후가 든든하다."
>
> – 관중 –

일년수곡 십년수목 백년수인一年樹穀 十年樹木 百年樹人이라는 말이 있다. '1년을 보고 곡식을 심고, 십 년을 보고 나무를 심고, 백년을 보고 인재를 기른다'는 말이다. 중국 제齊나라 관중이 지은 관자管子에 나오는 인재관이다.

교육 백년대계百年大計라는 말도 여기서 비롯됐다. 교육에 대한 투자야말로 가장 중요한 일 가운데 하나일 것이다. 서산시는 교육격차를 해소하고 안전한 교육환경을 조성하기 위해 힘을 쏟고 있다.

나는 기회가 있을 때마다 입버릇처럼 '교육시장'이라는 말을 듣고 싶다고 말한다. 그만큼 교육의 중요성을 깊이 인식하고 있다. 관내 고등학교 학생들의 우수한 대학 진학 및 학력증진을 돕기 위해 고민을 많이 했다. 그런 고민에서 나온 것이 '사칙연산인재스쿨'이다.

사칙연산인재스쿨은 2014년에 처음 시작했다. 이는 '부족함은 더하고 어려움은 빼고 성과는 곱하고 지식은 나눈다'는 의미이며, 지역 고교생들을 위한 심화학습과정이다. 학교별로 선발된 학생들이 매주 토·일요일 오후에 4시간씩 우수한 강사진을 초빙해 심화학습을 받음으로써 학생들의 학력증진은 물론 관내 고등학교 진학유도, 학부모들의 사교육비 절감에 크게 기여하고 있다.

또 사교육비 절감과 자기주도적 학습능력 제고를 위해 중학생 6,000명을 대상으로 방과 후 온라인 학습프로그램을 운영하고 취약계층 학생에게는 장학금과 급식비, 교복구입비 등을 지원했다.

2015년에는 118억 원의 예산을 들여 인재육성과 교육기반시설 확충에 박차를 가했다. 고교생들의 잠재능력 개발을 위해 계열별 특성에 맞는 특기·적성 프로그램을 운영했고 학술·체육·기능분야에서 우수한 성적을 거둔 동아리 운영비도 일부 지원했다. 앞서 언급한 사칙연산 인재스쿨과 중학생 대상 온라인학습을 확대했으며 초·중학교 47개교에 무상급식비 지원, 유치원과 고등학교 등 50곳에 학교급식비 지원 등을 펼쳤다.

2016년에는 '1학교 1원어민교사 지원 사업'을 비롯해 동암초등학교 다목적체육관 건립, 서신교육지원청 학생수영장 리모델링 등 굵직굵직한 교육지원사업들을 펼쳤으며 학생들의 체험학습과 학부모 사교육비 완화를 위해 '지역사회 주말 행복배움터'도 확대 운영했다.

2017년에는 사칙연산 인재스쿨, 중학생 대상 온라인학습, 무상급식 및 학교급식비 지원 등을 더욱 확대했고 자유학기제 도입 중학생 진로박람회를 통해 다양한 전공과 직업을 경험해 볼 수 있는 장을 마련했다. 출판진흥원 후원으로 청소년 북−콘서트를 열었고 대입수험생 및 학부모 대상 입시설명회도 성황을 이뤘다. 특히, 서울대학교 학생들이 직접 서산으로 내려와 지역 고등학생들과 대화를 나누며 공부 노하우, 암기 비법, 고민 상담 등을 해주며 꿈과 희망을 선사한 미래인재 학교육성 사업은 큰 호응을 얻었다.

이러한 노력 덕분에 관내 고등학교에서 서울대학교를 비롯한 국·내외 유명대학에 다수 합격하는 성과를 거두고 있다.

배우지 못한 설움 풀어주셔서 감사합니다

"평생 까막눈으로 살아온 가슴속 한을 누가 알겠어. 이제 이름 석 자도 쓰고 손주들한테 편지도 쓸 수 있으니 얼마나 좋은지 몰라."

2014년 2월 서산시 해미면 양림리 마을회관에서 열린 배움교실 졸업식에서 김옥진 할머니(83)가 눈시울을 붉히며 했던 말이다. 할머니는 2010년부터 배움교실을 통해 한글을 배우기 시작해 4년 만에 감격스러운 졸업장을 받았다.

70~80대 우리네 어머니, 아버지들은 일제강점기와 6·25 한국전쟁과 같은 어려운 시절에 태어나 학교 문턱도 밟아보지 못한 분들이 많다. 당신 자신은 못 배워도 자식만은 대학까지 보

부석면 봉락1리 마을학교 졸업식, 마을회관

내야 한다는 일념으로 평생을 살아오신 분들이다. 이들을 위해
서산시는 2006년 10월부터 '찾아가는 배움교실'을 열고 배움의
기회를 놓친 어르신들을 대상으로 한글교육을 실시 해오고 있
다. 배움교실을 찾는 분들은 대부분 70대 이상의 어르신들이다.
수업을 맡았던 한 강사는 "어르신들은 비가 오나 눈이 오나 하
루도 빠지지 않고 수업에 참석할 정도로 배움에 대한 열정이 대
단하다"며 "원고지에 한 글자 한 글자 정성스럽게 써 넣는 어르
신들의 모습은 마치 한 편의 감동적인 드라마 같다"고 말한다.

　70대 노부부, 90세를 넘긴 할머니, 고부간, 동서지간이 동시

에 '마을학교'를 졸업하는 감동적인 풍경도 종종 벌어진다. 특히, 2015년에는 부석면 봉락1리에 사는 시어머니 마호순(당시 95세) 씨와 며느리 권연옥(당시 65세) 씨가 동시에 배움교실을 졸업했다. 이들은 매주 2차례 열리는 수업에 빠지지 않고 함께 참석했다. 농사일을 하며 참석한다는 것이 쉬운 일이 아니었지만 시어머니와 며느리는 서로를 응원하며 5년 2개월 만에 졸업을 하게 됐다. 처음엔 연필도 제대로 잡지 못했지만 차츰 글자를 익혀 버스도 타고 자식들 집도 찾아가는 등 평생 못 배운 한을 풀게 된 것이다.

지곡면 무장1리 배움교실 졸업식에서 정진회 어르신께 졸업장을 드리는 모습

졸업을 하는 어르신들이 하나같이 감격스러워하며 고마워하는 모습을 볼 때마다 가슴이 뭉클해진다. 배움교실 개소 이후 124개소에서 1,644명을 대상으로 교육을 실시해 2017년 말까지 79개소에서 932명이 졸업했다.

서산시평생학습센터의 '초등학력인정 문자해득교육'과 '성인문해교육 예비중학과정'을 통해서도 많은 어르신들이 배움의 한을 풀고 있다.

'마을학교'로 이름을 바꾼 배움교실뿐만 아니라 무료로 실시되는 시민정보화교육도 인기다. 컴퓨터 기초과정을 비롯해 문서작성, 엑셀 등 실생활에 활용할 수 있는 과정과 포토샵, 스마트폰 활용, 블로그 제작, 다문화가정 교육 등도 진행된다. 2청사 정보화교육장은 상시 교육이 열리며, 마을회관이나 학교 등에서 열리는 이동정보화교육은 농한기를 중심으로 진행된다. 2청사 '자격증준비반'의 경우는 학생뿐만 아니라 구직자들에게도 인기가 높은데, ITQ자격증 준비반의 경우 2015년 89%의 합격률을 보였다.

2016년에는 '제11회 도민 IT경진대회'에서 8명이 입상할 정도로 우수한 정보화실력을 뽐냈고, 2017년 '제12회 도민 IT경진대회'에서는 4개 부문에서 최우수상을 수상하는 등 서산시가 우수기관 표창을 받으면서 그동안 공들여 온 시민정보화교육이 결실을 맺는 모습을 보고 무척이나 흐뭇했다.

마을 단위 평생학습 아카데미도 호응을 얻고 있다. 주로 농한

기를 이용해 운영되는데 레크리에이션, 노래로 배우는 한글, 건강체조 등으로 주민들에게 활력과 기쁨을 선사하고 있다.

기적과도 같았던 서남초등학교 신설

서산시 예천동에 '서산 예천 효성 해링턴플레이스'(808세대)와 '대림 e편한세상 서산 예천'(936세대) 아파트가 2016년 10월과 2017년 2월 입주하면서 초등학교 문제로 한 차례 곤욕을 치러야 했다. 입주자들의 경우 초등학생과 예비 초등학생을 둔 세대가 많은데 입주를 1년여 앞둔 상태까지 초등학교 신설 결정이 내려지지 않고 차일피일 연기되고 있었기 때문이다.

서산교육지원청은 입주가 시작되면 이 두 아파트에서 640여 명의 초등학생이 유입될 것으로 전망하고, 이 두 아파트와 개발 예정인 예천2지구 도시개발(1,563세대) 등도 함께 감안해 가칭 '서남초등학교' 신설을 준비해 왔다.

그러나 서남초 설립에는 용지비와 시설비 등 총 297억 원이 필요했다. 교육부 중앙투자심의위원회는 2015년 4월 제1차 심사에서는 개교시기 조정을 이유로, 같은 해 9월 제2차 심사에서는 통학구역 조정을 이유로 두 번이나 재검토 결정을 내렸다. 상황이 이렇게 되다 보니 서산교육지원청이 준비하던 서남초의 개교시점이 점점 뒤로 미뤄졌다. 당장 초등학교 신설이 결정된다 해도 이미 입주가 예정된 아파트의 초등학생 640여 명은 최소 1년 이상을 인근의 다른 초등학교를 다녀야 하는 상황인데도 초등학교 설립은 계속 미뤄진 것이다.

이 학생들이 인근의 다른 초등학교를 다니는 것도 쉬운 일이 아니었다. 두 아파트 인근에 위치한 예천초등학교는 30학급 규모로 지어졌지만 36학급 과밀화로 운영되고 있어 더 이상 아이들을 받을 수 없는 실정이었다. 서남초등학교 예정 부지 반경 2km 안팎에 있는 5개의 초등학교 역시 대부분 인근에 아파트 신축이 진행되고 있어 이를 대비해야 해서 추가로 학생들을 받아들이기란 쉽지 않은 일이었다. 다만 구도심에 있는 서산초등학교가 학생이 줄면서 20학급 정도의 여유가 있었다. 하지만 서산초등학교로 통학하기 위해서는 대산석유화학단지 및 태안해양국립공원으로 연결되는 6차선 국도를 건너야만 했다. 이 국도는 평소에도 대형트럭과 관광버스들로 교통량이 많아 사고위험이 높은 곳이다. 여기에다 서산의 대표적인 유흥밀집지역도 지나야 해 초등학생들에게 정서적으로 좋지 않은 영향을 줄 수도 있었다. 이런 현실을 감안하지 않고 교육부 중앙투자심의위가 2차례나 재검토 결정을 내리자 서산지역에서는 서남초등학교 신설을 촉구하는 목소리가 점점 높아졌다.

효성 해링턴플레이스와 대림 e편한세상 예비 입주자 대표회의는 서남초등학교 신설 재검토가 결정된 직후 시장인 나를 비롯해 충남도교육감과 국회의원, 서산시의회, 서산교육지원청 등을 찾아 질책과 함께 도움을 요청했다. 서산시는 이에 2차례에 걸쳐 교육부장관에게 협조 요청 공문을 보내 집단민원 해소를 촉구했다. 서산시의회도 2번이나 교육부장관과 충남도지사, 충남도교육감 등에게 건의서를 제출했고 나아가 '가칭 서남초등학교 신설을 촉구하는 성명서'를 발표하기도 했다. 충남도교육청과 서산교육지원청도 교육부를 상대로 백방으로 노력했다. 서산교육지원청은 두 아파트 입주민 대표자, 서산시, 서산경찰서 등으로 구성된 '서남초 설립을 위한 TF팀'도 구성했다. 서남초등학교 신설 3차 심사를 앞두고는 한석천 서산교육장이 교육부장관과 중앙투자심의위원에게 지역민들과 학부모들의 의견을 담은 서한문을 보내기도 했다.

그러나 이 같은 노력들이 헛수고로 매듭지어지는 분위기가 감지됐다. 시장인 나로서는 그대로 보고만 있을 수 없었다.

3차 심사가 임박한 2015년 12월 16일, 나는 모든 일정을 미루고 새벽 5시에 서산을 출발하여 서울로 올라갔다. 그동안 실무적 키Key를 잡고 있는 승용배 교육부 지방교육지원국장과 이보형 지방교육재정과장에게 수차례 신설 필요성을 강조하였으나 마음이 놓이지 않아 직접 만나 설득하기 위해서였다. 이날 서울행에는 유선근 건축과장과 임창우 주무관을 대동했다. 서산시 아파트 건축계획 등을 자세히 설명하여 신설 필요성과 믿음을 심어 주기 위해서였다.

원래 나는 교육부가 있는 정부세종청사로 갈 예정이었지만, 심사 관계자들이 회의 참석을 위해 서울로 향한다는 소식을 접하고 방향을 정부서울청사로 돌려 그들을 만나 설득했다. 회의장에 있는 승용배 국장은 만나기 어려워 전화로만 통화하고, 이보형 지방교육재정과장을 어렵게 만나 서남초 신설이 반드시 이루어져야 함을 강조하고 조속히 승인되도록 적극 힘써 줄 것을 간곡하게 요청했다.

"초등학교가 신설되지 않고 인근 학교로 분산 통학할 경우 1,000여 명의 학생들이 장거리 통학 및 6차선 도로를 2회 횡단하는 등 어린이들의 통학 안전을 보장할 수 없다. 신설 예정 초등학교의 개교가 늦어질 경우 개교 후에도 전학절차를 거쳐야 하는 등의 복합적인 문제가 예상되는 만큼 신축 아파트 입주 시기에 맞춰 초등학교가 반드시 개교되어야 한다. 만일 우려되는 일이 생긴다면 시장인 내가 전적으로 책임지겠다."라고 강조했다.

이에 앞서서도 서남초 신설에 대한 나의 노력은 집요하게 계속돼 왔다. 교육부 중앙투자심의위원회 이화룡 위원장을 비롯한 중앙투자심의위원 6명(박세훈, 윤용기, 오세희, 유웅상, 이재림)에게 일일이 전화를 걸어 서남초등학교 신설의 당위성과 필요성을 역설하고 신설안이 심사에서 반드시 통과되어야 한다며 압박했다. 협조 요청이라기보다는 강압에 가까운 부탁이었다는 표현이 맞을 것 같다.

이러한 간절한 노력은 헛되지 않고 결실로 돌아왔다. 2015년 12월 21일, 교육부의 3차 중앙투자심의위원회에서 서산 서남초등학교 신설이 가결되어 2016년부터 신축사업을 개시할 수 있게 됐다. 아파트 입주 예정 주민들이 밤잠을 설치며 발만 동동 구르던 현안이 한 방에 해결된 것이다.

교육부 중앙투자심의위원회 간사인 이보형 지방교육재정과장은 결정 직후 전화통화에서 "시장님 때문에 신설이 결정된 거나 다름없다", "정말 시장님이 기적과도 같은 일을 해냈다"며 축하의 말을 전했지만, 나는 다음날인 12월 22일, 송년 기자간담회 자리에서 서남초등학교 신설이라는 큰 성과에 대해 김지철 교육감을 비롯해 한석천 서산교육장, 서산시의회, 도의원 등의 적극적 역할이 있었기에 가능했음을 설명했다. 수많은 사람들의 간절한 바람과 부단한 노력이 모아지지 않았다면 나의 발품이 결정적인 역할을 하지 못했을 수도 있기 때문이다. 나는 그저 시장으로서 해야 할 일을 했을 뿐이다.

그동안 밤잠을 설쳤을 두 아파트 입주 예정주민들이 발 뻗고 잘 수 있게 되었다는 소식에 감사하고 참으로 다행스럽다는 마음이었다. 또 하나의 보람된 일을 해냈구나 하는 안도감과 한 해가 가기 전에 해결했다는 성취감으로 나 역시 단잠에 빠질 수 있었다.

어린이와 청소년은 우리의 미래

서산시는 저소득층 아동의 올바른 성장을 위해 드림스타트사업을 추진하고 있다. 12세 미만 어려운 이웃의 아동들에게 건강, 보육, 복지, 문화 등의 통합서비스를 제공하고 45개 프로그램에 참여시키고 있다. 지역 병·의원은 무료로 건강검진과 예방접종을 제공하고 여러 단체에서도 학원비, 교재비, 현장학습비 등을 후원한다.

서산시의 드림스타트사업은 보건복지부가 주관하는 전국평가에서 4년 연속 우수기관으로 선정되면서 다른 지자체의 벤치마

교육부 이보형 과장에게 서남초 신설 필요성을 설명하는 모습. 왼쪽은 유선근 건축과장

킹이 이어지고 있다. 2015년부터는 드림스타트사업을 관내 모든 지역으로 확대해 15개 읍·면·동 450여 명의 아동들이 집중서비스를 받고 있다. 2017년에는 충남개인택시운송사업조합 서산시지부와 협약을 맺어 시내버스 운행이 어려운 지역의 드림스타트사업 대상 부모 및 아동들이 프로그램에 보다 쉽게 참여할 수 있게 되었다.

이 밖에도 '청소년 문화의집'이 2016년 삼성디스플레이 주관 '2016 봄−드림 독서공간 지원사업'에 최종 선정돼 1,000여만 원 상당을 지원받았다. 또한 청소년 수련시설과 지역연계를 통해 청소년활동을 주도적으로 이끌어 나갈 거점기관으로 선정돼 지역 청소년의 정책사업 참여 유도, 충남도 청소년활동 및 정보 공유 등을 담당하게 되었다. '청소년 문화의집' 외에도 '정정당당 스포츠맨' 등 3개의 국가인증 프로그램을 운영 중이며, 충남도 청소년진흥원에서 주관하는 우수활동 프로그램인 '오순도순 가족사랑' 프로젝트와 '꿈다락 토요문화학교' 공모사업에도 선정된 바 있다.

황금빛 톡톡(TalkTalk!)

'그 사회의 도덕성은 그 사회가 아이들에게 무엇을 해주는가를 보면 알 수 있다.'라는 말이 있다. 서산시는 학교급식지원센터 건립, 사칙연산 인재스쿨 등 지역인재 양성, 체육 활성화 지원 등 교육 분야의 다양한 욕구를 충족시킬 수 있는 통합적인 서비스를 제공하기 위해 노력하고 있다.

시민 모두가
건강하고
행복하기

해뜨는 서산

별을 보았다.

깊은 밤
혼자
바라보는 별 하나.

저 별은
하늘아이들이
사는 집의
찌그만
초인종.

문득
가만히
누르고 싶었다.
– 이준관 〈별 하나〉

이 시를 읽노라면 동심의 세계로 빠져드는 것 같아 어느새 입가에 미소가 번진다. 어릴 적 가졌던 순수한 마음이 잠시 스치듯 내 안으로 들어오는 느낌이다.

이준관 시인은 전북 정읍에서 태어나 전주교육대학교와 고려대학교 교육대학원을 졸업하고 초등학교에서 교편을 잡다가,

1971년 서울신문 신춘문예에 동시 '초록색 크레용 하나'가 당선되면서 등단했다. 2011년부터는 한국동시문학회장을 맡아 동시적 상상력과 원시적 생명력으로 도시문명에 지친 현대인들을 따뜻하게 위로하고 있다.

순수함과 동심의 상징인 '별'을 얘기하자면, 서산시만큼 인연이 깊은 지역도 많지 않을 것이다. 서산시는 '대한민국 100대 민족문화상징' 천상열차분야지도를 제작한 금헌 류방택 선생이 태어난 고장이기 때문이다.

선생은 고구려의 천문도를 바탕으로 우리만의 독자적 천문관과 우주 사상을 담은, 동양에서 2번째로 오래된 천문도를 만드는 위업을 남겼다.

서산시는 이를 기념하기 위해 인지면에 류방택천문기상과학관을 세우고 해마다 별축제를 개최하고 있다.

깨끗하고 안전한 환경에서 건강하고 행복하게 잘 살고 싶은 소망은 아마 모든 사람의 바람일 것이다. 그리고 그것은 리더들에게 주어진 영원한 숙제와도 같은 것일 게다.

어떻게 하면 시민들이 좀 더 쾌적한 환경에서 안전하고 건강하며 행복한 삶을 영위하게 할 수 있을까.

나는 오늘도 하늘의 별을 바라보며 곰곰이 깊은 생각에 잠긴다.

문득 윤동주 시인의 '별 헤는 밤'이 떠오르는 건 왜일까?

시민들의 건강지킴이
서산시 보건소

"그들이 당신을 뭐라고 부르는지는 중요하지 않다.
문제는 당신이 그들에게 뭐라고 대답하는가이다."

— W.C 필즈 —

2016년 2월, 서산시 보건소 신청사가 준공됐다. 구 보건소는 1983년에 지어진 노후 건물로 시설이 낡고 공간도 부족해 시민들이 불편했을 뿐만 아니라 밀착형 건강의료서비스 제공에도 한계가 있었다. 이에 서산시는 호수공원6로 6(구 농업기술센터)에 대지면적 1만 750㎡, 연면적 4,620㎡, 지하 1층, 지상 3층 규모로 총사업비 137억 원을 들여 새로이 보건소를 지었다.

신청사로 이전한 서산시 보건소는 1일 평균 이용자가 약 500여 명으로 이전 전보다 이용자가 26.4% 증가했고 진료실적도 1일 평균 130여 명으로 53% 늘어났다. 새 보건소가 시민들에게 사랑을 받고 있는 이유는 구 보건소보다 대중교통 이용이 편리한 데다 쾌적하고 현대적인 시설에서 다양한 보건의료 서비스를 제공하고 있기 때문이다.

새 보건소에서는 정신보건센터, 건강증진센터, 구강보건센터 등을 설치하고 맞춤형 보건의료서비스를 제공하고 있다. 특히, 정신보건센터와 구강보건센터를 새롭게 조성해 시민의 건강을 전문적이고 체계적으로 관리하고 있을 뿐만 아니라 응급처치교육 프로그램을 개설해 어린이 심폐소생술 체험교실을 운영하는 등 시민의 생명지킴이 역할도 톡톡히 하고 있다.

구강보건센터에서 평생 치아관리

구강보건센터는 예방 중심의 치아건강 관리체계 구축과 취약계층 구강질환 예방관리를 위해 2016년 10월부터 운영 중이다. 구강보건센터는 서산시가 보건복지부 공모사업에 선정돼 2016년 1월 국비 9,000만 원 포함 총사업비 1억 8,000만 원을 들여 조성했다. 여기서는 노인, 장애인, 저소득층 등을 대상으로 구강질환을 사전에 예방하기 위한 프로그램을 진행하며 조기검진 및 치료 등을 담당하고 있다.

유치원 및 어린이집 원아들을 대상으로 '어린이 튼튼 치아교실 체험관'을 운영하면서 어린이들의 치아건강도 지키고 있다. 체험관에서는 어린이 구강보건교실, 양치체험 교실, 의사놀이 체험, 불소바니쉬 도포 등 다양한 프로그램을 진행하고 있다. 특히, 공중보건 치과의사와 치위생사가 직접 어린이들의 구강 선상에 대해 올바른 인식을 자연스럽게 받아들일 수 있도록 돕고 있어 더욱 효과적이다. 동화나 영상교육 등 눈높이에 맞춘 교육이 어린이들의 관심을 유도해 자연스럽게 교육효과도 높이고 있다.

정신보건센터의 활약

문명은 점점 발달하는데 사람들의 외로움과 고독은 더욱 심해지는 듯하다. 서산시는 시민들의 정신건강을 위해 19개 기관단체와 업무협약을 맺고 자살 고위험군에 대한 집중관리를 벌이고 있다.

또한 '생생 자살예방 프로그램'을 다양하게 추진하고 연 36만 원 범위 내에서 정신질환 투약진료비를 지원하고 있다. 이를 통해 서산시의 자살률이 2010년 10만 명당 61.5명이었던 것이 2014년에는 33.7명으로 크게 감소해 충남도에서 유일하게 5년 연속 자살률이 감소하는 기록을 세웠다.

노인들을 위해서는 '치매예방 함께해서 행복한 우리 마을' 프로그램을 운영하고 60세 이상 인지저하 어르신들을 대상으로 치매선별검사MMSE-DS, 노인우울선별검사SGDS, 치매예방 및 정신건강교육 등을 실시하고 있다. 또 치매가족을 대상으로 '치매가족 교실'도 운영하고 있으며 75세 이상 독거노인을 방문해 '무료 치매검진'도 실시하고 있다.

감염병은 선제적 대응으로

2015년 5월부터 시작된 중동호흡기증후군 메르스MERS와의 전쟁을 기억할 것이다. 서산시는 메르스가 전국적으로 확산될 조짐을 보이자 확산방지 및 시민 불안감 해소를 위해 행정력을 집중했다.

나는 당시 '메르스 확산방지를 위한 담화문'을 발표하고 시민들의 적극적인 협조를 호소했다. 보건소장을 본부장으로 하는 방역대책본부를 설치하고 의심환자 모니터링과 일일보고를 실시하는 등 24시간 비상연락체계를 유지했다. 그리고 의심증상자 상담과 진료를 위한 야간진료소를 서산시 보건소와 서산의료원, 서산중앙병원 등 3곳에 설치했다.

불안감 해소를 위해 예방수칙을 담은 홍보물을 배포했고 의료기관에도 의심환자 내원 시 행동지침을 담은 안내문을 발송했으며 호수공원 전광판과 시 홈페이지, 현수막, SNS 등을 활용해 메르스 예방수칙을 적극 홍보했다. 각종 행사는 취소하거나 연기했다.

메르스 대책지원본부도 꾸렸는데, 시장인 나를 본부장으로 해서 총괄지원반, 비상방역대책반, 행정지원반, 홍보협력반 등으로 구성해 24시간 비상체계를 유지하며 적극적으로 대응해 나갔다.

서산소방서와 서산의료원, 서산중앙병원도 메르스와의 전쟁을 벌였다. 특히, 보건소 직원들은 '감염병 없는 서산시'를 사수하기 위해 퇴근시간이 자정을 넘기기 일쑤였다. 메르스 의심 증상으로 찾아오는 환자들을 응대하는 일로 하루해가 짧을 정도였다. 문진부터 진단결과가 나오기까지 긴장의 연속이었다. 혹시라도 메르스 창궐지역을 다녀온 사람들이 있는지 살피느라 직원들은 온 힘을 쏟아야 했다.

나는 관내 취약시설인 장애인복지관과 장애인보호작업장, 시니어클럽 등을 방문해 메르스 확산방지를 위한 예방대책을 점검했다. 매일 밤늦게까지 긴장된 상태를 유지하며 메르스 확산방지에 강행군을 펼쳤던 시간들이 지금도 새록새록 떠오른다. 잠도 못 자고 핏발 선 눈으로 방역에 최선을 다해 준 보건소 직원들의 노고가 있었기에 메르스를 거뜬히 이겨낼 수 있었다.

메르스나 지카바이러스 등과 같은 감염병 예방을 위해서는 선제적 대응이 최선이다. 이에 서산시는 종합방역체계도 구축해놓았다. 격리가 필요한 감염병의 치료를 위해 서산의료원과 서산중앙병원 등에 감염병 격리를 위한 24개 병상을 지정했고, 서울안과 등을 감염병 표본감시기관으로 지정해 운영하고 있으며, 유니연합소아청소년과를 비롯해 32개소 의료기관과 예방접종 민·관 위탁협약을 체결했다.

2017년 4월부터는 부석, 팔봉, 대산지역의 포구를 대상으로 비브리오패혈증 예측조사를 실시하고 있으며, 취약지역 및 다중이용시설 등을 대상으로 철저한 방역소독과 해충구제에도 총력을 기울이고 있다.

방역이 필요하거나 방역이 실시된 지역을 실시간 파악하고 방역약품 사용량, 재고량 관리 등의 정보를 한눈에 확인할 수 있는 방역지리정보 시스템을 구축해 종합적이고 체계적인 방역관리도 가능하게 됐다.

이외에도 해충방제를 위한 방역소독, 식품위생업소 지도·점검, 유통식품 수거검사 등 안전한 식품환경 조성에도 노력하고 있고 경찰서, 소방서, 군부대 등 유관기관과 생물테러 발생에 대비해 모의훈련을 실시해 충남도 평가에서 최우수기관으로 선정되기도 했다.

또 2017년 11월 16일에는 인천 그랜드하얏트호텔에서 열린 '감염병 관리 컨퍼런스'에서 서산시가 보건복지부 장관상을 수상했다. 전국 254개소 보건소와 의료기관 등 감염병 관련 유관기관 전체를 대상으로 실시한 전국평가에서 서산시가 추진하고 있는 각종 사업들이 높은 평가를 받은 것이다.

감염병관리 보건복지부 장관상 수상

황금빛 톡톡(TalkTalk!)

도시에 비해 농촌은 또한 보건복지 부분에서 소외되는 부분이 적지 않다. 따뜻한 공공의료로 이들을 감싸 안고 치유해야 한다. 특히 신체적인 건강 뿐만 아니라 정신적인 건강에도 관심을 기울이고 있다. 시나 중앙정부가 하지 못하는 영역이 있다면 개방형 플랫폼을 구축해 민·관이 공동으로 보건행정을 도모할 수 있도록 노력할 것이다.

자원회수시설과
산업폐기물처리장

"건설은 더디고 수년이 걸리는 힘든 작업이지만,
파괴는 단 하루의 무분별한 행동만으로 가능하다."

– 윈스턴 처칠 –

    사람이 살아가면서 필연적으로 배출하는 것이 쓰레기다. 이를 처리하기 위해 서산시는 자원회수시설(일명 쓰레기소각장) 설치를 추진 중에 있다.

    그런데 이에 대해 일부 반대자들은 국민권익위원회에 감사를 청구하고 시장인 나를 검찰에 고발까지 했다. 국민권익위원회에서는 면밀한 검토·확인 끝에 아무런 문제가 없다고 세세하게 공문으로 알려왔고(2017. 7), 검찰은 각하처분(2017. 12)을 내렸다. 그럼에도 일부 극렬 반대자들은 발암물질로 삶을 초토화시킨다는 내용의 전단지를 만들어 아파트 단지 등 곳곳에 배포하고, 당진시 쓰레기까지 태워주는 밀실행정을 추진한다는 얼토당토 않은 주장을 하며 반대를 계속해 왔다. 이들은 시민체육대회 현장이나 전국 각지에서 많은 관광객들이 몰려드는 해미읍성 축제, 국화축제 현장에서까지 반대서명을 하고 집회를 하는 등 갈

등 조장을 멈추지 않았다. 심지어 2018년 새해 시민과의 대화가 열리는 날 석남동행정복지센터 입구에서 행사에 참석하는 주민들에게 터무니없는 내용도 부족해 시장을 효수처단하자는 문구를 담은 전단지를 만들어 배포하는 일까지 서슴지 않았다. 그들의 주된 반대 이유는 쓰레기소각장을 설치하면 다이옥신 등 유해물질이 발생해 피해를 입게 된다는 것과, 입지로 결정된 지역이 공군전투기 비행구역이라 굴뚝을 높이 건설하는 것이 불가하여 적지가 아니라는 점 등이었다.

다이옥신 같은 유해물질 때문에 문제가 있다면 대도시에 사는 사람들은 어떻게 살고 있을까. 밀집된 도심 한복판에 소각장이 설치되어 있음에도 아무런 문제없이 살고 있지 않은가. 집에서 멀리 떨어질수록 좋다는 화장실이 안방에 들어와 있는 사실은 그만큼 기술의 발전이 이루어졌다는 얘기이니 소각장 시설의 발전도 같은 맥락에서 이해할 수 있을 것이다. 비행구역이기 때문에 굴뚝을 높이 세울 수 없어 적지가 아니라는 얘기는 더더욱 어불성설이다. 만일 그게 문제라면 공군비행장 측에서 먼저 문제를 제기하고 반대를 했을 것이다. 기술력 발전으로 굴뚝의 높이가 예전에 비해 훨씬 낮아져도 문제가 없다는 사실을 모르고 하는 반대도 아니다.

서산시에서는 매일 180톤 규모의 생활폐기물이 배출되고 있다. 이를 처리하기 위해서는 매년 40억 원 이상이 드는 실정이다. 모두 민간처리업체에 맡겨 처리하고 있으며 그 비용 단가도 2016년에 99,000원이던 것이 2017년에는 139,700원, 2018년에는 195,000원으로 급상승했다. 이에 따라 전체 처리비용도 2016년에 28억, 2017년에 41억, 2018년에는 60억 원 소요가 예상되며, 이는 쓰레기량 증가와 더불어 점점 늘어나게 되어 그만큼 시민의 세금부담이 커질 것은 자명하다.

하루 180톤의 쓰레기 중 가연성 쓰레기는 80톤 정도인데 이를 처리하기 위해 단독 소각장을 설치하는 것은 타산성에 맞지 않다. 거기다 정부에서도 광역화 사업추진을 권장하고 있어 당진시와 함께 200톤 규모의 소각장 건설을 추진하게 된 것이다. 그러니 공동으로 건설한 소각장을 함께 사용하는 것은 너무나 당연한 일인데도 이에 대한 이해 없이 무조건 안 된다는 식의 반대가 갈등을 키워왔다.

광역소각시설을 설치하게 되면 정부가 시설비 절반을 지원해 주고 당진시로부터도 매년 위탁 처리수수료를 받아 처리하게 되는 것이다.

서산시는 소각시설에 대한 불필요한 오해를 풀고 소각시설을 바로 알리기 위해 읍·면·동장과 간부공무원들이 참여한 대책회의를 여는 등 시민들의 불안감 해소에 집중해 왔다. 또 시청 출입기자 등을 대상으로 타 지자체에서 운영하고 있는 생활폐기물 소각시설 견학을 추진해 마포자원회수시설과 아산환경과학공원 등을 견학하기도 했다.

마포자원회수시설은 종로구·중구·용산구·서대문구·마포구 등 5개 구의 쓰레기를 수거해 소각하고 있다. 주민 민원도 1년에 1건 정도로 낙엽 타는 냄새가 난다는 정도가 고작이고, 소각과정에서 생산된 수증기는 인근 2만 가구에 온수 및 난방을 위해 싼 가격으로 공급되고 있으며 남는 열은 바로 옆 지역난방공사로 보내 활용하고 있다. 유해물질 처리는 소석회슬러지로 산성가스를 제거하는 반건식반응탑과 필터 및 활성탄을 이용해 연소가스 중 먼지, 다이옥신, 중금속 등을 제거하는 백필터가 환경오염요소를 걸러내고 있다. 암모니아수와 촉매에 의해 질소산화물, 다이옥신이 제거되고 최종적으로 경찰필터는 각종 대기 중 오염물을 기준치 이하로 잡으며 최종 걸러진 슬러지는 따로 보관하거나 시멘트 원료로 사용되기도 한다. 우려했던 다이옥신은 주민건강에 해가 없을 정도로 제로에 가깝다는 것이 마포자원회수시설 소장의 말이었다. 또한 문제가 발생할 시 바로 환경부의 강력한 제재가 이뤄짐도 강조했다.

서산시가 계획하는 소각시설과 규모가 같은 하루 평균 200톤을 처리 중인 아산시생활자원처리장은 지난 2016년까지 당진시와 홍성군 등 인근 시·군의 생활쓰레기를 받아 처리했지만, 아산시의 인구증가로 2017년부터는 홍성군의 40톤만 처리하고 있다고 한다. 우리 서산의 경우도 똑같이 이해하면 된다. 서산시에 세워지는 자원회수시설에서도 서산시의 인구증가 등으로 쓰레기 처리량이 늘어나면 소각장 규모(200톤)의 한계로 당진시의 쓰레기 반입량은 점점 줄어들어 종국에는 받고 싶어도 못 받게 되는 것이다.

아산시생활자원처리장의 굴뚝 역할을 하는 아파트 50층 높이의 150m 아산그린타워에는 수익사업을 위한 레스토랑과 커피

숍이 자리했고, 전망대에 오르면 아산 시내를 한눈에 내려다볼 수도 있었다. 또한 사우나, 찜질방, 헬스장 등이 운영되고 환경생태과학공원과 장영실과학관 등이 관광객을 맞고 있었다. 특히, 이곳에서 나오는 에너지로 시설의 운영비를 줄이고 관련법에 따라 반경 300m 이내 140가구에 생산된 수증기 판매금과 쓰레기 종량제 판매금 등을 합해 매년 1억 원의 혜택을 주고 있었다. 이제는 주민들이 소각장 증설을 공식적으로 요구할 정도로 인식이 변화되었다고 관계자는 강조했다. 주변 조경수만 5만 5,000그루가 넘고 전국 소각시설 중 열 손가락 안에 들 정도로 깨끗하다고 한다.

견학을 다녀온 분들은 쓰레기 소각장이 유해시설이라는 오해를 풀 수 있었다. 안정적인 폐기물 처리로 쾌적한 환경을 조성하고 매년 증가하는 처리비용을 절감할 수 있는 생활폐기물처리시설은 반드시 필요하다. 누가 시장이 되어도 서산시의 상황에서는 이 시설을 설치해야만 하는 것이다.

지곡면 오토밸리 단지 내에 민간업자가 설치를 추진하고 있는 산업폐기물처리장(일명 산폐장) 갈등은 더욱 심각했다. 20여 년 전인 1997년도에 산업단지를 조성하면서 관련법에 의해 의무적 설치 시설로 승인된 산폐장에 대한 반대는 극에 달했다. 반대를 시작했던 때로부터 수개월이 지나 해가 바뀐 상황에서도 멈출 기미를 보이지 않고 반대기류를 계속 이어가고 있다. 반대하는 사람들은, 충남도지사와 금강환경청장 승인을 받아 추진하는 산폐장을 백지화하라며 서산시청 앞에 흉물스런 천막까지 쳐놓고 '서산시는 숨 쉬고 살 수 없는 곳'이라고 선동하고 있고, 심지어 서산시장이 시민을 기만하고 있다며 단식투쟁까지 벌였다.

초창기 때는 반대의 진원지인 오스카빌아파트 일부 주민들로부터 문자폭탄을 받기도 했다. 반대하는 사람들은 시장을 시민의 안전에는 아랑곳 않고 발암물질 덩어리인 쓰레기처리장이나 유치하는 못된 시장으로 낙인찍으며 무차별 공격을 가했다.

나는 그들과 시장실에서 대화도 했고 해당부서 직원들을 통해 소통하도록 하며 설득 노력을 기울였다. 그러나 시간이 지나면서 순수성이 의심되는 상황으로 변질되면서 갈등이 장기화되었다. '이완섭 시장 낙선추진위원회'라는 부착물도 등장했다. 2018년 6월 선거까지 끌고 가겠다는 의도를 스스럼없이 드러낸 것이다. 그러는 과정에서 1기 반대추진위가 현실 인식을 바탕으로 소강상태로 전환되고 이어 백지화를 주장하는 강성 2기가 등장했다. 이들은 시청 앞 솔빛공원 앞 도로에 불법천막을 치고 조직적인 반대를 이어나갔다. 호수공원에서의 촛불집회를 비롯해 산폐장까지 도보행진 시위도 계속됐다.

많은 시민들이 말은 못 하고 끙끙 앓기 시작하는 분위기도 점점 커져갔다. 산폐장을 백지화할 수 있다면 진작에 그렇게 했을 것이다. 민주국가에서 민간사업자가 법에 따라 정당한 절차를 거쳐 사업을 추진하는 시설을 서산시장이 무슨 권한으로 백지화할 수 있겠는가? 이를 안타깝게 지켜보고 있던 지곡면 이장단협의회(회장 권혁현)가 급기야 2018년 1월 5일에 지곡면행정복지센터에서 성명서를 발표했다. 시민단체와 정치인 등이 지곡면의 문제를 서산시 차원으로 확대해 정치적으로 이용하는 상황이라며 더 이상 지곡면 지역문제를 정치적으로 이용하지 말라는 입장을 밝혔다. 이어 갈등을 유발해 정치적으로 이용하는 정치인에 대한 낙선운동을 벌이고, 유언비어나 음해성 루머 유포자에게는 법적책임을 지우겠다고 했다. 지역의 안정과 시민 통합을 위해서라도 반대를 위한 반대는 즉각 멈춰야 한다. 그리고 흉물스런 불법 천막도 즉시 자진철거해야 한다. 그때가 빠르면 빠를수록 좋다. 바로 지금이 그때이다.

황금빛 톡톡(TalkTalk!)

"자원순환도시, 저탄소 녹색도시" 서산을 만들기 위해 대형 생활폐기물 배출신고 앱 구축, 음식물 수거용기 세척차량 운영, 쓰레기 없는 마을 운영, 찾아가는 자원 순환 학교, 비정상 쓰레기 배출장소 환경개선 등을 추진하고 있다. 능동적이고 선제적인 자원순환 실천을 통해 미래세대를 위한 명품 생태환경도시로 거듭나고 있다.

안전한
서산시를 위해

"지난 일을 잊지 않는 것은 뒷일의 스승이다."

— 사마천 『사기』 —

공약사항이 하나둘 이행될 때마다 기분이 그렇게 좋을 수가 없다. 시민과의 약속을 지켰다는 뿌듯함 때문이다. 도시와 시민의 안전파수꾼이 되어 줄 도시안전통합센터 구축도 더할 나위 없이 기쁨을 안겨준 효자다.

서산시는 2017년 2월부터 도시안전통합센터를 구축해 운영하고 있다. 이곳은 전문요원과 첨단정보통신기술을 접목한 다목적센터로 구 석남동 주민센터를 활용해 국비 6억 6,000만 원 포함 총사업비 18억여 원을 들여 580㎡ 규모로 조성됐다. 센터 내에는 관제실, 장비실, 검색실, 다목적실 등이 갖춰져 있고 방범, 어린이보호, 주정차단속, 재난·산불감시 등의 활동을 위한 모든 CCTV를 통합해 24시간 관제하고 있다.

전문교육을 받은 관제요원과 경찰관이 24시간 상황을 지켜보며 시민들의 위급상황 등 각종 사건·사고에 신속하게 대처하고 있다. 또 관내 1,338대의 CCTV(2017년 말 기준)를 통합 관리함으로써 예산절감 등 행정의 효율성도 높이고 있다.

무엇보다 2017년 2월 개소 당시 서산경찰서와 서산교육지원청, 서산소방서, 육군1789부대 등 유관기관 업무협약을 체결해 비상상황 시 신속 대응할 수 있는 기반을 함께 마련한 것을 큰 성과로 들 수 있다.

2017년 5월 20일 자정쯤에는 서산지역자활센터 앞 주차장에 설치된 CCTV를 통해 50대가량 신원미상 남자가 불특정차량에 침입해 절도행각을 벌이는 모습을 포착해 112에 신고해 현장에

서산시 도시안전통합센터를 견학하는 모습

서 검거했다. 2017년 7월 6일 오후 4시 30분경에는 서산공용버스터미널 내 CCTV를 통해 DC할인마트에 거동불편자가 누워있는 모습이 잡혀 이를 즉시 119를 통해 후송하는 한편, 이 사람의 주머니에서 지갑을 훔치려던 절도피의자를 현행범으로 체포했다.

또 가출아동을 빠르게 찾아 가족의 품으로 돌려보내기도 했다. 2017년 11월 15일, 한 아동이 가출했다는 신고를 접수받자마자 도시안전통합센터는 아동의 행방을 추적하기 시작했다. 11월 16일 새벽 1시경 관제실에서 관제요원으로 근무 중인 김지영(48) 씨는 동문동 삼일상가 사거리에서 가출아동과 비슷한 인상착의를 발견했다. 경찰은 가출아동의 아버지를 입회시켜 영상을 확인했고, 서부지구대 순찰차가 급히 출동해 가출아동을 귀가시켰다.

이처럼 도시안전통합센터는 개소 이래 불과 10개월만에 절도, 데이트폭력, 학원폭력 등 20여 건의 사건을 직접 해결하고 1천여 건의 사건해결 자료를 제공하는 등 지역안전지킴이 역할을 톡톡히 하고 있다.

점검, 점검, 또 점검
2014년 발생한 세월호 침몰사고는 온 국민을 슬픔과 충격에 빠뜨린 대참사였다. 다시는 그와 같은 일이 발생해서는 안 될 것이다.

세월호 침몰사고 이후 서산시는 재난사고 위험이 있는 주요 시설물들을 대대적으로 점검했다. 여름철 장마와 집중호우에 대비해 급경사지와 배수갑문 등 재해위험시설 128개소에 대해 일제점검을 실시했고 부서별로 5개 반을 편성해 재난예보 및 경보시설, 인명피해 우려지역을 꼼꼼히 살폈다.

대형 인명피해 발생 가능성이 큰 시설물에 대한 안전점검도 병행했다. 공공체육시설물과 민간체육시설물의 소방, 전기, 가스 관리 실태와 비상상황 발생 시 대피유도계획 등도 점검했다.

청소년수련시설과 어린이집에 대해서도 안전기준 준수여부와 안전관리 매뉴얼 구비여부, 대피계획 등을 확인했다.

삼길포항과 벌말항 등 10개 항·포구에서는 등록어선 565척을 대상으로 안전점검 매뉴얼에 따른 기관 및 구명 설비 등의 적정여부를 점검했다. 뿐만 아니라 적조 방제시설, 수산 증·양식시설, 양식어장 및 관리선 187개소에 대해서도 안전운영 및 시설물 관리 상태를 일일이 점검했다. 그리고 안전관리 추진상황보고회를 갖고 모든 관리대상 시설물을 DB화하여 정기적으로 안전점검을 실시하고 그 결과에 따라 사후조치를 하는 등 안전사고 예방에 최선을 다하고 있다.

2014년 12월에는 삼길포항 부둣가 위험지대 360m 구간에 안전난간을 설치했다.

2015년에는 동국대학교와 '재난대응 표준모델 개발'을 위한 업무협약을 맺고 유해화학물질 유출사고의 피해를 최소화하기 위한 초기대응체계를 구축하고, 대산석유화학단지 주변 주민들의 안전을 위해 위급상황을 즉각적으로 알리고 대피할 수 있도록 무선방송시스템도 구축했다.

2016년에는 대산 현대오일뱅크에서 화학물질 유출에 대비한 '재난대응 안전한국 훈련'을 실시했고 건설공사현장을 찾아 긴급안전점검도 추진했으며 전기직 공무원으로 전기안전점검반을 편성해 마을회관 및 경로당 등에 대대적인 전기안전점검을 실시했다.

2017년에는 공무원 비상소집훈련을 시작으로 지진발생 토론식 훈련과 안전장비 체험 및 소화기·소화전·심폐소생술 교육을 실시하고 서산소방서, 서산경찰서, 공군 제20전투비행단, 육군 제1789부대, 한국전력공사 서산지사 등 유관기관과 합동으로 화학가스 누출에 대한 대응 훈련을 펼쳐 유사시를 대비했다.

이외에도 전통시장 시설물의 안전점검을 실시하고 서산소방서와 지역농협 등 유관기관과 주택용 소방시설 설치 촉진을 위한 협약을 맺었다. 또 2017년부터 서산시 전 시민을 대상으로 각종 재난·사고로 피해를 입었을 경우 보상을 받을 수 있도록 하는 '시민안전보험'도 가입했다.

이외에도 대한산업안전협회와 업무협약을 맺고 재해예방 및 안전문화 확산에 공동 노력하고 있으며 '독거노인 응급안전알림서비스' 164대를 새로이 설치해 독거노인들의 안전망을 확대했다.

황금빛 톡톡(TalkTalk!)

안전이 사회적 화두로 떠올랐다. 안전은 무엇과도 바꿀 수 없는 최고의 가치다.

서산시는 전국에서 가장 안전한 도시로 나타났다. 범죄 취약지에 CCTV를 대폭 증설하고 24시간 통합안전센터를 설치한 결과일 것이다. 시민들의 일상생활에서 즉시 접목시킬 수 있는 생활안전지도를 제작하고 부녀자 · 노약자 · 청소년을 위한 안전시스템도 운영하고 있다.

시민의 행복이
시장의 행복이다

"매일 한 가지씩 기뻐할 것을 찾아라.
다음에는 두 가지를 찾아라.
다음에는 세 가지, 다음에는 한 시간에 하나,
다음에는 매 순간에 하나,
그러면 당신은 행복의 비결을 터득하게 될 것이다."
– 오리슨 스웨트 마든 –

겨울천국, 야외스케이트장

서산시 중앙호수공원 바닥분수대는 여름이면 아이들의 즐거운 놀이터가 된다.

나는 시장이 된 후 중앙호수공원을 시민들이 사랑하는 명품공원으로 만들 수 없을까 생각하던 중 바닥분수대를 생각해냈고 그 결과 지금 중앙호수공원은 시민들, 특히 아이들이 즐기는 공간으로 변신했다.

아이들이 기뻐하는 모습을 지켜볼 때면 '시장이어서 행복하다'는 생각을 갖게 된다. 미래 우리나라를 짊어지고 나갈 어린이들이 그토록 행복해하는 모습을 지켜보는 것은 시장으로서 흐뭇한 일이 아닐 수 없다.

비슷한 생각으로 2013년 야외스케이트장을 탄생시켰다. 누군가 '서산은 겨울 스포츠의 불모지'라고 하는 말을 듣고 겨울에 시민들이 즐길 만한 스포츠가 없을까 생각하다 스케이트장 설치를 공약하게 되었다.

그러나 야외스케이트장이 조성되기까지는 많은 어려움을 겪어야 했다. 두 달 남짓한 운영을 위해 3억 원이나 되는 예산을 쓴다는 것은 낭비라는 지적이 있어 2번씩이나 의회 심의과정에서 부결됐기 때문이다. 하지만 체육인들의 항의방문, 젊은 엄마들의 여론, 집행부의 강력한 추진 의지로 3번 만에 심의를 통과할 수 있었다.

2013년 12월, 중앙호수공원 옆 부지에 2억 4,800만 원을 들여 1,800㎡ 규모의 야외스케이트장을 설치했다. 그간 겨울철 마땅한 체육시설이 없어 비싼 이용료와 교통비를 내고 다른 지역의 시설을 이용해야 했던 서산시민들은 가까운 곳에서 스케이트를 즐길 수 있게 되었다.

스케이트장은 개장 40여 일 만에 6만여 명이 찾는 명소가 될 정도로 시민들은 환호했다. 방학을 맞은 학생들과 가족단위 이용객들이 많았다. 장애인이나 국가유공자, 다문화가족 등은 장비대여료까지 할인받을 수 있고 문화공연도 펼쳐지니 시민들뿐만 아니라 다른 지역에서도 몰려왔다.

2014년에는 이용자 편의를 위해 별도의 휴식공간을 마련하고 링크장 주위를 방부목으로 시공해 안전성을 높였다. 스케이트 초보자를 위한 강습코너도 마련되었다.

야외스케이트장과 야외물놀이장 모습

2015년에는 운영시간을 1시간 연장하고 아이스링크 주변을 방부목으로 더 넓게 시공해 안전펜스를 설치하는 등 안전성을 최우선으로 고려했고, 무료 와이파이존과 핸드폰충전소, 물품 보관함도 넉넉히 준비해 만족도를 더욱 높였다.

그 결과 2015년 12월부터 2016년 2월까지 59일간 6만 5,000여 명이 야외스케이트장을 찾았다. 2017년 개장(12.22) 때에는 썰매장도 추가하고, 시민들이 보다 안전하고 즐겁게 이용할 수 있도록 각종 편의시설을 더욱 확충했다. 아이들이나 부모들이나 모두 좋아하는 모습이어서 지켜보는 내내 뿌듯한 마음을 숨길 수 없었다.

여름천국, 야외물놀이장

겨울만 있으랴? 여름에는 서산종합운동장에 야외물놀이장을 개장한다. 전체면적 830㎡, 수조면적 600㎡, 깊이 60cm 규모로 한 번에 300명을 수용할 수 있는 시설이다. 시민편의를 위해 종합놀이대, 파고라, 목재데크, 간이샤워장, 몽골텐트 등의 시설도 갖췄다. 여기에 다양한 모양의 워터드롭, 워터터널, 대형 놀이시설 등을 설치해 서산 어린이들은 여름이 다가오면 야외물놀이장 개장을 손꼽아 기다린다.

야외물놀이장의 안전하고 깨끗한 관리를 위해 하루에 한 번 물을 교체하고 바닥청소도 2회 실시해 위생에도 만전을 기울이고 있다. 또한 안전요원으로 기간제 근로자 7명을 배치해 안전관리에도 신경을 쓰고 있으며 원활한 차량통제를 위한 세이프존을 지정해 차량사고도 미연에 방지하고 있다.

이렇게 되자 야외물놀이장은 가족단위 대표 피서지로 자리매김하며 태안, 당진, 홍성 등 인근지역 주민들까지 찾는 곳이 되었다. 하루 평균 1,000여 명, 주말에는 3,000여 명이 넘는 시민들이 물놀이장을 이용한다. 다양한 편의시설과 놀이기구를 무료로 즐길 수 있으니 당연한 결과인지도 모르겠다.

나는 시민들이 야외물놀이장과 야외스케이트장에서 즐거운 시간을 보내는 모습을 볼 때마다 행복감에 빠져든다. 시민의 행복이 곧 나의 행복임을 느끼며….

충남 최초 VR스포츠실 설치

나는 평소 기회 있을 때마다 '교육시장'이라는 말을 듣고 싶다는 말을 해왔다. 그만큼 교육현장에 대한 관심이 깊다는 말이 될 것이다. 선생님이 되고 싶어 했던 학창시절의 꿈의 영향도 있으리라. 그러다보니 자연스레 학교나 학생들과 관련된 얘기를 무심히 듣고 넘기지 않는 편이다. 2016년 12월, 평소 친분 있던 이석형 산림조합중앙회장과 통화 중 솔깃한 정보가 귀에 들어왔다. 초등학교에 VR스포츠 시설을 설치하면 학생들의 체력단련과 함께 학습 효과를 증진하는 데도 좋을 것이라며 관심을 가져보라고 했다. 서울 옥수초등학교에 이미 설치되어 있으니 참고하라는 말까지 덧붙였다. 나는 학생들에게 아주 좋은 시설이 될 것이라는 느낌이 들어 곧바로 박광주 체육진흥과장에게 검토를 지시했다.

서산 서림초등학교에 설치된 VR스포츠실 모습

이후 검토결과 좋은 효과가 기대된다는 보고를 받고 시비 8,000만 원의 예산을 세워 서림초등학교에 설치(2017. 12 ~ 2018. 2. 5. 준공, 시비 7,050만 원)하게 되었다. 전국적으로는 서울 옥수초등학교(시범설치)와 흥인초등학교에 이어 세 번째며 지자체로는 두 번째다. 'VR(가상현실)스포츠실'은 실내에 스크린을 설치하고 학생들이 축구공을 활용하여 가상현실 속에서 직접 차고 뛰고 던지며 운동과 학습을 동시에 수업할 수 있는 시설이다.

초등학교 저학년부터 고학년까지 전 과정을 프로그램화시켜 체력단련은 물론 학습까지도 가능하다. 개인은 물론 팀별로도 함께 게임을 할 수 있어 스마트폰 게임에만 빠져 있는 학생들에게도 매력적으로 다가가게 될 것이다. 이 같은 장점 때문에 학생들뿐만 아니라 학부모들로부터도 인기가 대단할 것으로 기대된다. 실제로 2018. 2. 5 서림초등학교에서 개관식을 갖고 학생들과 학부모들이 모인 자리에서 시연을 해보았다. 참석한 사람들 모두 만족감을 표시했다. 앞으로 스포츠 과학과 정보통신기술이 융합된 체험형 스포츠통합 플랫폼으로 학생들이 서로 즐기면서 저절로 학습이 되는 동시에 체력까지 증진시키는 이 VR스포츠실 설치를 점차 확대시켜 나갈 계획이다.

버스야! 너 도착시간 나는 안다

"시내버스 도착시간을 미리 알려줘 시간에 쫓겨서 못 본 일을 뒤로 미루는 일도 없어지고, 시간을 맞춰 버스를 기다리게 돼 얼마나 편리한지 몰라요."

시내버스 승강장에서 만난 음암면 주민 A씨의 말이다.

서산시는 버스승강장에 설치된 안내기를 통해 시민들에게 버스도착 정보를 실시간으로 제공하는 '버스정보시스템BIS'을 2017년 3월 20일부터 운영하고 있다. 이 시스템은 시내버스 내에 설치된 정보수집장치를 통해 수집한 위치정보를 교통정보센터에서 가공하고 송신해 승강장에 설치된 디지털 안내기에 도착정보를 표시하는 원리다.

시스템의 도입으로 그동안 버스 도착시간을 몰라 하염없이 기다리던 불편함이 사라졌다. 실시간으로 버스승강장에서 버스 도착시간을 확인할 수 있기 때문에 시민편의가 크게 증진된 것이다.

서산시는 2016년 5월 9일, 부천시 및 부천시설관리공단과 '버스정보시스템 구축을 위한 업무협약'을 체결했다. 그 결과 부천시의 기술지원과 안정화된 시스템 구축을 통해 상당 부분의 예산을 절감하고 선진 교통서비스기반을 마련할 수 있었다. 즉, 부천시의 버스정보시스템을 그대로 활용하는 클라우드 컴퓨팅 방식을 도입해 32억 원의 예산이 소요될 사업을 1억 3,500만 원에 구축한 것이다.

부천시의 BIS시스템 도입은 평소 친분이 있던 박길성 자치경영컨설팅 연구소장의 소개로 이루어졌다. 2016년 4월 15일 박소장으로부터 문자메시지가 하나 날아왔다.

"시장님! 부천시와 버스정보시스템 MOU를 체결하시지요."

구체적 설명도 없는 짤막한 문자메시지였지만, 평소 이런저런 정보를 보내주는 고마운 마음에 관심을 가졌고 금세 꼭 필요한 시스템이라는 감이 왔다. 곧바로 성승경 교통과장을 불러 부천시의 BIS시스템 내용을 알아보도록 하고, 가능한 빠른 시일 내에 MOU를 체결할 수 있도록 준비하라고 지시했다. 이후 실무적 협의가 빠르게 진행되어 한 달도 되기 전인 5월 9일에 MOU를 체결했고 10개월 후인 2017년 3월 20일 김만수 부천시장과 임명호 부천시설관리공단 이사장 등 부천시 및 공단 관계자들이 참석한 가운데 서산시청 광장 버스정류장에서 개통식을 가졌다. 이후 BIS시스템은 시민들로부터 호평을 받았고 상복을 안겨주는 효자 역할까지 했다.

서산시의 버스정보시스템은 2017년 12월 6일 정부서울청사 국제회의장에서 열린 '전국 지방재정 우수사례 발표대회'에서 국무총리상을 수상해 시상금으로 교부세 3억 원의 인센티브를 받았다. 행정안전부가 주관한 이날 발표대회에는 전국 상위 10 건의 우수사례 발표와 그 외 34건에 대한 시상식이 있었고, 44 개 자치단체의 공무원들이 참석했다. 이 자리에서 서산시는 전국 최초로 부천시와 협업을 통해 저비용 고효율의 버스도착 알림 정보시스템을 설치·운영하고 있다는 점을 인정받아 전국 우수사례로 선정됐다.

특히, 서산시의 버스도착 알림 정보시스템 구축 사례는 다른 지자체로 확산될 가능성이 높은 것으로 나타나 심사위원은 물론 방청객들의 뜨거운 호응을 이끌어 냈다. 실제로 전북 남원시와 충북 옥천군이 2018년에 서산시와 같은 방식의 버스도착 알림 정보시스템을 구축할 예정에 있는 등 앞으로 서산시의 우수시책 사례는 전국 지자체의 롤모델이 될 전망이다.

이와 함께 서산시는 '무인경비시스템 연동 아이디어형 공공청사 대기전력 차단시스템 구축', '문서관리 다이어트로 재정수입 UP, 민원서비스 UP!' 등 다양한 재정절감 시책을 추진해 건전한 재정운영에 힘쓴 점도 높이 평가받았다.

버스정보시스템과 관련한 상복은 여기서 끝나지 않았다. 2017년 12월 13일에는 국토교통부 교통안전공단 주관으로 서울 노보텔호텔에서 열린 '2017 대중교통 시책평가 시상식'에서 2011년 장관상 이후 6년 만에 교통안전공단이사장상을 수상하며 5,000만 원의 재정 인센티브를 받았다. 뿐만 아니라 2017년 12월 21일 국토교통부 대강당에서 열린 '지속가능 교통도시평가 시상식'에서도 서산시는 충청권 유일이자 개청 이래 최초로 한국교통연구원장상과 함께 3,000만 원의 인센티브를 받았다.

부천시청 협약 버스정보시스템 개통. 김만수 부천시장과 함께

서산시는 앞으로 버스정보시스템과 함께 시내버스 전 차량에 안내방송시스템을 연계 운영하는 등 시민의 발인 대중교통의 이용편의를 높여 나가는 데 모든 노력을 다할 것이다.

제64회 도민체전 종합우승

2012년 6월 14일부터 17일까지 4일간 서산시에서 열린 '제64회 충남도민체육대회'는 역대 최대 규모로 치러졌는데, 서산시가 처음으로 종합우승이라는 금자탑을 쌓았다. 이처럼 서산시가 최고의 성적을 거두기까지에는 각 경기장에서 최선을 다한 선수 및 코치진의 노력과 서산시체육회와 서산시생활체육회의 지속적인 지원이 큰 역할을 했다. 그리고 각자의 위치에서 주어진 업무를 성실히 수행해 준 공무원들과 자원봉사자들, 시민들의 후원이 있었다. 그랬기에 4일간 열전을 치르면서도 작은 사고 하나 없이 성황리에 막을 내릴 수 있었다.

당시 주관부서인 서산시 공보전산담당관실(담당관 이희집)에서는 철저한 기획과 준비로 대회를 맞았고, 환경보호과 전 직원은 체전이 열리기 전부터 서산시를 찾는 손님들에게 깨끗한 이미지를 보여주기 위해 매일 아침 주요 시가지를 청소했다. 체전의 개막식과 폐막식 등 주요경기가 열린 체육시설관리사업소 직원들은 이른 새벽부터 늦은 저녁까지 얼굴 한 번 찡그리지 않고 행사를 지원했고, 보건소 직원들은 경기장마다 배치되어 부상선수들을 지켜주었는데 그들의 수고는 잊을 수 없다.

여기에 서산시청 전 직원들은 경기장을 분담해 지정 배치된 경기장에서 진행 및 지원에 힘을 보탰고, 각 읍·면·동 및 각급 기관·단체들도 분담 시·군과 분담 경기장을 방문해 서산시를 찾은 타 시·군 선수단에 응원과 격려의 박수를 보냈다. 서산시 자원봉사센터를 중심으로 40여 개 자원봉사단체와 개인자원봉 사자들이 보여준 봉사활동은 서산시를 찾은 많은 사람들은 물론 서산시민들에게까지 잊을 수 없는 감동을 선사했다.

서산시는 앞서 2012년 6월 1~2일 양일간 보령시 일원에서 열린 '제18회 충청남도 장애인체육대회'에서 금메달 63개, 은메 달 51개, 동메달 38개의 역대 최고 성적을 거두며 2년 연속 종 합우승이라는 대업을 달성하기도 했다.

서산시에는 직장체육팀이 있다. 1990년 창단한 서산시청 사 격팀은 박신영 감독을 비롯해 남자선수 7명, 여자선수 8명 등 총 16명으로 구성되어 있다. 국가대표 소승섭, 김영민, 정미라 선수와 2010년 광저우 아시안게임에서 만삭으로 '임산부 2관왕 신화'를 썼던 김윤미 선수를 배출한 국내 최정상급 실업팀이다.

2016년 창단한 서산시청 카누팀은 박민호 감독을 비롯해 2016년 전국체전에서 2위를 기록했던 신동진, 안현진 선수와 2017년에 합류한 오해성 선수 등 총 4명으로 구성되어 있다.

서산시는 비인기종목인 사격의 저변확대와 스포츠 사격 도시 로의 위상제고를 위해 2018년 4월 완공을 목표로 62억 원을 들 여 57사대 및 최신식 전자표적시스템을 갖춘 1,666㎡ 규모의 서산시 종합사격장 건립을 추진하고 있다. 여기에 선수들의 경기력 향상을 위한 직장체육팀 전용 체력단련장 확보를 추진하고 있으며, 체육인재 조기발굴과 육성을 위해서 서산여중과 서산여고에 체육인재 육성기금을 지원하고 있다. 2017년 12월 5일에는 대한사격연맹 장갑석 부회장이 서산시를 방문해 내게 감사패를 주며 고마운 뜻을 전하기도 했다.

서산시는 각종 전국규모 체육대회를 유치해 시민의 건강증진 도모는 물론 서산시의 이미지 제고에도 노력하고 있다. 2012년 '제9회 서산6쪽마늘 전국동호인테니스대회', 2013년 '천하장사 씨름대축제', 2014년 '제14회 문화체육관광부장관기 전국여성축구대회', 2015년 '한국실업테니스 연맹전', 2016년 '우수클럽 초청 전국족구대회', 2017년 '제1회 서산시장배 전국배드민턴대회'를 개최했으며, 매년 열리는 서산마라톤대회도 16회째를 마치며 전국적인 대회로 완전히 자리를 굳혔다.

서산시는 학교체육시설 현대화로 자라나는 어린이와 청소년은 물론 시민을 위한 생활체육공간 마련에도 앞장서고 있다.

년도	내 용
2012년	부석중학교 우레탄 농구장 설치, 서일고등학교 운동장 개선, 중앙고등학교 테니스장 보수 등에 1억 4,000만 원 지원.
2013년	부성초등학교 생활체육시설 설치, 인지초등학교 씨름장 설치, 해미중학교 테니스장 보수, 운산공업고등학교 다목적체육관 건립 등에 10억 7,500만 원 지원.
2014년	서동초등학교 운동장 조성, 오산초등학교 및 서산여자중학교 다목적체육관 건립 등에 15억 3,000만 원 지원.
2015년	인지중학교 다목적체육관 건립, 팔봉중학교 및 부석고등학교 생활체육시설 설치, 서령고등학교 체육관 보수 등에 15억 원 지원.
2016년	동암초등학교 및 부석중학교 다목적체육관 건립, 서령초등학교 및 고북중학교 운동장 개선, 학돌초등학교 골프연습장 설치, 서산중학교 테니스장 보수, 서령중학교 씨름장 보수, 음암중학교 역도훈련장 보수 등에 14억 4,400만 원 지원.
2017년	부춘초등학교 체육관 리모델링, 언암초등학교 운동장 개선, 서남초등학교 개방형체육관 건립, 서령초등학교 테니스장 보수, 서림초등학교 및 서산중학교 체육관 보수, 대철중학교 및 서산고등학교 생활체육시설 설치, 성연중학교 골프연습장 보수 등에 18억 2,600만 원 지원.

서산시가 지원한 학교 체육시설

황금빛 톡톡(TalkTalk!)

'경청하라, 내 귀가 나를 가르쳤다.'라고 칭기즈칸이 말했다. 경청을 하면 많은 것을 듣게 되고 알게 된다. 듣는 데서 끝나는 것이 아니라 그들을 위해 내가 무엇을 할 수 있을까 고민하는 순간부터 시정이 시작된다고 생각한다. 장애인, 다문화가정, 홀몸 어르신 등 소외계층을 위한 다양한 사업을 발굴해 시민 모두가 행복한 복지공동체를 만드는 데 끊임없이 노력할 것이다.

물 부족과의
기나긴 싸움

"불가능에서 '불'을 쫓아내자"

– 로버트 베이든 파월 –

2015년, 42년 만에 극심한 가뭄이 찾아 왔다. 예상치 못한 일이었다. 농민의 마음은 타들어갔고, 서북부 8개 시·군은 제한급수를 시작해 시민들의 마른 목을 더욱 죄기 시작했다. 가뭄으로 인한 농업용수의 부족은 농작물 성장에 차질을 빚어 농민소득을 크게 감소시켰고, 식재료는 가격이 상승해 서민경제에 큰 차질을 주게 됐다. 또한 공업용수의 부족으로 대산공단에 밀집한 기업들의 생산성을 저하시키고 원가를 상승시켰다.

서산 지역 식수를 전적으로 책임지고 있는 보령댐의 저수율이 줄어들면서 2015년 10월, 심각 2단계에 돌입해 평소 공급량의 10~20%를 감축하는 제한급수를 실시하기도 했다. 시민생활의 큰 불편은 당연지사였다. 생활용수 부족을 미리 파악한 서산시는 제한급수 보름 전부터 비상대책상황실을 열고 물 절약 동참을 호소하는 담화문을 발표하는 등 발 빠르게 대처했다. 시민들이 자발적으로 물 절약에 참여한 결과 월 30만 톤, 누적 89만 톤에 이르는 생활용수를 절감해, 충남도 서북부 8개 시·군 중 가장 많은 3억 원이 넘는 절수지원금을 받기도 했다.

해마다 가뭄이 반복되고 있어 2015년과 같은 물 부족 사태가 언제 또 찾아올지 모른다. 이제는 거의 매년 반복되고 있다 해도 과언이 아니다. 정부는 물론 관련기관에서는 치수에 대한 중장기적 대책을 시급히 마련해야 하고 국민들도 물 절약을 생활화해야 한다.

2017년에도 4월까지의 누적강수량이 96.4mm로 최근 5년 대비 52.7% 수준이었다. 서산지역 32개 저수지의 평균 저수율도 62.1%에 그쳐 농가피해가 우려되는 상황이었다. 서산시는 가뭄피해를 최소화하기 위해 농업재해대책상황실을 열고 가뭄피해와 농작물 생육현황을 모니터링하며 영농지도와 양수 및 응급복구에 필요한 장비를 확보해 나갔다. 5월이 되고 6월이 돼도 비는 내리지 않았고 모내기를 해야 하는 논은 농민들의 마음과 함께 바싹바싹 타들어 갔다. 나는 영농현장으로 또 중앙부처로 매일 같이 바쁜 걸음을 옮겼다. 농민들의 아픈 마음을 어루만지기 위해서는 사정을 해서라도 예산이며 장비를 끌어와야 했기 때문이다.

이런 간절한 마음이 하늘에 닿았는지 6월 중순부터 비가 내리기 시작했다. 타들어가던 대지는 촉촉이 젖었고 죽어가던 어린 모는 생기를 되찾았다. 정말 다행스러운 일이 아닐 수 없었다.

저수지 준설로 물그릇을 키워야

2017년에도 가뭄이 계속되자 서산시는 시장인 나를 본부장으로 총괄상황반, 농업용수반, 생활용수반, 공업용수반, 피해대책반 등 5개 반으로 구성된 재난안전대책본부를 가동했다.

부족한 농업용수를 조금이라도 더 확보하기 위해 51억 5,000여만 원을 들여 저수지 6곳에 양수시설 및 송수관 연결공사를 실시했고, 성연면 명천리와 예덕리 A지구에도 추가적인 농업용수 확보작업을 추진했다. 24억 6,000만 원을 들여 소형관정 150공과 중·대형관정 19공을 개발하고 하상 굴착, 양수시설 설치, 살수차 지원 등에도 10억 3,500만여 원을 투입했다. 특히, 저수지 및 하천 준설과 송수관 연결 등의 종합적인 농업용수 확보방안이 시급하다고 판단하고 중앙부처 및 충남도에 적극 건의했다.

물은 이제 더 이상 흥청망청 쓸 수 있는 자원이 아니다. 물 없이는 인류가 살아갈 수 없기 때문에 유한한 자원인 물을 절약하고 잘 관리해 나가야 한다.

물을 관리하기 위해서는 먼저 저수지나 댐의 저수량을 늘려 필요한 용수를 미리미리 저장해둬야 한다. 저수지의 저수량을 늘리는 방법에는 새로운 저수지나 댐을 건설하는 방법도 있겠지만 기존 저수지나 댐을 준설해 저수량을 늘리는 방법도 있다. 새로 저수지나 댐을 건설하려면 막대한 비용도 들고 공사기간도 오래 걸리므로 효율적이고 현실적인 방법을 찾아야 하는데, 그

것이 바로 저수지 준설이다.

나는 2017년 6월 초 가뭄으로 저수지가 바닥을 드러냈을 때가 준설의 최적기라고 강조한 바 있다. 그 당시 서산시에서 관리하는 32개 저수지의 평균저수율은 34.1%였고 한국농어촌공사에서 관리하는 16개 저수지의 평균 저수율은 13.9%였기 때문이다.

넓적한 접시 모양이 아니라 속이 깊고 넓은 대접 모양으로 물그릇을 바꿔야 한다며, 준설토 처리문제나 예산문제를 내세워 소중한 기회를 날려버리면 매년 가뭄으로 인한 피해가 되풀이될 것이라고 강력하게 주장했다.

서산시는 국민안전처 재난안전 특별교부세 1억 9,000만 원과 시 예비비 3억 5,000만 원 등 총사업비 5억 4,000만 원을 들여 서산시 관리 저수지 12개소에 대한 준설작업을 실시했다. 또 충남도와 유기적 협조체계를 구축하고 사업발굴과 예산을 확보하기 위해 중앙부처 등에 저수지 준설예산을 지속적으로 건의했다.

2017년 6월 23일, 김용진 기획재정부 제2차관이 충남 서북부지역의 가뭄피해 현황파악을 위해 대호담수호를 방문하고 민·관 합동 간담회를 주재했다. 나는 이 자리에서 관정굴착 등 임시방편이 아닌 항구적 대책 마련이 절실하다며 그 대안으로 저수용량 극대화를 위한 저수지 준설을 국가적 차원에서 나서줄 것을 강력 주장했다.

이에 기획재정부에서는 서산시를 비롯해 농림축산식품부, 한국농어촌공사 등과 실무회의를 열고 저수지 준설예산을 지원하기로 확정했다. 기획재정부에서 서산시에 지원하는 8억 8,000만 원을 포함해 농림축산식품부에서 175억 원, 국민안전처에서 126억 원 등 모두 301억 원을 전국의 저수지 준설예산으로 내려 보낸 것이다.

저수지 준설예산 지원에 대해 언론에서는 내가 김용진 기획재정부 제2차관을 설득한 것이 주효했다는 점과, 저수지 준설이 항구적인 가뭄극복 대책이 될 것이라는 전망을 함께 내놓았다.

황금빛 톡톡(TalkTalk!)

우리나라는 유엔이 정한 물 부족 국가이다. 엘니뇨와 지구온난화 등으로 전국적인 가뭄보다 지역적 또는 계절적으로 편중되는 가뭄은 거의 매년 반복되고 있어 물 스트레스는 엄청나게 크다.

앞으로 물 부족에 진정으로 대비해야 한다. 효율적인 물 관리와 더불어 신규 수자원의 확보가 절실하다. 강이나 댐을 이용한 물 공급 외에 해수 담수화사업 등 새로운 방법으로 공급할 수 있는 물을 확보하기 위해 노력해야 한다.

안으로 속으로
깊숙이
스며들기

7

꽃게가 간장 속에

반쯤 몸을 담그고 엎드려 있다

등판에 간장이 울컥울컥 쏟아질 때

꽃게는 뱃속의 알을 꺼안으려고

꿈틀거리다가 더 낮게

더 바닥 쪽으로 웅크렸으리라

버둥거렸으리라 버둥거리다가

어찌할 수 없어서

살 속으로 스며드는 것을

한때의 어스름을

꽃게는 천천히 받아들였으리라

껍질이 먹먹해지기 전에

가만히 알들에게 말했으리라

저녁이야

불 끄고 잘 시간이야

– 안도현 〈스며드는 것〉

안도현의 시 중 많은 사랑을 받고 있는 시다.

우리가 맛있게 먹는 간장게장이 만들어지는 과정 속에서 아기들을 지키려는 엄마 꽃게의 처절한 몸부림이 너무도 아프면서도 시리게 형상화되어 있다.

아기들을 보호하려고 안간힘을 쓰다가 쓰다가 점점 더 다가오는 죽음의 공포로부터 아기들을 안심시키기 위해 엄마 꽃게가 마지막으로 던지는 한마디 '불 끄고 잘 시간이야'에서 우리는 바로 무장해제 되어버리고 만다.

숨이 턱 막히는 건 꽃게가 아니라 나 자신임을 느낀다.

어쩌면 이리도 꽃게가 사람의 가슴 한쪽을 먹먹하게 만들 수 있단 말인가.

행정도 마찬가지일 것이다. 수혜자인 시민들 안으로, 그들의 삶 속으로 깊숙이 파고들어 스며들어야 한다. 그래서 그들과 하나가 돼야 한다.

간장이 꽃게의 뼈와 살, 알에까지 깊숙이 배어 진한 맛을 냄으로써 우리에게 '밥도둑'이라고 불리면서 잊지 못할 깊은 맛을 선물하는 것처럼, 피부로 체감하고 온몸으로 느끼는 간장게장 같은 감동행정이 되기 위해서는 엄마 꽃게가 그랬듯이 많은 것을 감내하고 여러 가지를 수긍하며 나를 바쳐서 모두를 위하는 자세가 필요하다.

아침 출근길, 거울에 비친 나에게 묻는다.

나는 과연 지금 최선을 다하고 있는가.

발품으로
외부재원을 확보하라

> "남을 따르는 법을 알지 못하는 사람은
> 좋은 지도자가 될 수 없다."
>
> – 아리스토텔레스 –

지방자치제를 실시한 지 20여 년이 넘었지만 여전히 문제는 열악한 지방재정이다. 지방은 인구가 감소하고 경기침체가 계속되면서 세수가 줄고 있는 반면, 다양한 복지요구는 점점 높아지고 있다. 그런데도 20년 넘게 국세와 지방세의 비율은 8대2를 유지하고 있다.

최근 행정안전부는 큰 틀에서 국세와 지방세의 비율을 현행 8대 2에서 7대 3을 거쳐 6대 4까지 단계적으로 조정하겠다는 계획을 밝혔다. 2012년 기준 OECD 주요 국가들의 국세와 지방세 비율을 보면 미국이 54대 46, 일본이 58대 42, 독일이 51대 49 수준이다. 진정한 지방분권을 위해서 지방세 비율을 높여 균형 있는 지역발전을 도모해야 한다는 목소리가 높아지고 있는 이유다.

현재 지방자치단체가 지역의 큰 현안사업을 추진하기 위해서는 부지런히 중앙정부를 드나들며 외부재원을 확보하는 길밖에 없다. 그러니 지방자치단체 간 예산확보 경쟁은 갈수록 치열해져 '총성 없는 전쟁'에 비유되기도 한다.

나는 시장에 당선되면서 매년 외부재원 확보를 위해 많은 노력을 기울여 왔다. 중앙정부에 수없이 발품을 팔았고 지역 국회의원들에게 지원을 요청하는가 하면, 매년 부시장을 단장으로 하고 실·과장을 팀장으로 하는 태스크포스팀을 꾸려 국비확보를 위한 다양한 전략을 추진했다. 국비를 조금이라도 더 유치해 서산발전을 견인하고 현안사업을 차질 없이 추진할 수 있도록 하기 위해 혼신의 노력을 기울여왔다. 그 치열한 경쟁 속에서 우리 서산시는 해마다 선전하며 많은 국비를 유치해 현안사업들을 차질 없이 추진해 왔고, 앞으로도 미래도시 서산을 위해 다양한 발전사업들을 추진해 나갈 것이다.

무엇보다 정부의 정책기조에 맞는 전략사업을 발굴해 국비 반영률을 높이는 한편, 지방비 부담이 과중하지 않은 관광, 환경 등 시민 삶의 질 향상과 관련된 생활밀착형 사업, 미래성장동력 사업 등을 중점 발굴해 양질의 국비사업을 우선적으로 확보하려고 노력하고 있다. 지역경제 활성화를 위해 도로, 항만, 상수도 등 사회간접자본사업과 일자리창출사업 추진에도 힘을 쏟고, 서울사무소 및 세종사무소를 중심으로 적극적인 중앙부처 방문활동을 전개하면서 예산편성에서부터 국회 심의단계까지 국회의원과 중앙부처, 충남도와 유기적인 협조체계를 구축해나가고 있다.

나는 지역 현안사업의 원활한 추진과 시민 삶의 질 향상을 위해 시장 임기가 끝나는 날까지 발품행정을 멈추지 않을 것이다.

그동안 외부재원을 얼마나 확보해왔나?

2014년 새해 벽두에는 정부로부터 특별교부세 16억 원을 추가로 확보하는 등 전년 대비 124억 원이 증가한 5,561억 원의 외부재원을 확보했다. 복지비용 증가 등으로 정부가 예산을 감축하는 기조에서도 당초 목표액보다 61억 원이 많은 외부재원을 확보한 것이다.

그로 인해 국가시행사업인 대산–석문 간 국도38호선 확·포장, 서산A지구 농업기반시설 재정비, 대산항 국제여객부두 및 터미널 건설, 성연–음암 간 국도대체우회도로 개설과 충남도 시행사업인 국지도 70호선 개설, 지방도 649호 확·포장, 간월호관광도로 개설을 추진했고, 서산시 자체시행사업인 서산테크노밸리 진입도로 개설, 도시형 산단진입도로 개설 등을 차질 없이 진행할 수 있었다.

2015년에는 지역발전 특별회계 국비예산에서 충남도 시행사업을 포함해 모두 335억 원이 기획재정부 심의에 반영되는 쾌거로 사상 최대의 외부재원을 확보했는데, 전년도보다 110억 원이 늘어난 5,671억 원을 확보했다. 기존 시행사업들을 지속적으로 추진함과 동시에 신규 사업인 서산화물자동차 휴게소 조성, 성연–인지 간 국도대체우회도로 개설, 지곡 중왕지구 배수개선, 지곡 산성지구 농업용수 확충 등의 사업이 반영됐다.

특히, 2015년에는 세수결손액이 사상 최대치에 이르는 등 2016년 재원확보에 어려움이 예상된 데다 정부의 예산순기가 앞당겨져 예산확보에 보다 선제적으로 대응했다. 주요 현안사업별로 방문단을 구성해 예산확보활동을 펼쳤는데, 방문계획은 총 50여 회로 잡고 설득논리를 개발해 사업의 필요성을 설명하고 예산반영을 적극 건의했다.

또 2015년 11월에는 국회를 방문해 박명재 의원과 이종배 의원 등 예산결산특별위원회 산하 예산안조정소위원회 위원들과 면담하고 서산-당진 간 고속도로 건설에 대한 국회의 관심과 지원을 협조·요청했다. 이 자리에서 나는 '대산공단에서는 연 4조 원이 넘는 국세를 납부하고 있지만 도로접근성은 우리나라 3대 석유화학단지 중 가장 열악하다'는 점을 강조하며 대산공단 경쟁력 강화뿐만 아니라 국가균형발전 차원에서 고속도로 건설은 반드시 추진돼야 할 사업임을 강조했다. 또한 물동량 전국 6위인 대산항의 국제여객선 취항사업에 대해서도 자세히 설명했다. 그 결과 2016년 외부재원은 5,077억 원을 확보했다.

2016년에도 발품행정은 이어졌다. 행자부 출신으로 2015년 서산시 부시장으로 내려온 권혁문 부시장과 함께 중앙인맥을 총동원해 현안해결에 올인한 것이다. 5월에 중앙부처를 방문한 권 부시장은 웅도 체험마을 조성사업과 우도 호안조성사업에 필요한 국비지원을 요청했고 신규 사업들도 여럿 예산반영을 이뤄냈는데, 우선 국가시행사업으로 대산-당진 간 고속도로 건설 타당성평가 용역, 대로-독곶 간 국도 건설 사전기획 용역, 한국생명공학연구원 서산분원 건립 등이 반영됐고, 충남도 시행사업으로 서산바이오·웰빙·연구특구와 태안기업도시를 잇게 될 연결교량 예산과 해미전통시장 재건축, 지역교통 안전환경 개선을 위한 예산 등이 반영됐다. 그로 인해 2017년의 외부재원은 전년 대비 476억 원 늘어난 총 5,553억 원을 확보했다.

2017년 보통교부세는 역대 최고액을 확보했는데, 2014년 1,976억 원, 2015년 1,905억 원, 2016년 1,836억 원으로 매년 감소추세였지만 2017년은 전년대비 21.6%인 397억 원이 증가된 2,233억 원의 보통교부세를 확보했다. 이는 도내 시·군 평균 증가율인 16.4%를 크게 웃도는 것이다. 보통교부세는 국가에서 매년 지방자치단체의 재정수입액과 재정수요액을 고려해 기본적인 행정수행에 필요한 경비를 교부하는 것으로 자주재원에 해당된다. 기업입주 및 인구증가 등으로 자체세입이 늘고 있는 상황에서 교부세가 전년대비 큰 폭으로 증가한 것은 괄목할 만한 성과라는 평가를 얻었다. 그동안 서산시는 보통교부세 수요산정에 필요한 도로, 공원 등 다양한 통계자료를 철저히 관리했으며, 감액 페널티를 최소화하기 위해 지방세 징수율 제고, 체납액 최소화 등 세입확충을 위한 자구책 마련에 많은 노력을 기울여왔다.

2017년 3월에는 '2018년도 외부재원 확보 신규사업 발굴 토론회'를 개최해 총 110건의 사업이 논의됐다. 이 자리에서는 차년도 외부재원을 6,599억 원으로 잡았고, 해수담수화사업과 지역특성화대학 유치 등이 핵심사업으로 거론됐다.

황금빛 톡톡(TalkTalk!)

서산시는 시민들의 생활불편민원을 적극적으로 처리한 공무원을 뽑아서 '발품왕'으로 표창한다. 책상에서만 이루어지는 행정보다 발품행정이 때로는 좋은 결실을 맺을 수 있다는 것은 내 오랜 경험에서 우러나온 금과옥조 같은 교훈이다.

서산시가 개청 이래 역대급으로 외부재원을 확보하고 여러 부문에서 다양한 상을 수상한 결과는 시장부터 국장, 실·과장, 담당자까지 부지런히 발품을 팔며 국회와 국가 중앙부처를 찾아다닌 덕분이다.

빛 한 푼 없는
서산이 되다

"자원은 그 자원을 가장 효율적으로 사용할 수 있는
사람들의 손에 들어가야 된다."

– 워렌 버핏 –

국민이 낸 세금을 어떻게 낭비 없이 효율적으로 쓸 것인가에
대한 고민은 행정을 하는 모든 사람들의 숙제이자 의무이다. 전
시행정으로, 또는 검증되지 않은 사업에 투자해 국민들의 비난
을 받고 있는 지자체의 사례는 적지 않다. 수천억 시설물이 애
물단지가 되거나 세금 먹는 하마가 되어 지자체의 재정을 갉아
먹는 경우도 많다. 피 같은 국민의 세금이 줄줄 새고 있는 현장
을 목격할 때면 차라리 저 돈을 다른 곳에 썼더라면 하는 아쉬
움과 한탄이 절로 나온다.

국민이 땀 흘려 번 돈을 바로 내 주머니의 돈처럼 아껴 쓰는
일, 시민이 낸 세금을 시민에게 다시 돌려주는 일은 시장으로서
철저히 챙기고 꼼꼼히 체크해야 할 부분이다.

이와 같은 생각으로 서산시는 2014년 '예산효율화 종합계획'
을 발표했다. 이 계획의 골자는 세출예산 절감 및 민간이전경비

일몰제 운영, 지방채 조기상환, 세입증대, 예산낭비 최소화 등이다. 이에 따라 서산시로부터 지원받은 보조금 중 3년이 경과된 사업은 성과평가와 일몰제가 엄격히 적용된다. 그리고 이를 통해 절감된 예산은 서민경제 활성화와 맞춤형 복지 등에 재투자된다.

또한 경상적 경비 및 행사성 경비의 10% 의무절감과 사업비 자율절감을 통해 절감된 예산을 재해예방과 안전시설 확충 등에 재투자하도록 했다. 특히, 조기발주설계단과 계약심사제 운영을 통해 예산절감과 품질향상도 함께 꾀하고 있다. 여기에 세입증대를 위한 체납세금 징수전담팀 운영, 사용료 및 수수료 현실화, 신규세원 발굴, 재정운영상황 홈페이지 공개 등도 병행하고 있다.

예산낭비 최소화를 위해 '예산낭비 신고센터'도 운영하고 있으며 우수 사례집도 발간해 실무자들에게 노하우를 공유하게 하는 등 재정 건전성 향상을 위해 많은 노력을 기울이고 있다.

계약심사로 예산절감

계약심사제도는 공사, 용역, 물품구매에 앞서 원가산정과 공법선택의 적정성을 사전에 심사하는 것이다. 추정금액이 공사 3억 원(전문공사 2억 원), 용역 7,000만 원, 물품 2,000만 원 이상인 사업이 심사대상이 된다. 서산시는 지난 2009년부터 계약심사제를 추진하면서 실무자들을 대상으로 전문교육을 실시하는 등 계약심사제가 안정화될 수 있도록 많은 노력을 기울여 왔다.

2014년에는 본청과 직속기관, 사업소를 대상으로 169건의 공공사업에 대한 계약심사를 통해 21억 원의 예산을, 2015년에는 163건의 공공사업에 대한 계약심사로 12억 원을, 2016년에는 계약심사를 통해 33억 원의 예산을 절감했다.

서산시는 계약심사제도를 실시한 2009년도부터 매년 10억~20억 원을 절감해 지금까지 모두 970여 건의 사업에서 총 180여억 원의 예산을 절감하는 효과를 거두고 있다.

드디어 빚을 다 갚다

한때 미국 제조업과 자동차산업의 중심지였던 디트로이트가 2013년 파산했다. 위태로운 상황에서 허리띠를 바짝 졸라맸어야 할 시 정부는 방만한 재정구조를 바로 잡지 못하고 결국 무너졌다. 185억 불의 막대한 부채에 짓눌려 쓰러진 것이다.

일본에서는 광산도시로 유명한 홋카이도 유바리가 관광산업을 진흥시키려다 수백억 엔의 빚을 지고 2006년 파산했다. 빚잔치를 벌이던 민선시장은 적자를 감추려고 온갖 비위를 저지르다 들통이 나 곤욕을 치러야 했다.

명심해야 할 것은 이 같은 지방자치단체의 도산사태가 우리에게도 눈앞의 현실로 다가와 있다는 점이다. 재정자립도 면에서 우리나라 지자체들은 허약하기 그지없다. 지방세 수입만으로는 인건비조차 대지 못하는 지자체가 절반을 넘는다.

서산시는 동서간선도로 개설을 위해 2008년 충남도에서

3.5%의 이율로 차입한 90억 원의 지방채를 2014년 말 3.0%의 이율로 차환해 2억 2,000만 원의 이자 절감효과를 거두었고, 대산지구 도시개발사업 체비지 매각을 통해 2028년까지 상환할 계획이던 충남도 지역개발기금 150억 원도 2014년 조기상환해 42억 원의 이자절감 효과를 거뒀다.

2016년 말에는 지방채 204억 원 중 49억 원을 조기상환해 재정건전성을 향상시켰다. 동서간선도로 개설, 환경안정화시설 설치, 간월도관광단지 조성을 위해 지난 2004년~2008년까지 총 319억 원의 지방채를 발행했는데, 당초 2020년까지 상환할 계획이던 간월도관광단지 채무는 2016년 예산에서 경상적 경비를 절감하여 조기상환금을 마련해 2억 원의 이자부담을 줄었다.

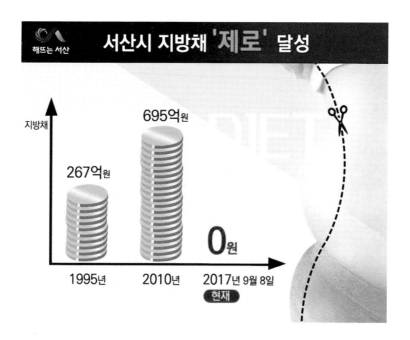

서산시 예산은 내가 처음 시장에 취임할 무렵 5,594억 원이었고, 695억 원의 부채를 떠안고 있었다. 2018년 1월 현재는 현액 기준으로 9,840억 원으로 1조 원 시대를 눈앞에 두고 있다.

채무액은 2010년 695억 원을 기준으로 매년 감소해 2014년에는 429억 원, 2015년 224억 원, 2016년 155억 원으로 줄었다.

여기서 그치지 않고 동서간선도로 건설에 따른 지방채 80억 원을 2017년 7월 14일 전액 상환했고, 환경안정화시설 조성에 따른 지방채 75억 원도 2017년 9월 8일 모두 조기상환하면서 명실공히 서산시는 지방채 없는 지자체로 등극하게 됐다.

최우수 지방자치단체 대상 수상. 2017.12.14.

서산시는 그동안 지방채 체납액 해소를 위해 적극적인 세입확충 활동을 벌이고 특별교부세 확보 등 꾸준한 외부재원 마련으로 지방채 조기상환의 여건을 마련했다. 특히, 2015년부터 구체적인 조기상환계획을 마련해 적극 추진한 결과 2017년 9월 지방채 제로Zero화를 이루게 됐고 이를 통해 13억 원의 이자절감효과를 내며 건전재정에 파란불을 켰다.

　서산시는 이러한 모든 재정상황을 홈페이지에 공시해 재정운영상황에 대한 시민의 이해를 돕고 책임성과 투명성을 확보하기 위해 노력하고 있다.

　낭중지추囊中之錐라고 했던가. 서산시의 이러한 모범적 재정운영에 대해 시민단체는 그냥 지나치지 않았다. 세금바로쓰기납세자운동본부는 2017년 12월 14일 한국프레스센터에서 '2017년 최우수지방자치단체시상식'을 열고 최우수 단체 다섯 곳에 영광의 상패를 주었다. 우리 서산시가 포함됐음은 물론이다. 서산시의 재정운영 건전성과 효율성을 전국시민단체에서도 인정한 것이어서 그 기쁨이 더욱 컸다.

　또 전국 지방자치단체 주민참여예산제 평가에서 최우수 기관으로 선정돼 오는 2월 행정안전부장관 표창이 예정되어 있기도 하다. 이는 곧 서산시 건전 재정운영의 방증傍證이며 빚 없는 서산시가 빛나는 이유이기도 하다.

　일부에서는 부채를 전액 상환해 지방채 제로Zero화를 이룬 것에 대해 곱지 않게 보는 시선도 있다. 하지만 부채를 어느 정도 안고 있어도 괜찮다고 할 수 있는 때는 경기가 좋고 갚을 능력이 충분할 때의 얘기다.

독배를 마신 소크라테스가 친구에게 "빚진 닭 값을 대신 갚아 주게"라는 말을 남긴 일화나 법정 스님이 "그동안 풀어놓은 말빛을 다음 생에 가져가지 않도록 더 이상 책을 내지 말아 달라"고 한 유언은 빚이 주는 무게감에 도덕적 책임감이 더해져 있다. 오뉴월 품앗이도 먼저 갚으랬다. 그것이 오늘을 사는 우리들의 빚에 대한 합리적인 자세가 아닐까 싶다.

황금빛 톡톡(TalkTalk!)

가끔 우리는 지자체장의 잘못된 비전 제시로 인해 엄청난 예산낭비의 현장을 목도하기도 한다.

공직자들은 때로는 현장을 한 번 방문하면 쉽게 알 수 있는 문제점을 책상에 앉아서 해결하려 하기에 실수를 한다. 제대로 현장을 확인하지 않고 사업을 추진하면 예산을 낭비할 가능성이 클 수밖에 없다.

소통 행정,
공감 행정

> "산길의 오솔길도 사이사이 사람들이
> 자주 다니다 보면 큰길이 되지만,
> 뜸하게 이용하지 않으면 풀만 우거진다."
>
> – 맹자 –

    소통疏通과 공감共感이 시대적 화두가 된 지 이미 오래다. 환경이 급변하고 사회가 다원화되면서 그 중요성은 더욱 부각되고 있는 상황이다. 협력적 행동방식을 기반으로 '수평적 권력 이동'이 진행되는 현대사회에서 소통은 강력한 힘을 가지고 있으며 큰 영향력을 발휘할 수 있다. 사람과 사람이 만나 서로 마음을 털어놓는 길이야말로 사회가 건강해지고 건전하게 발전할 수 있는 지름길이기 때문이다. 중국의 장자는 이미 2,400여 년 전에 소통의 중요성을 강조했다. 장자는 상대방과 차이를 인정하는 '인지', 상대방의 욕구에 맞는 소통을 의미하는 '실천', 마지막으로 소통을 통한 자신의 '변화'를 주문했다. 사람은 기본적으로 타인을 향해 열려있는 존재이며 타인과 소통하면서 만들어지는 존재라고 장자는 말하고 있는 것이다.

위대한 소통의 대통령으로 불리는 로널드 레이건은 미국 역사상 최악의 시기에 등장한 지도자였다. 레이건이 대통령에 오른 1981년, 미국의 인플레이션은 12.5%에 달했고 실업률은 7.5%였으며, '미국의 시대가 저물고 있다'는 비판주의가 넘실댔다. 하지만 69세의 나이에 백악관에 입성한 레이건은 취임 초기 100일 동안 49차례에 걸쳐 의원 467명을 만나며 초당적 협력을 얻어냈고 이를 바탕으로 수많은 난관들을 하나하나 극복해 나갔다. 그는 소통과 긍정의 메시지를 통해 경제위기를 극복하고 국가의 자존심을 드높였으며 세계 냉전을 종식시킴과 동시에 아직도 미국인들의 가슴속에서 사랑받고 있다. 주민이 고객인 지방행정에 있어서도 이제는 소통과 공감이 행정 패러다임으로 자리매김해 가고 있다. 행정에 있어서 진정한 소통은 '현장행정'을 통해 가능하다고 단언할 수 있다.

정치·경제·사회·문화의 급격한 변화와 IT기술 및 지식정보의 발전 등 외부환경이 시시각각으로 변함에 따라 행정수요 역시 다양화되고 시민의 니즈 또한 나날이 늘어나고 있다.

서산시는 다양한 시민요구에 부응하고 행정발전을 도모하기 위해 민선5기 때부터 '5S·5품 운동'을 전개하고 있다.

'5S·5품 운동'의 5S는 친절한Smile 행정, 간편한Simple 행정, 유연한Soft 행정, 신속한Speed 행정, 깔끔한Smart 행정을 말하고, 5품은 두품(창의), 입품(칭찬), 손품(소통), 심품(감성), 발품(현장) 행정을 의미한다. 5S가 전략적 개념이라면 5품은 전술적 개념에 가깝다 할 것이다.

서산시는 민선 6기에도 행정혁신을 위한 '5S·5품 운동'을 적극 추진하고 우수사례를 선정해 불합리한 행정서비스를 개선하고 있다. 모든 공직자가 '5S·5품 운동'에 적극 동참한 결과 각종 시책평가에서 상을 받는 등 눈에 띄는 성과들을 얻을 수 있었다. 나는 앞으로도 5S·5품 운동을 꾸준히 펼쳐 시민이 원하는 서비스를 제공하고 시정의 경쟁력을 높여 나갈 것이다.

1일 명예 읍·면·동장제와 똑똑 시장실

서산시는 매월 또는 분기별로 15명의 읍·면·동장이 새로이 부임한다. 시민의 시정참여를 활성화하기 위해 '1일 명예 읍·면·동장'으로 15명의 시민들을 위촉한다는 말이다. 읍·면·동장 체험을 통해 주민과 대화하고 소통하는 색다른 시정참여 방식으로 시민들의 호응도가 높다. 결혼이주여성, 농업인, 가정주부, 대학생, 기업체 대표, 전직교사 등 다양한 직업과 연령의 시민들이 하루 일정으로 명예 읍·면·동장의 역할을 수행한다. 이들은 읍·면·동 당면 현안사항을 청취하고 경로당, 독거노인가구, 사업현장 등을 방문하면서 지역현안에 대한 시책을 제안하기도 한다. 뿐만 아니라 시장을 비롯한 간부공무원들과 대화의 시간도 갖고 시민의 생생한 현장목소리를 전하기도 한다.

참여자들은 "고향의 소중함을 깨닫게 해줘서 감사하다", "어려운 이웃을 위해 힘을 보태겠다"는 등 다양한 소감을 밝히기도 했다. 2017년 말까지 총 21회에 걸쳐 315명의 명예 읍·면·동장을 배출했다.

미래 서산, 미래 대한민국을 이끌어갈 꿈나무인 어린이들에게
시장실을 완전히 개방하는 '똑똑talk-talk 시장실'도 인기다. '똑똑'
의 의미는 시장실의 문을 똑똑 노크한다는 의미와 시장과 만나
대화talk한다는 의미의 합성어 표현이다. 2012년부터 시작했는데
해를 거듭할수록 더욱 좋은 반응을 얻고 있다. 어린이들은 시장
실에 와서 시장인 나와 마주앉아 자기소개도 하고 장래희망, 평
소 시정에 대해 궁금했던 사항들을 물어보기도 한다. 모의 시정
회의에서는 직접 시장, 부시장, 국장, 과장 등 간부역할을 하며
시정의 주요시책을 토의해 보는 시간도 갖는다.

나는 항상 "꿈을 가지고, 좋은 책을 많이 읽고, 좋은 친구를
많이 사귀어라"라고 말하며 "멋지게 성장해 훌륭한 서산 시민,
더 나아가 우리나라를 이끌 동량이 되어 달라"고 부탁한다.

2017년 11월 25일에 열린 제35회 똑똑시장실은 최근이기도
해서 그렇겠지만, 특별히 기억에 남는다. 전과 다르게 예상치
않은 질문들이 많아 박장대소하는 일이 많았다. 연봉은 얼마냐?
빚은 있느냐? 주식은 있느냐? 결혼은 했느냐? 등등. 여러 어린
이들의 계속된 의외의 질문에 함께 참석한 어머니들은 무안한
표현이 역력했다.

꿈과 희망으로 가득 찬 서산 어린이들을 보는 일은 늘 흐뭇하
고 즐겁다. 이 같은 경험이 아이들을 성숙한 시민으로 자라게 할
것이라는 믿음으로 나는 한 명 한 명에게 따뜻한 눈빛을 보낸다.

황금빛 톡톡(TalkTalk!)

소통행정의 핵심은 '현장행정'이다. 행정의 모든 문제는 현장에 있으며 그 해답도 바로 현장에 있기 때문이다. 현장에서 마음을 열고 주민들과 함께 땀을 흘리다 보면 틀림없이 소통이 이뤄지고 시민의 눈높이에 맞는 맞춤 행정이 가능해진다.

제35회 똑똑 시장실

시민 불편은
바로바로

"마음을 다한다는 것은 행동하는 것이다."

— 맹자 —

과거 공무원들에 대한 부정적 인식 중에는 편의주의나 탁상행정 등이 있었다. 하지만 사회가 발전하고 시민의식이 성장하면서 더 이상 이 같은 관료주의적 행태는 발붙이기가 어려워졌다. 이제 공무원들도 발품행정, 소통행정, 시민중심행정을 하지 않으면 경쟁력에서 뒤처질 수밖에 없게 되었다.

서산시는 시민 불편사항을 신속히 해결하기 위해 많은 노력을 기울이고 있다. 해마다 민원이 증가함에 따라 이를 체계적으로 분석해 맞춤형 대책을 세워나가고 있다. 한 예로, 지식정보화에 따라 방문민원은 줄고 스마트폰을 이용한 전자민원이 늘어나는 추세를 감안해 온라인으로 제기된 민원에 대해서는 신속한 처리상황을 통보하고 빠른 답변으로 행정의 신뢰도를 높여나가고 있다.

매주 목요일 오후 8시까지 운영되는 야간민원실을 비롯해 민원안내와 상담을 위한 전담직원 배치, 24시간 민원발급 서비스, 원터치 부동산정보 열람시스템, 찾아가는 이동민원실 등도 세태를 반영한 것이다.

가로순찰대와 다람쥐민원처리반

서산시에는 민·관합동 가로순찰대가 있다. 가로순찰대는 40여 개 사회단체와 서산시의 36개 부서 공무원 등 200여 명으로 이루어져 있다. 이들은 매달 1회 국도와 지방도 등 9개 주요도로를 순찰하며 교통시설물, 가로·보안등, 쓰레기, 불법광고물 등과 관련한 시민불편사항을 발굴한다. 현장해결이 가능하면 즉각 조치하고 현장조치가 어려운 경우에는 담당부서에 통보해 해결될 수 있도록 한다.

이들 가로순찰대는 매년 300~700건에 이르는 시민불편사항을 발굴, 처리하는 성과를 올리고 있다. 작은 일도 적극적으로 나서서 해결함으로써 시민생활에 상당한 도움을 주고 있어 시민들로부터 '최고'라는 말을 듣는다.

수도 행정서비스에 대한 시민만족도를 향상시키기 위해 '다람쥐 민원처리반'도 운영하고 있다. 부지런한 다람쥐처럼 시민들에게 한 발짝 먼저 다가서는 서비스를 통해 시민들의 불편을 신속하게 해결하자는 취지로 만들어진 이름이다. 다람쥐처리반은 수도과 직원을 4개 조로 편성해 매월 4일과 셋째 주 화요일에 운영한다. 상·하수도 공사현장과 시설물 순찰 등을 통해 공사 후 복구상태, 안내표지판 설치, 안전관리 실태 등을 점검하고 발견된 민원사항은 즉시 현장에서 조치하고 해결한다.

30년 묵은 토지분쟁 해결

토지 경계정리와 관련된 지적업무는 욕먹지 않으면 다행일 정도로 어려운 일이다. 일제강점기 때의 경계가 지금까지 유지되면서 한 필지에 여러 사람의 건축물이 혼재돼 다툼이 끊이지 않는 경우도 많다. 사정이 이렇다 보니 각종 권리행사에 불편이 있을 뿐만 아니라 토지 소유주들의 분쟁이 계속되고 있다. 이에 서산시는 지역발전에 악영향을 미치는 지적 불부합지 정리에 발 벗고 나섰다.

2014년에는 오랜 토지분쟁지역이었던 고북면 기포리 일원 지적 불부합지(347-2번지 일원) 49필지 1만 4,062㎡를 정리해 30년 토지분쟁을 해결했다. 당시 조주형 담당공무원이 1979년 주거환경개선사업 추진 당시 근거서류를 찾아내어 주민들을 대상으로 이해와 설득을 계속한 결과였다.

2015년에는 읍내동 경계 불부합 지역의 정정도 완료했다. 시내의 중심지역으로 수차례 토지변동이 있었고 건물이 신축돼 지적도의 경계와 현재의 건물이 일치하지 않아 각종 권리행사에 장애가 있어 소유주들의 분쟁이 계속되던 곳이었는데, 김종찬 토지정보과장을 비롯한 직원들이 열정과 설득으로 이를 해결한 것이다.

2016년에는 롯데캐슬아파트 부지에 대해 최종구 토지정보과장을 비롯한 담당공무원들이 지목변경과 합필정리를 모두 마쳐 주민들이 재산권을 행사할 때 77건이나 되는 관계서류를 첨부해야 하는 불편을 없앴다. 이 아파트는 2006년 준공 당시 부지가 합병되지 못한 채 77필지로 분할돼 있었다. 이에 따라 지적공부, 건축물 관리대장 등 각종 부동산관련 서류가 대표지번 없이 77필지로 나뉘어 관리되면서 주민들이 재산권을 행사할 때 77건의 서류를 첨부해야 하는 불편함이 있었다.

이 밖에도 서산시에 입주하는 기업들을 위해서 마음 놓고 사업에만 전념할 수 있도록 소유부동산에 '기업땅 관리 OK-서비스'를 지원하고 있다. 이 서비스는 각종 규제에 대한 전문지식 부족과 지적공부 확보 미비 등으로 기업이 겪고 있는 부동산 관리의 어려움을 해소하기 위해 지적 분야와 지가관리, 부동산관리, 측량분야 등 기업부동산 전반에 대한 효율적인 관리와 정보를 제공한다. 특히, 기업별 각종 토지 정보가 담긴 증명서와 홍보자료를 부동산 관리용 바인더로 제작해 직접 방문해 제공하고, 지적 분야 기업 애로사항에 대해서도 친절하게 상담해 주어 호응을 얻고 있다.

황금빛 톡톡(TalkTalk!)

소통(疏通)과 공감(共感)은 시대적 화두가 되었다. 환경이 급변하고 사회가 다원화되면서 그 중요성은 더욱 부각되고 있는 상황이다. 협력적 행동 방식을 기반으로 '수평적 권력 이동'이 진행되는 현대사회에서 소통은 강력한 힘을 가지고 있으며 큰 영향력을 발휘한다. 사람과 사람이 만나 서로 마음을 털어놓는 길이야말로 사회가 건강해지고 건전하게 발전할 수 있는 지름길이기 때문이다.

반드시 풀어야 할 과제, 공용버스터미널

"가장 어두운 때는
해가 뜨기 직전의 순간이다."
– 파울로 코엘료, 『연금술사』 –

서산시민들에게 서산에서 반드시 해결해야 할 과제를 하나 꼽으라고 한다면, 대다수 시민들은 버스터미널 이전 문제를 꼽을 것으로 생각한다. 그만큼 오래된 숙원 사업에 해당되기 때문이다. 서산시민들뿐만 아니라 외지에서 서산을 버스로 찾은 분들은 이내 버스터미널 환경을 보고 혀를 내두른다. 이게 무슨 '해 뜨는 서산'이냐며 터미널은 고사하고 '차부'라는 말이 맞겠다는 말을 하기도 한다. 인근 당진을 비롯해 예산, 홍성, 태안 등에 비해 너무 낙후되어 서해안 중심도시라는 말이 그냥 무색해져 버리는 것이다.

서산시 공용버스터미널은 1980년대 동문동 일대에 지어졌다. 대지 8천 846㎡, 건축면적 3천 319㎡ 규모의 2층 건물인데 지어진 지 40년이 다 되어가다 보니 좁고 시설이 낡아 불편을 호소하는 민원이 많았다. 게다가 1층 대부분이 상업시설로 들어차 승객들에게 큰 불편을 주었고, 낙후된 시설이 도심 한복판에 자리 잡아 이전해야 한다는 목소리가 높았다.

하지만 찬반 여론이 팽팽해 쉽게 결정 내리지 못하고 지금까지 왔다. 2011년 유상곤 시장 시절 터미널 이전에 대해 남서울대학 산학협력단에 의뢰해 주변 상인과 터미널 이용자, 주민 등 1천여 명을 대상으로 설문조사를 실시한 적이 있다. 그때 찬반 여론은 이전 찬성 비율이 이용자는 56.0%, 지역상인은 49.6%로 신축이전 찬성 쪽이 상대적으로 높게 나왔다. 아무래도 주변 상인들의 상권위축 우려 심리가 반영되었을 것이다. 현 터미널 시설과 서비스에 대해서도 이용자와 주민 모두 안내시설이나 종사자의 친절성, 부대시설 등에 불만스럽다는 평가를 내렸다. 그 뒤 이전 비용의 부담과, 사양사업에 해당하는 터미널의 민간사업자 발굴이나 공영터미널 전환의 어려움 등을 이유로 구조변경 등 현대화사업을 추진키로 하고 인구가 25만 이상 증가할 경우 이전하기로 결정된 바 있다.

나는 버스터미널과 관련한 얘기가 나오는 자리에서는 대부분 공격을 받는 편이다. "버스터미널 안 옮깁니까?"라는 질문을 곧잘 받는다. 그 질문에는 불만이 깔려있다. 서산이 발전하고 있다고들 하는데 터미널만 보면 시골 동네도 그런 동네가 없다는 혹평을 내놓는다. "중국과 국제여객선이 뜨면 뭐하고 민항기가 뜨면 뭐합니까? 외국인들에게도 창피한 문제 아닙니까?", "얼마 전에 외지에서 온 친구들을 만났는데 서산이 굉장히 발전된

도시인줄 알았는데 터미널 보고 놀랐다는 말을 듣고 챙피해서 혼났습니다"라는 말도 들었다. 지난해 11월 택시를 타고 퇴근한 적이 있는데 이때 택시 기사와의 대화에서는 더욱 민심의 흐름을 읽을 수 있었다. "터미널 이전하겠다는 사람이면 무조건 찍고 그렇지 않으면 무조건 안 찍을 작정입니다."

나는 지난 민선6기 시장에 출마하면서 이미 터미널 이전 추진 공약을 밝힌 바 있다. 지금 그 공약 이행을 위한 절차를 차근차근 진행하고 있는 과정에 있다. 그러나 대부분의 시민들은 반대하는 사람들의 눈치를 보느라 진척시키지 못하고 있는 것으로 알고 불만들을 많이 한다. 최근에 다시 터미널 이전문제가 거론되면서 부쩍 항의 전화가 많아졌다. 왜 터미널 이전을 추진하지 않고 있느냐는 것이다. 반대하는 목소리에 물러서는 나약한 시장이 되지 말라는 충고도 자주 듣는다. 허황된 유언비어도 터미널 추진의 속도를 늦추는 요인이 되고 있는 것으로 보는 분들도 적지 않아 보인다. 터미널 위치가 어디어디로 이미 결정되어 있고, 그 주변에 시장 주변사람들이 땅을 다 사놨다는 말들이 장안에 쫘악 퍼져있을 정도다. 그저 허허 하고 너털웃음 한 번 웃고 넘어갈 수밖에. 그렇지만 선거를 앞둔 시점에서 이 같은 '카더라'가 어떻게 기승을 부릴지 시민들의 현명한 판단에 맡겨둘 뿐이다.

나는 새해 부춘동 및 동문2동 주민과의 대화에서 복합터미널 조성문제에 대한 주민의 질문에 '서산 발전을 위해 반드시 해결해야 할 과제'라며 나의 입장을 분명하고도 강하게 밝혔다. 서산-대전 간 고속도로, 민항유치, 국제여객선 취항, 서산-울진 간 동서횡단철도 등 사통팔달 교통체계 구축으로 서산시가 국제적인 도시로 도약하려는 상태에서 열악한 복합터미널은 서산시의 위상에도 맞지 않기 때문이다. 인근 중심상권과 동부전통시장 등의 존재감을 고려하면 인근 주민들이 무엇을 걱정하는지도 잘 알고 있다. 그렇기 때문에 시에서는 터미널 주변 상권을 고려하여 다각적인 대책을 마련하기 위해 고심하고 있으며, 지역주민들과도 협의를 통해 최적의 방안을 모색해 나갈 것이다.

현재로서는 기존의 터미널을 존치시켜 시내버스 환승터미널 역할을 담당하게 하고 신규로 조성하는 복합터미널은 고속·시외버스가 이용하는 방안이 바람직하다는 생각이다.

복합터미널 조성은 현재 추진 중인 수석지구 도시개발사업과도 병행해 추진하게 된다. 수석지구 도시개발사업은 수석동 일원에서 86만㎡ 규모로 추진되며 총사업비 1,403억 원이 투자된다. 이를 통해 생산유발액 1,666억 원, 부가가치유발액 602억 원, 취업유발인원 1,249명 등의 파급효과를 전망하고 있다. 수석지구 도시개발사업은 2017년 11월 행정안전부의 중앙투자심사에 통과됐으며 복합터미널 조성 사업도 이 사업과 맞물려 추진하게 될 것이다.

복합터미널 조성은 하루아침에 되는 사업이 아니다. 수석지구 도시개발사업은 조사설계용역 착수에서 도시개발구역지정,

개발계획 수립까지 최소 1년 이상이 걸리는 사업이다. 이후의 절차 진행에도 상당기간 소요된다. 이 과정에 각계각층의 의견이 폭넓게 수렴될 것이다.

반대의 목소리를 들어보면 2011년의 용역결과에서 제시된 25만 인구가 도래하지 않았는데 왜 벌써 이전을 추진하는 것이냐며 이는 신뢰원칙에 어긋난다는 논리를 펴고 있다. 그러나 그때는 서산공항 유치 등과 같은 변화예측은 없었을 뿐만 아니라, 터미널 이전 문제를 인구 숫자만으로 판단해서 결정할 일도 아닌 것이다. 용역결과는 정책 추진에 참고하기 위한 것이고 상황변화에 따라 얼마든지 정책은 변할 수 있는 것이다. 전임 시장 때 결정한 일을 바꾸면 안 된다는 논리도 맞지 않다. 급속한 변화 속에 발전하고 있는 서산의 미래 상황과 이에 걸맞는 위상 등을 고려해 방침을 수정할 수 있는 것이다. 오래전 용역결과를 상황변화에 대한 고려 없이 금과옥조로 품고 있기만 할 사안은 아닌 것이다. 교통체증이 이루어진 다음에 도로 문제 해결에 나서야 하는 것인지, 아니면 미리 교통체증 현상을 예견하고 도로 개설 준비 작업에 나서야 하는지를 생각해보면 쉽게 이해가 될 것이다.

터미널 이전으로 원도심의 상권이 위축되는 것을 방지하기 위한 노력은 반드시 필요한 일이다. 한−중 간 뱃길이 열리면서 서산을 찾는 중국 관광객들이 자주 찾는 명소가 될 수 있도록 다각적인 노력도 기울여나가야 한다. 인접 시·군들과의 연계관광

코스 활성화도 꾀하여야 한다. 문화와 예술, 휴식 및 오락 등의 콘텐츠를 터미널이 떠난 위치 또는 주변에 조성하여 발길이 몰려드는 장소가 되도록 해야 한다. 부족한 주차공간도 주차타워 건립 등을 통해 해결하는 방안을 모색해야 한다. 터미널이 외곽으로 빠져나감에 따른 공동화 현상만을 우려할 것이 아니라 오히려 이 공간을 새로운 발전의 기회가 되도록 지혜를 모으는 것이 현명한 대처일 것이다. 도심에 매연을 뿜어내는 버스터미널이 도심 밖으로 나가는 것은 환경적인 측면에서도 오히려 환영해야 할 일이기도 하다. 손에 쥐고 있는 것이 소중하다고만 생각하고 손에 든 것을 놓지 않는다면 그보다 더 소중한 것을 결코 잡을 수 없다는 것을 생각해볼 일이다.

복합터미널 조성 사업은 인기영합주의를 떠나 반드시 추진돼야 하고 이를 좌시하는 것은 시장의 직무유기라고 생각한다. 이 문제는 시장이라면 강력한 의지를 갖고 흔들림 없이 추진해 나가야 한다고 생각한다. 주변상권의 활성화 문제를 함께 풀어가면서~

황금빛 톡톡(TalkTalk!)

시민의 의견을 경청하지 않고 밀어붙이기 행정을 하면 영원한 평행선을 달릴 수밖에 없다. 행정이 시민과 치킨게임을 해서 도대체 얻을 수 있는 것이 무엇일까? 불통 때문에 행정의 불신만 쌓일 뿐이다. 행정이 불신 받는 상황에서는 사업이 지연되거나 의도치 않게 예산을 낭비하기 십상이다.

꼿꼿하고 올곧게
주어진
길 가기

8

죽는 날까지 하늘을 우러러

한 점 부끄럼이 없기를

잎새에 이는 바람에도

나는 괴로워했다.

별을 노래하는 마음으로

모든 죽어 가는 것을 사랑해야지.

그리고 나한테 주어진 길을

걸어가야겠다.

오늘 밤에도 별이 바람에 스치운다.

– 윤동주 〈서시〉

암울했던 시절 고독한 선각자의 마음가짐은 오늘을 사는 우리에게 큰 울림을 준다.

고통과 번민, 좌절과 절망 속에서도 그는 "모든 죽어 가는 것을 사랑해야지. 그리고 나한테 주어진 길을 걸어가야겠다"라며 스스로를 추스르고 다독인다.

윤동주 시인은 1917년 12월 30일 북간도에서 태어나 1945년 광복을 몇 달 앞두고 채 서른이 되지 않은 젊은 나이로 세상에 이별을 고한다. 참으로 서럽고 안타까운 일이다.

그는 우리나라의 독립을 위해 총칼을 들고 싸운 의사도 아니고, 만세운동에 앞장섰던 열사도 아니다. 하지만 그의 시에는 진솔함과 간절함이 그대로 녹아들어 있다.

지금 비록 힘들고 어려운 시기이지만 각자의 자리에서 맡은 바 자기의 일을 다하다 보면 머지않아 밝은 미래가 올 것이라는 강한 믿음이 드러나 있다.

요즘 우리나라는 안팎으로 참 혼란스럽다. 이런 때일수록 국민 모두가 거룩한 소명의식을 가지고 각자 자신의 자리에서 자기의 책무를 다할 때 대한민국의 미래는 밝을 것이다.

나 역시 서산 시장으로서 나의 일과 함께 내가 가야 할 길을 흔들림 없이 걸어가야 할 것임을 다시 한 번 다짐해본다.

2018년 올해가 윤동주 시인 탄생 101주년이라는데 그분은 지금의 우리를 어떻게 보고 계실까?

민선 6기의
출발

2011년 10월 26일, 서산시장 재보궐 선거로 당선되어 2년 6개월간 최선을 다해 시장 직무를 수행했다. 그러나 초선 기간 동안은 전임시장의 잔여 임기를 채운 것이어서 온전한 초선이라 말할 수 없었다. 그렇기 때문에 제대로 된 시정을 펼치기에는 턱없이 부족한 시간이었다. 그래서 나는 2014년 6·4지방선거에서 재선에 도전하기로 했다. 민선 5기에 시작한 일들을 민선 6기에 멈춤 없이 이어가고 서산의 발전을 염원하는 시민들의 여망에 부응하기 위해서였다.

시장이 되어 창의와 역동을 바탕으로 다른 지방자치단체에서 부러워할 만큼 괄목할 만한 성과를 냈지만 2년 반이라는 시간은 '시장 이완섭'의 행정 철학을 꽃피우기에는 너무나도 부족했다. 2년 반 동안 노력을 기울여 온 야심찬 프로젝트들이 많았기에 이를 더 키워서 눈에 보이는 결실을 맺고 싶었기 때문이다.

그런데 막상 출마결심을 하고 나니, 새누리당 서산·태안 시장·군수 경선방식이 나의 발목을 잡았다. 중앙당 공천관리위원회는 충남 시·군 기초단체장 후보 경선방식에서 모두 일반국민 여론조사 50% 이상을 반영했는데, 유독 서산·태안지역만 국민선거인단 50%의 직접투표로 결정하겠다는 것이다. 나는 이를 특정인을 위한 불공정한 룰로 판단하고 거부의사를 분명히 밝혔다.

가세로 태안군수 예비후보와 함께 공동으로 중앙당에 공식 거부 및 재심을 요청했고, 이에 중앙당은 재심요청에 대해 "이유 있다"며 당원선거 50%와 국민선거인단 20%, 일반여론조사 30%로 하는 재심안을 제시했다. '국민선거인 모집과 일반여론조사를 위한 여론조사기관은 중앙당 공천관리위원회가 추첨해서 정한다'는 단서를 달아 충남도당 공천관리위원장에게 내려보냈다. 만족스러운 결과는 아니었지만 나는 대승적 차원에서 재심안을 따르기로 했다.

여기에 이르기까지 말할 수 없는 고통과 수많은 우여곡절을 겪어야 했다. 아무튼 이와 같은 이유로 뒤늦게 경선에 뛰어들어 온갖 고통을 당하는 악전고투 끝에 새누리당 서산시장 후보로 확정되었다. 기호 1번이었던 이철수 후보가 전격 사퇴하면서 기호 2번 박상무 후보와의 양자구도 속에서 피 말리는 경선을 치른 끝에 합산 득표율에서 더블스코어로 최종 승리했다.

실제 선거보다 당내 경선과정에서 너무도 힘든 과정을 거쳤다. 그리고 본선에서 나는 70.4%라는 압도적 지지율로 재선에 성공했다.

창의 · 역동시정은 진행형

한때 자동차산업의 메카로 불리며 큰 호황을 누리던 디트로이트는 연금과 복지혜택 축소는 물론 기본적인 공공서비스 감축이 불가피한 상황으로 쇠퇴의 길을 걷고 있다. 디트로이트의 몰락은 우리에게 방만한 재정운영에 대한 경각심을 일깨운다. 어느 도시든 현실에 안주하고 미래경쟁력을 확보하지 못하면 디트로이트의 전철을 밟을 수밖에 없다.

지방자치제는 지금 큰 위기에 직면해 있다. 복지비용 증가와 경기침체로 재정여건은 날로 악화되고 있지만 공공서비스에 대한 시민의 욕구는 급격히 높아지고 있기 때문이다. 지속가능한 발전을 위해서는 행정의 효율성을 높이고 시민의 눈높이에 맞는 서비스를 통해 신뢰와 만족도를 높여야 한다.

서산시의 시정방향은 창의와 역동이다. 창의성과 상호작용, 개방형 참여가 특징인 거버넌스형 사회구조에 맞춰 시민의 참여와 다양한 의견수렴을 통해 변화 속에서 보다 큰 가치를 창출해내자는 것이다.

서산시는 그동안 '대한민국 지방자치 생산성 대상', '대한민국 지식대상 최우수상', '대한민국 지방자치 경영대전 우수상' 등 다양한 상을 수상해 왔다. 서산시는 여기서 그치지 않고 시정의 전 영역에서 창의와 역동을 접목해 활력 있는 시정을 계속 진행 중이다.

포드자동차의 창업자 헨리 포드Henry Ford는 『나의 산업론』에서 '변화를 거부하는 사람은 이미 죽은 사람'이며 '유일한 안정성은 오직 변화뿐'이라고 말했다. '불확실성의 시대'에 지금보다 변화와 혁신이 요구되는 시기는 아마도 없을 것이다. 피할 수 없으면 변화를 즐기는 것이 올바른 선택이다.

지방자치단체 역시 마찬가지다. 높은 소득률과 출생률, 고용률이라는 '달콤한 열매'를 얻기 위해서는 창조적 변화와 혁신을 선도적으로 수행해야 한다. 이런 점에서 '창의와 역동의 시정'은 새로운 부가가치를 창출하고 도시경쟁력을 높이는 좋은 대안이 될 수 있을 것이다.

나는 더 나아가 창조시정을 화두로 내걸었다. 창의·역동에서 한 걸음 더 나아가 시민들이 진정으로 원하는 가치를 찾아내는 창조적인 시정을 펼치겠다는 의미다. 정부정책에 부응하면서 지역특성에 맞는 새로운 사업을 발굴해 더 많은 지원을 이끌어 냄으로써 역동적인 발전을 이끌어 가자는 취지다.

한 가지 예를 들어 서산시는 앞으로 다가올 대산항과 룽옌항 간 국제여객선 취항을 앞두고 다양한 관광 인프라를 구축해 관광객의 발길을 잡아야 한다는 과제에 직면해 있다. 우리는 새로운 관광콘텐츠 개발을 위해 여러 지역을 벤치마킹하기에 나섰다. 평소 나는 타 시·군의 창조관광 우수사례의 벤치마킹을 통해 더 나은 관광정책 수립의 필요성을 강조해 왔고, 실제로 바쁜 일정 속에서도 타 시·군의 관광 우수사례를 벤치마킹하는 솔선수범을 보여 왔다. 전주 한옥마을, 부여 서동연꽃축제, 제주의 항공우주박물관 등을 직접 방문해서 살펴보았다. 제주도의 자연경관에 상상과 역발상으로 폐자원과 지역특화자원을 관광자원으로 활용해 새로운 관광콘텐츠를 창출한 일명 '제주남이 섬' 현장도 둘러보았다. 상상디자이너로 불리는 강우현 대표의 신화창조 현장이다. 2016년 9월에는 관련부서 실·국장 및 직원과 우종재 서산시의회의장을 비롯해 시의원들로 구성된 방문단이 제주도의 다양한 관광콘텐츠를 살피고 돌아왔다. 이러한 방문성과는 서산시 관광자원과 접목시켜 더 나은 관광콘텐츠를 발굴하고 개발하는 데 도움이 되고 있다.

민선 6기의 다짐들

삶이 풍요로운 농·축·수산 도시,

희망차고 건강한 교육·복지 도시,

활력이 넘치는 산업경제 도시,

문화가 어우러진 국제적 관광 도시,

시민이 안전하고 쾌적한 생태 도시

이것은 민선 6기의 시정방향이다. 임기가 몇 달 남지 않은 상황에서 돌아보면 나름 최선을 다했고, 최선을 다한 만큼 후회는 없다. 서산시가 다양한 상을 휩쓸었다는 사실만으로도 민선 6기의 시정이 좋은 평가를 받았다고 생각한다.

나는 해마다 시정을 시작하면서 새로운 마음을 다진다는 뜻으로 사자성어를 슬로건으로 내걸었다.

시장 취임 이후 창의·역동을 모토로 시정을 추진했다. 그리고 2015년에는 초부득삼初不得三으로 바꿨다. 초부득삼初不得三

은 첫 번에 실패한 일이라도 세 번째에는 성공한다는 말로, 꾸준히 하다 보면 성공을 거둔다는 뜻이다. 실패는 성공을 위해 거쳐야 하는 관문이다. 중요한 것은 실패하더라도 처음으로 돌아가 다시 꿋꿋하게 일어서는 초심初心이다. 초부득삼初不得三의 대표적인 예가 서산–당진 간 고속도로 건설이었다. 온갖 노력에도 불구하고 번번이 고배를 마셨지만 원점으로 돌아가 다시 노력한 결과 11년 만에 성공시켰다. 교황방문행사를 단 한 건의 안전사고도 없이 완벽히 치러낸 서산시민의 저력이라면 못 할 게 없겠다는 자신감도 한몫했다. 초부득삼初不得三의 자세는 모든 시정에 내재된 모토가 되었다.

2016년에는 일념통천一念通天을 내세웠다. 온 마음을 기울이면 하늘도 감동시킨다는 뜻이다. 그만큼 집념과 의지로 시정에 임하겠다는 각오를 드러낸 말이다. 경기침체에도 35개 유망기업과 9,000억 원 규모의 사상 최대 외국자본을 유치했고, 각종 평가에서 역대 최대 수상실적을 거뒀다. 서산인더스밸리는 100%, 서산오토밸리와 서산테크노밸리는 97%의 분양률을 끌어올리는 등 지역발전의 성장동력을 대폭 확충했다. 이처럼 변화와 불확실성 속에서도 새로운 기회는 있었고, 도전하는 자에게 길이 열리는 것처럼 서산시의 노력으로 많은 것을 이뤄낼 수 있었다.

2017년에는 일화관중一和貫中의 자세를 강조했다. 일화관중一和貫中이란 시민 모두가 하나로 화합하여 목표를 이루어 나가는 데 최선을 다한다는 뜻이다. 물론 지금까지도 1천여 공직자는 물론 17만 5천여 시민이 하나 된 마음으로 노력해 시정 각 분야에서 가시적인 성과를 거두었지만 앞으로도 풀어야 할 수많은 과제가 남아 있기에 흐트러짐 없이 합심하여 나아가자는 바람이었다. 새로운 서산 100년의 미래를 준비하는 데 너와 내가 따로 없다. '우리'만 있을 뿐이다. 활력 넘치고 생활이 즐거운 서산을 만드는 것은 나와 1천여 공직자의 사명이기도 하지만 서산 시민 모두가 함께 노력해야 할 숙명이기도 하다.

2018년은 여주필성與走必成으로 정했다. 서산시민들과 함께 달려 서산의 발전과 시민행복이라는 목표를 반드시 이뤄내겠다는 의지를 담고 있다.

상복 터진 서산시

상을 받는다는 것은 시장 개인의 영광이기도 하지만 17만 5천여 서산 시민들을 대신해서 받는 것이다 보니 시민들에게도 큰 영광이 아닐까 싶다. 또한 시정을 잘 이끌어 나가고 있다는 칭찬임과 동시에 앞으로도 더 잘하라는 격려임에 틀림없다.

어떤 시민은 자치단체장이 일 잘하는 시장으로 평가받는다는 것은 시 브랜드가치가 그만큼 높아지게 되고 시 발전의 큰 원동력이 되는 것이라고 격려해 주기도 했다. 2011년 10월, 재선거로 시장에 오른 뒤 첫해만 빼고 해마다 각종 상을 거르지 않고 받아오고 있다.

민선 6기를 시작한 2014년에는 대한민국 지방자치 경영대전에서 농특산품 분야 최고의 영예인 농림축산식품부 장관상을 수상했고, 공직혁신운동 등 창의적 행정성과를 인정받아 그해 2월에는 '2013년을 빛낸 도전 한국인상'에서 행정혁신부문 대상을 수상했다. 충남도가 주관하는 '2014 지방세정 종합평가'에서 우수기관으로 선정됐고, 한국매니페스토 실천본부가 주관하는 매니페스토 약속대상 최우수상을 받았다. 매니페스토 약속대상은 6·4지방선거 당선자의 선거공약서, 공보, 공약집을 종합적으로 평가해 수상자를 선정했다. 나는 충남도내 15개 기초단체장 중 유일하게 수상자로 이름을 올렸다.

2014년 12월에는 '2014 올해의 지방자치 CEO'에 선정됐다. 5년간 지지부진했던 서산바이오웰빙·연구특구의 성공적인 착공, 대규모 산업단지 조성, 유망기업 유치 등 지역경제 활성화를 위해 노력한 점과 대산항 국제여객부두 및 터미널 건설, 대산석유화학단지 국세의 지방세 환원, 서산-당진 간 고속도로 건설 등 새로운 성장동력 창출을 위한 노력이 인정을 받았다.

2015년에는 4월에 '대한민국 창조경제 대상'을 받았고, 5월에는 '대한민국 유권자 대상'을, 6월에는 '한국의 미래를 빛낼 CEO상'과 '대한민국 SNS산업대상'을 수상했다.

2016년에도 '대한민국 지방자치경영대전 최고경영자상', '문화예술스타 대상', '2016 대한민국 소비자 대상 소비자행정부문 대상', '전국지역신문협회 CEO 대상', '전국 매니페스토 일자리부분 우수상', '한국의 미래를 빛낼 CEO', '창조경영인 대상', '도전지방자치단체장 대상', '대한민국 미래경영대상' 등을 수상했다.

2017년에는 국가유공자 예우 노력과 공로를 인정받아 '대한민국 서비스만족 대상'을 수상했고, '2017 대한민국 글로벌리더 대상', '대한민국 자치발전대상', '한국지방자치경영 행정혁신 대상', '2018 대한민국 CEO 리더십 대상', '2017 인간경영대상' 등을 수상했다.

이는 시민들의 적극적 시정참여로 서산시가 날로 발전한 것에 대한 영광을 대신했을 뿐, 시장 개인의 상이 아니라 공직자들과 17만 5천여 시민들에게 수여된 상이라고 생각한다. 나를 포함한 공무원들과 서산시민들이 함께 상을 받았으니 더 열심히 일하고 더 열심히 미래를 개척해 나가는 것은 당연한 일일 것이다.

황금빛 톡톡(TalkTalk!)

내가 가야 하는 길이 언제 끝날까, 얼마나 힘들까, 그 자리에서 가만히 서서 고민하는 타입이 아니다. 보이지 않는 목표점을 향해 가면서 기분이 막막해지는 것은 인지상정이다. 하지만 그럼에도 불구하고 나는 계속 걸어간다. 그리고 막연히 멀다고 여겨졌던 그 길이 막상 도달해보면 별게 아니라는, 아직도 더 갈 수 있는 능력이 내게 있다는 놀라운 깨달음을 얻게 된다.

멀티플레이어
시장(市長)을 향하여

"먼저 행동함으로써 다른 사람을 움직여라!"

– 로마 격언 –

해마다 새해가 되면 나는 10~15일 정도 15개 읍·면·동을 돌며 '시민과 대화'의 시간을 갖는다. 지역을 순회하며 시민들에게 시정 주요사업을 설명하고 다양한 의견을 듣기 위해서다. 그렇기 때문에 의식행사를 간소화하고 시민들과 소통하는 데 중점을 두고 추진한다. 이 자리에는 주민대표, 기업인, 장애인, 다문화가족 등 다양한 계층이 참석하며, 나는 이 자리에 국·단장과 직속기관장 등을 함께 배석시켜 시민들의 다양한 건의사항을 듣고 궁금증을 해소시키고자 노력한다. 일방적으로 시정계획을 설명하기보다는 시민들의 의견이나 건의사항을 듣고 이에 대해 토론하는 형식으로 진행되기 때문에 쌍방향 소통에 중점을 두고 있다. 대화의 자리에서 제시된 시민들의 의견이 시정에 적극 반영되는 건 당연하다.

이 같은 새해 시민과의 대화 자리에는 지역마다 150~200명

정도의 주민들이 참석하는데, 주민들 중에는 시장을 만나면 민원을 제기해 꼭 해결을 하겠다고 벼르고 오는 사람들도 있기 마련이다. 그럴 때일수록 '최대한 빨리 해결해주겠다'는 말로 상황을 모면하기보다는 '담당공무원들과 검토해 예산과 우선순위에 맞게 처리해 드리겠다'고 솔직하게 사실적인 입장을 전달한다. 당장 해결해 줄 것처럼 해놓고 그러지 못할 경우 오히려 민원인들에게 시정에 대한 불신만 키울 수 있기 때문이다.

나는 민원인들이 궁금해하는 사항에 대해서는 담당공무원들이 전문적인 입장에서 세부사항을 알기 쉽게 설명하도록 하고 있다. 민원인들이 당장 해결의 답을 듣지 못해 서운해할지도 모르지만 자세하고 성의 있는 설명을 통해 오히려 시정을 더 잘 이해하고 집으로 돌아가게 하는 것이다. 아울러 공무원들 역시 현장에서 시민들의 건의사항을 직접 들음으로써 현장감을 기르고 민원인들을 더 잘 이해할 수 있게 된다.

또한 해마다 시민과 대화를 하다 보니 회가 거듭될수록 특색 있는 다양한 민원들이 나오고 민원을 제기하는 시민들의 의식수준도 매년 향상되는 것을 느낄 수 있다.

2017년에는 전국 최초로 팔봉면과 석남동에서 새해 시민과 대화를 하면서 페이스북과 첨단방송기술을 접목해 SNS를 통해 실시간 생중계했다. 이와 함께 도서지역인 팔봉면 고파도리 주민과는 원격 화상대화도 이뤄져 활발한 소통으로 큰 호응을 얻기도 했다. 2018년에도 지곡면 우도 주민들과 페이스북 등 SNS를 통한 원격화상 대화를 실시했다.

현장에 답이 있다

'우문현답'이라는 말이 있다. '우리의 문제는 현장에 답이 있다'는 말을 유머러스하게 표현한 것이다. 시장실에 앉아서 보고만 받고 지시만 하는 권위적인 시장은 제대로 된 시장이라고 할 수 없다. 나는 늘 발품행정, 현장행정을 강조하며 열심히 이곳저곳을 누비며 뛰어다닌다.

새해가 되면 동부시장을 찾아 전통시장 경기가 어떤지, 상인 및 시민들의 삶은 어떤지 살피며 격의 없는 대화를 나눈다. AI가 발생하면 방역초소를 찾아 방역상황을 점검하고 근무자들의 노고를 격려한다. 2015년 메르스가 창궐하던 당시에는 취약계층과 병·의원을 돌며 현장의 애로사항들을 청취했다. 이 밖에도 영농현장, 산업현장, 가뭄현장, 풍·수해현장, 산불현장, 폭염피해 예방현장, 관광지 점검현장 등을 부지런히 뛰어다닌다.

특히, 산업현장을 방문해 현장체험 및 안전점검을 실시하며 현장의 목소리를 청취하는 일이 많았는데, 작업장에 들러 근로자들이나 임원들과 대화를 나누며 고충을 몸소 경험하기도 했다. 직원식당에서 근로자들과 함께 식사를 하며 그들의 노고를 격려하고 삶의 애환을 다독였다.

이외에도 지역의 100세 이상 어르신과 국군장병, 경찰관, 소방관, 집배원, 국가유공자와 그 유족, 소외계층 등도 시장으로서 살뜰히 챙기려고 노력하고 있다. 또 1일 환경미화원이 되어 쓰레기를 치우고 인근 식당에서 해장국을 먹으며 애로사항을 들었던 일도 기억에 선하다.

敬天愛人

成事萬一 家和萬事成 海野李完燮

못하는 게 뭐야?

현재의 내 모습을 보고 학창시절 백면서생白面書生처럼 공부만 했을 것이라고 생각하는 사람들이 많지만 사실 나는 공부보다는 다른 것에 관심이 더 많았다.

어릴 때부터 글씨, 조각, 미용, 그림 등 손으로 하는 것이면 무엇이든 잘하는 편이었다. 초등학교 4학년 때는 서산군 전체 붓글씨 대회에서 입선하기도 했고, 부모님 이발도 직접 해드리고 심지어 내 머리도 직접 깎고 다녔을 정도였다. 나중에는 손에 익어 아내의 머리까지 다듬어 주곤 했다. 재봉질도 곧잘 해 옷 수선뿐만 아니라 직접 바지를 수선해 입기도 했다.

손재주가 있어 그림도 잘 그렸는데, 특히 중학생 시절에는 해미읍성 앞에 있던 만화방에서 만화책을 사다가 수준급으로 따라 그리곤 했다. 등교 직전까지 그림에서 손을 놓지 못해 숟가락도 들지 못하고 학교 가는 일도 많았다. 그 때문에 평소 야단치는 법이 없으셨던 아버지께 야단도 많이 맞았다. 학생으로서 공부보다 그림에 빠져 있으니 걱정이 되셨을 것이다.

그림이나 글씨에서 보통 사람들보다 뛰어나다는 말을 많이 들었다. 안전행정부 전신인 총무처에 근무할 당시에는 초상화에 매료되어 퇴근만 하면 보통 새벽 2시~3시까지 시간 가는 줄 모르고 그림을 그렸던 적도 있었다. 직접 초상화를 배우기 위해 안양 지하상가에 있던 화실에 등록한 적도 있다. 당시 그렸던 작품들로 15평 아파트의 작은 방 벽면을 가득 채웠을 정도였다. 그때 그렸던 초상화를 2013년 8월 서산시 운산면 여미갤러리에서 열렸던 공무원 서화작품 전시회에 출품했더니 사람들의 찬사가 쏟아졌다.

이처럼 내게는 의외의 면이 있다. 다재다능했던 재능은 내가 시장이 됨으로써 사장된 것이 아니라 창의적 시정을 이끄는 데 보이지 않는 작용을 하고 있다. 보다 섬세한 감각으로 시민들과 교감하고 폭넓은 시정의 각 분야를 더 잘 이해할 수 있게 하는 바탕이 되고 있지 않을까 생각해 본다.

2016년 2월 16일, 나는 슈퍼맨도 되어 보았다. 무슨 뜬금없는 소리냐 할지 모르겠지만 나는 실제 슈퍼맨 의상을 입고 '서로를 배려하는 교통문화'를 홍보하는 동영상을 찍었다.

'배려 교통문화 실천 SOS 캠페인'은 2015년부터 'S시작해요(나부터), O오늘부터(지금), S서로 배려를(다같이)'라는 슬로건 아래 법무부에서 출발한 교통문화 실천운동의 일환으로 전국 지자체장들도 다수 참여했다. 이 캠페인은 동영상을 제작해 SNS에 올린 후 다음 주자를 지명하는 릴레이방식으로 전개됐다. 나는 UCC에서 슈퍼맨 복장을 하고 나타나 익살스런 연기를 펼쳤다. 특히 슈퍼맨이 나타나 보복운전과 난폭운전 등 교통질서를 위반하는 범법자들을 혼내주고 사회정의를 실현할 때는 통쾌하다는 반응을 보였다.

2016년 3월 서산문화회관 대공연장에서 개최된 서산시청 특별한 월례회에서는 색소폰 연주도 했다. 연습도 제대로 못 하고 겁없이 나선 서툰 색소폰 연주였지만 직원들의 많은 박수를 받았다. 이후에도 요양원이나 경로당에서 색소폰을 불어 어르신들게 즐거움을 선사했다. 2016년 2월 대산-당진 간 고속도로 예비타당성조사가 통과된 후에는 학춤도 췄다. 2015년 12월 3일, 충남방송과의 인터뷰에서 "서산-당진 간 고속도로는 10년 넘게 17만 5천여 시민들의 숙원이자 가장 역점적으로 추진해 온 과제이기도 하다"며 "예비타당성조사가 통과된다면 시민들이 원하시는 어떤 것이라도 하겠다"고 말한 적이 있다. 그랬더니 당시 옆에 있던 충남방송 방선윤 기자가 "춤은 어떨까 싶다"고 불쑥 제안했고, 나는 "시민들과 기쁨을 함께 나눈다는 측면에서 특별한 춤을 추겠다"고 흔쾌히 수락했다. 결국 2016년 2월 3일 서산-당진 간 고속도로 예비타당성조사가 통과된 바로 그 다음 날 해미읍성 안에서 약속대로 특별한 춤인 '학춤'을 추게 된 것이다. 주위에서는 "열정이 대단하다"며 내 춤 실력(?)에 대한 칭찬을 아끼지 않았는데, 그것은 약속이기도 했지만 오랜 숙원이 이루어진 데 대한 나의 큰 기쁨의 표현이기도 했다.

2016년 9월에는 대산항 카페리선이 확정되면 뭔가를 보여주겠다는 약속을 지키기 위해 패러글라이딩에 도전했다. 대산항과 룽옌항을 오가게 될 국제여객선의 선종船種이 한·중 해운회담에서 카페리로 확정되었기 때문이었다.

이러한 모습이 시민들에게 웃음을 주고 시민들이 시정을 더 가깝게 여기는 계기가 된다면 그것 또한 시장인 나의 보람이라 생각한다.

해미읍성 안에서 학춤 추는 모습

슈퍼맨 촬영에 들어가기에 앞서 포즈　　　부석면 도비산에서 패러글라이딩

나는 예년과 마찬가지로 2017년 5월에도 제45회 성년의 날을 맞아 자필로 쓴 편지·축하카드를 1998년생 지역 청소년 2,400여 명에게 보냈다. 성인으로서 권리와 책임을 소중히 여기면서 청춘의 꿈을 멋지게 성취해 갈 것을 당부하는 나의 바람이 담겨 있었다. 이 카드를 받은 청소년들과 부모님들은 SNS를 통해 많은 호응을 보내주었다. 그들이 기뻐하는 모습은 나에게도 크나큰 기쁨이자 행복이었다. 각종 행사가 끝난 후에는 봉사자들에게 손편지를 보낸다. 또한 보훈의 달이 되면 어김없이 감사편지도 보낸다. 소통은 이래서 즐겁고 모두를 행복하게 만드는 것 같다.

나는 신입공무원들에게도 "실력과 끼를 맘껏 발산하라"고 주문하는데, 그 에너지가 활력 넘치는 공직사회를 만들고 살아 있는 서산 시정을 꾸려나가는 밑바탕이 될 것이라고 믿기 때문이다. 틀에 갇히지 않은 자유롭고 창의적인 사고로 시민들과 적극적으로 소통하는 모습이 앞으로 우리가 나아가야 할 공직자의 참된 모습이 아닐까 생각해본다.

황금빛 톡톡(TalkTalk!)

다른 이를 시켜서 뭔가를 하는 것만큼 세상에서 힘든 일은 없다. 가장 자연스러운 것은 내가 먼저 움직이는 것이다. 하지만 내가 왜 그렇게 생각하고 행동하는지에 대한 친절한 설명을 꼭 곁들여야 한다. 공감을 얻지 못하는 행동은 때론 독선과 오만으로 변질되기 때문이다.

호국보훈의 달을 맞아 존경하는 국가유공자와
보훈가족님들께 진심어린 감사의 인사를 올립니다.

해마다 이맘때면 가슴 한구석이 먹먹해져 옵니다.
조국을 위해 목숨을 아끼지 않고 희생하신 국가유공자들과
사랑하는 남편, 아들을 사지로 보내야만 했던
보훈가족님들이 떠오르기 때문입니다.

국가유공자와 보훈가족님들의 숭고한 희생과 헌신덕분에
오늘날 우리는 자유와 번영을 마음껏 누리고 있습니다.

하지만 여기서 멈춰서는 안된다는 것도 잘 알고있습니다.
계속적인 변화와 성장을 통해 더욱 살기좋은 나라,
아름다운 세상을 만들어나가야 한다고 생각합니다.

그것이 바로 목숨을 바쳐 조국을 지켜내신 국가유공자와
고통의 시간을 인내하며, 살아오신 보훈가족님들의 희생을
헛되지 않게 하는 길이라고 믿기 때문입니다.

저는 앞으로도 이같은 고귀한 희생을 가슴깊이 간직하고
끊임없이 발전하고 성장하는 "해뜨는 서산"을 만들기위해
더욱 최선을 다해 시정을 펼쳐나가겠습니다.

늘 건강하시고 행복하시길 빕니다. 감사합니다.

2017. 6.
    서산시장 이 완 섭 드림

클레오파트라 행정

"세상에서 보고 싶은 변화가 있다면
스스로 그 변화가 되어야 한다."

— 마하트마 간디 —

2016년 7월, 민선 6기 후반기를 시작하며 기자간담회를 갖고 지난 2년의 성과와 앞으로 2년의 사업계획을 밝혔다. 꾸준히 노력하면 결국 성공한다는 초부득삼初不得三과 마음만 먹으면 어떠한 어려운 일이라도 이룰 수 있다는 일념통천一念通天의 신념으로 이뤄낸 성과를 설명했다. 이 자리에서 나는 '클레오파트라 행정'을 펼치겠다고 했는데, 간담회에 참석한 사람들은 클레오파트라 행정이 무엇인지 무척 궁금해했다.

클레오파트라 행정에서 '클'은 클린clean·투명·오픈 행정을 말한다. 이를 위해 시민들을 자주 만나고 소통함으로써 그들의 목소리를 적극 시정에 반영하겠다는 뜻이다. '레'는 레이아웃lay-out으로서 서산시의 미래를 위한 틀을 잘 만들겠다는 다짐이다. '오'는 5S·5품 행정 속에서 시민이 만족하는 행정을 구현하겠다는 뜻이며, '파'는 파트너십partnership과 파죽지세破竹之勢로서 시민과 함께 선진행정을 이끌어 나가고 지금까지 이뤄낸 성과와 앞으로 추진해야 할 현안사항에 대해 가속화된 추진력을 발휘하겠다는 말이다. '트'는 트레이닝training과 트라이try로서 트레이닝의 강화로 직원들의 역량을 높여 도전적이고 노력하는 시정을 구현하겠다는 뜻이다. '라'는 라인업Line-Up으로 적재적소에 인재를 배치해 역량을 발휘할 수 있도록 하겠다는 것이다.

나는 이 자리에서 클레오파트라 행정을 강조하며 남은 임기 동안 서산시와 서산 시민을 위해 지금보다 더 열심히 노력할 것을 힘주어 약속했다.

공직기강과 청렴

나는 2014년 6·4지방선거에서 재선에 성공했다. 마침 그때가 세월호 참사 이후라서 희생자 애도 분위기에 누가 되지 않도록 하고, 국가 및 지역사회의 어려운 경제사정을 감안해 초청인사 없이 직원들만 참석하도록 해 취임식을 치렀다. 기존의 형식과 격식을 과감히 탈피한 간소화된 취임식이었지만 시정을 성공적으로 이끌어가겠다는 다짐은 그 어느 때보다 강했다. 취임행사 후 오찬 역시 시청 구내식당에서 직원들과 함께했다.

공직자는 국민의 충직한 일꾼으로서 그 본분을 망각해서는 안 된다. 나는 기회가 있을 때마다 엄정한 공직기강 확립을 직원들에게 주문한다. 특히, 연말이 되면 자칫 흐트러지기 쉬운 마음가짐을 다잡고 주변상황에 일희일비一喜一悲하지 말고 시민에 대한 봉사자로서 본연의 업무에 최선을 다할 것을 당부한다. 해야 할 일을 하지 않을 때 하지 말아야 할 일을 하게 되는 법이다. 공직자가 본분을 망각하면 본인은 물론 시민들까지 힘들어진다는 점을 명심하고 자신의 책임과 의무를 다해줄 것을 강조하는 것이다.

그래서인지 서산시 공직자들의 윤리의식은 충남도에서 가장 높은 것으로 나타나고 있다. 서산시는 인사혁신처에서 주관한 '2016년 공직윤리제도 운영실태 점검'에서 충남도 15개 시·군 중 최우수기관에 선정됐다. 매년 실시되는 이 평가는 재산등록·심사, 선물신고, 취업심사 등 공직윤리제도 전반에 걸쳐 6개 분야 21개 항목에서 이뤄진다. 서산시는 모든 항목에서 고루 높은 점수를 받으며 기초자치단체 평균 72.97점보다 15점 이상 높은 88.25점을 받았다.

황금빛 톡톡(TalkTalk!)

간혹 리더들이 구성원들에게 변화를 '명령'하는 경우가 많다. 그것만큼 어리석은 행동은 없다. 변화는 독촉한다고 해서 억지로 이뤄지는 것이 아니기 때문이다. 원하는 '변화'의 본질을 진정 이해하는 리더가, 그리고 그 변화를 위해서 자신부터 환골탈태해 움직이는 능동적인 리더만이 구성원들의 변화를 이끌어낼 수 있다.

한국벤처농업대학
학생이 되다

"특별한 기회가 올 거라며 기다리지 마라.
평범한 기회를 붙잡아서 특별하게 만들어라.
약자는 기회를 기다리지만, 강자는 기회를 스스로 만든다."
– 오리슨 스웨트 마든 –

2014년 여름, 간월도의 한 음식점에서 한국벤처농업대학 설립자인 민승규 교수를 만났다. 민승규 교수는 농림축산식품부 제1차관과 농촌진흥청장 등을 지내신 분으로 농업분야의 전문가 중 전문가이다. 오찬을 함께하며 서산의 농업에 대해 대화를 나누던 중 불쑥 내게 벤처농업대학에 와서 강의를 한번 해달라고 부탁했다. 그것이 인연이 되어 2014년 9월 한국벤처농업대학과 첫 만남을 가졌다.

금산에서 구불구불 돌고 돌아 도착한 곳은 추부면 성당리 서대산 중턱에 자리 잡은 폐교였다.

'가슴 뛰는 농업, 가슴 뛰는 삶!' 한국벤처농업대학의 모토이며 캐치프레이즈다. 가슴 뛰게 하는 이 문구가 호기심을 발동시켰다. 그렇지만 첫눈에 대학이라는 단어가 무색할 정도로 교정은 허름했다. 그럼에도 꾸준히 모습을 업그레이드하며 대학의 모습을 갖추어 가고 있다는 설명에 변화하는 대학임이 느껴졌다. 나는 이날 벤처농업대학 14기 학생들 앞에서 강의를 했다. 지금에 와서 생각해보면 얼굴이 화끈거린다. 번데기 앞에서 주름 잡는 얘기를 했다는 생각이 들어서다. 그런데도 그날 한 사람도 졸거나 딴전을 피우지 않았다. 나는 진지하게 경청하는 학생들의 태도를 보고 나도 대학에 입학하겠노라 학생들 앞에서 공언했다. 그리고 7개월 후인 2015년 4월 18일, 실제로 한국벤처농업대학에 입학했다. 입학하게 된 동기는 간단하다. 약속을 지키기 위한 것은 표면적 이유이고 실제로 농업에 대해 제대로 알아야겠다는 생각에서였다. 빠르게 변하는 농업환경에 대해 알아야 하는 것은 농업인만의 몫이 아니라고 생각했다. 오히려 시정을 펼치는 시장이 농업환경에 대해 알아야 농민들과 대화가 되고 또한 올바른 농식품산업 정책을 펼쳐 나갈 수 있을 것이라고 생각했다.

입학 첫날 자기소개를 하는 자리에서, 나는 또 개근을 목표로 출석하겠다고 겁 없는 약속을 하고 말았다. 여러 사람들 앞에서 한 약속이었기에 그 약속을 지키기 위해 바쁜 일정에도 학교 가는 날을 잊지 않고 등교해 출석 약속을 지켰다. 심지어 해외출장 일정까지 조정해가며 열심히 개근을 실천했다. 그 정도로 벤처농업대학은 내게 재미있고 소중한 경험이었고 가슴 뛰는 추억이었다. 농산물 패션쇼도 잊지 못할 추억이었고 졸업식장에서 난생처음 아내에게 프러포즈 했던 일도 기억창고에 소중히 보관되어 있다.

벤처농업대학에서는 순수한 농업인들뿐만 아니라 유통, 가공, 외식, 경영, 수출 등 각종 기업체 CEO 및 직원들, 농협직원, 교수 및 공무원 등 다양한 직업군의 사람들이 참여해 그들의 꿈과 도전, 열정의 이야기를 풀어놓는다. 남부럽지 않게 성공한 분들도 많았다. 그렇게 전국에서 열정으로 가득한 200여 명이 모였으니 오가는 이야기들마다 배울 것 천지였다.

미래농업의 방향뿐만 아니라 지식정보시대에 살아남는 법, 농·식품시장의 가능성 등은 농업을 새로운 시각으로 보게 했고, 각계각층의 성공담들은 긍정과 희망의 에너지를 내게 불어넣어 주었다.

강의 중에 공무원이란 '공'적으로 '무'슨 일을 해도 '원'망을 듣는 사람을 칭한다는 말에 십분 공감하며 모두들 함께 웃었던 적도 있다. 듣고 보니 공무원의 애환을 잘 표현한 말 같아서 씁쓸하기도 했다.

2016년 초에는 벤처농업대학 학생 200여 명을 1박 2일 일정으로 서산시에 초청해 현장가이드 역할도 했다. 서산 대산항과 대산공단 등 산업현장을 둘러보고 교황이 다녀간 해미읍성과 해미천주교성지 등과 같은 관광지도 그들에게 널리 알렸다.

2016년 4월 16일, 제15기 졸업식에서는 개근상과 함께 최우수 학생상을 받는 영예도 안았다.

나는 한국벤처농업대학을 통해 김병원 농협중앙회장을 비롯해 민승규 교수, 남양호 교수, 정운용 교수, 양주환 교수 등 훌륭한 교수진들은 물론, 각계 각 분야 전문가 분들과 좋은 인연을 쌓은 점과 서산농업의 미래를 위한 기본적인 지식과 소양,

비전 등을 갖출 수 있게 된 점을 큰 성과로 꼽고 싶다.

　모든 것이 변하고 있는 세상이다. 그 빠른 변화 속에서 도태되지 않고 살아남기 위해서는 배움을 게을리하지 말아야 할 것이다.

　두 번의 대학진학 실패로 선생님이 되고자 했던 꿈을 접어야 했던 나! 그러나 그 소박한 꿈은 더 큰 성취에 용해되어 이뤄졌다. 배움은 성취와 만족을 가져다 준다. 총무처 공무원으로 근무

벤처농업대학 농산물패션쇼에서 여왕분장으로 출연

하면서 연세대학교 행정대학원 국비 위탁생으로 공부하여 석사 학위를 취득했던 일, 한참이 지난 과장 때 다시 숭실대 IT정책경영학과에서 열심히 공부하여 3년 만에 공학박사 학위를 취득했던 일, 이 모든 성취는 배움을 게을리하지 않고 자기 계발을 위해 노력한 결실이 아니고 무엇일까? 한국벤처농업대학에서 배우며 인적 네트워크를 넓혀온 시간들이 소중하게만 느껴진다.

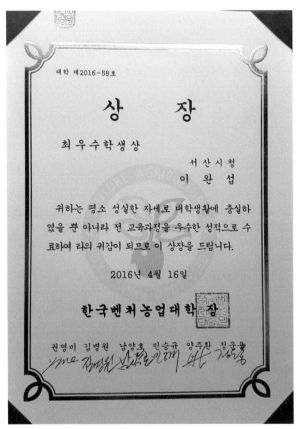

한국벤처농업대학 최우수학생상

벤처농업대학 졸업식에서 아내에게 프러포즈하는 장면

황금빛 톡톡(TalkTalk!)

공자는 '교육'이 사람을 변화시키는 힘이라고 말했다. 무지한 채로 살아가
도 사실 별 문제는 없다. 하지만 배우는 순간 자신이 얼마나 불공정하게,
불편하게, 불행하게 살았는지를 깨닫게 된다. 배워서 얻는 것은 단순한 지
식뿐만이 아니다. 자신도 알지 못했던 특별한 기회와 소중한 친구들을 얻
는 것이다.

3선 시장의
꿈과 약속

> "자신이 무언가를 할 수 있다고 믿는 사람의 믿음은
> 아마 맞을 것이다.
> 그리고 할 수 없다고 믿는 사람의 믿음 또한 그럴 것이다."
>
> – 오프라 윈프리 –

서산시장 3선 도전을 공식적으로 밝힌 만큼 시민들이 내게 거는 기대도 클 것이고 나 또한 마음가짐이 남다르다. 시정의 연속성을 위해 비전인 '해 뜨는 서산, 행복한 서산'을 계속 이어나가면서 '어디든 통通하고 누구나 안전하며 행복한 서산을 만든다'는 큰 그림을 그리고 있다.

시정 슬로건을 '만들자! 환황해권의 허브로HUBRO'로 정하고, 사람Human · 특색Unique · 균형Balance · 번영Renaissance · 기회Opportunity의 도시로 만들어 나갈 계획이다. 또 '편리하고 안전한 도시, 활력 넘치는 경제 도시, 잘 사는 농·수·축산 도시, 즐겁고 행복한 도시, 창의·소통·혁신행정 도시'의 5대 시정 방침도 세우고 있다.

이를 통해 안전하고 쾌적한 도시 건설, 사통팔달 편리한 도시 건설, 활력 넘치는 산업·경제도시 건설, 잘 사는 농·어촌 건설, 더불어 누리는 행복도시 건설, 기쁘고 즐거운 문화관광도시 건설, 창의·소통·협력의 선진행정 구현이라는 청사진을 제시하고자 한다.

안전하고 쾌적한 도시 건설

현재 폭발·화재·붕괴·산사태와 대중교통사고, 강도 상해, 자연재해, 스쿨존 교통사고 등에 대한 보장이 이뤄지고 있는 시민안전보험의 보장범위를 자전거 상해, 뺑소니 무보험 상해후유장애 등으로 확대하고 범죄예방 안전부스 설치 및 재난취약가구 안전점검 등 시민안전시설 확충과 안전문화 확산에 앞장설 계획이다. 또 어린이보호구역 및 노인보호구역 보행안전을 한층 강화하고 보행우선구역, 셉테드Cpted기법 범죄예방디자인과 교통약자 이동편의를 위한 배리어프리Barrier-Free길 등을 조성하고 IOT 스마트 가로등을 설치하며 학교와 유치원 등 노후건물의 안전진단 지원을 통해 시민중심 안전도시 구현에 적극 나설 계획이다.

대기환경 개선을 위해 대기환경규제지역 지정 및 오염물질 배출 사업장의 연차별 자율감축 추진, 대기오염 집중측정소 설치 및 대기관리 정보시스템 구축 등에 힘을 쏟을 계획이다. 이와 함께 대산공단 오염원 차단 및 정화를 위한 완충녹지와 공기정

화형 시민공원을 조성하고 대산지역 악취관리지역 확대 및 개선에도 주력할 계획이다.

바이오가스화시설 및 자원회수시설 등 자원순환형 환경기초시설을 설치하고 공동집하장 및 분리수거함 등 자원순환인프라 확충, 자원순환 활성화 교육 강화, 숨은자원찾기경진대회 개선 등 폐기물 자원화사업에도 힘을 쏟아 쾌적하고 깨끗한 에코시티 만들기에 박차를 가할 계획이다.

수석동 일원 86만㎡에 주거·상업·유통 등 다양한 기능을 갖춘 도시개발단지를 조성하고 복합터미널을 세워 서해안 시대의 중심도시 이미지를 제고하고 온석근린공원 민간개발사업과 읍내동 양유정 일원에 대한 도시재생 뉴딜사업을 실시해 시정에 활력을 더할 계획이다.

공공실버주택 및 서산형 행복주택 조성과 노인주택 개조 지원을 통해 수요자중심의 맞춤형 주택조성사업을 추진하고 공동주택 하우징 닥터를 도입해 공동주택 지원 확대 및 공동체의식 활성화에도 적극 나서 따뜻함이 흐르는 지역사회를 만들어나갈 계획이다.

지역특색을 담은 상징물을 주요 길목에 설치해 도시이미지를 개선하고 노령자와 외국인 등이 이해하기 쉬운 픽토그램(그림문자

디자인)을 개발해 보급하는 한편 지역별 시설물 사인체계를 통일하는 등 유니버설 공공디자인 도입에도 나설 계획이다.

2019년까지 상수도 미공급 37개 마을 전체에 대한 상수도 보급을 모두 완료하고 음암면과 고북면 일원 생태하천에 대한 복원을 통해 간월호 수질개선은 물론 시민휴식공간으로 활용할 예정이며 대산읍·팔봉면·운산면 일원 공공하수처리시설을 확대해 수질환경을 개선함으로써 맑은 물 공급에 주력할 계획이다.

사통팔달 편리한 도시 건설

저상버스 운영 적합시설 확충, 노약자 안심쉘터 설치, 버스이용 정보표지 개선, 버스정류장 DB 구축, 탑승자 자동표지 야간조명 설치 등 버스이용시설을 다각적으로 개선하고 버스 탄력배차제를 실시하며 급행노선 및 환승노선 등 버스운영체계를 수요자중심으로 정비할 계획이며 수석지구에 복합터미널을 조성해 시민은 물론 우리 시를 찾는 사람들이 편리하게 대중교통을 이용할 수 있는 기반을 마련할 계획이다. 또 국토교통부 공모사업으로 스마트시티 통합플랫폼을 구축하고 CCTV 지능형 관제시스템을 도입해 BIS 버스정보시스템과 연동 운영함으로써 미래형 교통인프라 확충에 적극 나설 계획이다.

우리 시의 오랜 숙원인 서산-대전 간 고속도로 건설에 박차를 가하고 2023년까지 충남의 하늘관문인 서산비행장 민항 건설을 완료해 명실상부한 교통허브시티의 면모를 갖출 계획이며 대산항선 인입철도 및 서산비행장 인입철도 건설에도 힘을 쏟아 도시 성장형 광역교통망 구축에 혼신의 노력을 다할 계획이다.

2021년까지 국도38호선 확·포장사업을 모두 마쳐 대산공단 입주기업의 경쟁력을 제고하고 지방도649호선 확·포장사업과 대사동로 개설사업을 완료함으로써 내부도로 연계 교통인프라 구축에도 최선을 다할 계획이다.

활력 넘치는 산업·경제도시 건설

미래 성장기반 확충을 위해 대산공단 일원에 첨단정밀화학특화산업단지를 조성하고 장동·오남동 일원 남부일반산업단지를 도심형 산업단지로 공영개발하는 한편 지곡면 무장리 일원에 지곡일반산업단지를 조성함으로써 황해경제자유구역 해제에 따른 주민숙원 해결에 적극 나설 계획이다. 또 매년 25개 이상 우량기업을 적극 유치해 지역경제 활성화 및 기업하기 좋은 서산 만들기에 주력하고 서산 대산항 '환황해권 신중심항만' 육성에도 행정력을 집중할 계획이다.

기업 및 근로자 지원 강화를 위해 기업지원 통합플랫폼을 구축·운영해 원스톱 서비스를 제공하고 근로복지공단 서산지사를 유치해 고용노동부 서산출장소와 업무연계를 통한 시너지효과를 창출해낼 계획이다. 2019년까지 총사업비 2,200억 원을 들여 대산공단 입주기업의 공업용수 부족을 항구적으로 해결할 해수담수화사업을 통해 1일 10만 톤 규모의 안정적인 용수공급에도 적극 나설 계획이다.

지역인재 취업기회 확대를 위해서 한국폴리텍대학 서산캠퍼스를 유치해 산업인력의 맞춤형 양성 및 구인구직 미스매칭을 해소하고 지역인재 고용 인센티브제를 실시해 기업의 지역인재 채용을 적극 독려할 계획이다.

금융기관 담보대출에 어려움을 겪는 소상공인의 특례보증지원을 확대하고 사회적 기업, 마을기업, 협동조합 등 사회적 경제조직 발굴 육성에 적극 앞장설 계획이며 전통시장 및 원도심 상권 활성화 등을 통해 시민 모두가 다 함께 잘 사는 사회 만들기에도 온 힘을 쏟을 계획이다.

잘 사는 농·어촌 건설

로컬푸드 활성화 기반 구축을 위해 학교급식지원센터 운영 및 생산자단체 육성, 납품에 따른 차액 보전 등 서산형 안전급식센터 운영체계를 탄탄하게 구축하고 로컬푸드 활성화 지원센터를 만들어 전용매장 설립과 인증시스템 확립 등에 적극 나설 계획이다.

농업인력 지원 강화를 위해서는 인력지원센터를 설립·운영함으로써 농촌인구 감소 및 고령화에 따른 인력난을 해소하고 귀농인 현지화 프로젝트를 통해 귀농인의 안정적인 조기정착을 도울 계획이다.

벼농사 중심 농업구조 개편과 기후변화에 대응하기 위해 전국적으로 자급률이 낮은 품목을 중심으로 대규모 잡곡류 및 양념 채소류 재배단지를 조성하고 주요 전략농산물의 고품질 생산기반을 구축하는 한편 아산호·삽교호 − 대호호 수계 연결을 통해 농업 생산기반을 다져 나갈 계획이다.

농산물 가공유통 경쟁력 강화를 위해 마늘·생강·달래·감자·양파 등 5대 전략품목에 대한 산지유통시설 현대화사업을 실시하고 지역 농·특산물 가공유통시설 확충에도 힘을 쏟아 농업경쟁력 확보에 힘을 실을 계획이다.

농·축·수산업 소득기반 강화를 위해 농·특산물 소득창출 홍보시스템을 구축하고 통합마케팅을 통한 원예농산물 경쟁력 강화에 적극 노력하며 서산뜨레한돈을 6차산업 수익모델로 개발해 브랜드 경쟁력을 높이고 서산우리한우 테마파크를 조성해 다양하게 활용할 계획이다.

농·어촌 정주환경 개선을 위해 음암면·인지면·부석면·성연면 등을 중심으로 특색있는 일반농·산·어촌 개발사업을 적극 추진하고 농촌마을 경관개선사업과 도서종합개발사업 등을 내실있게 추진해 낙후된 이미지를 제고할 계획이며 어항 현대화사업과 해양쓰레기 처리 선진화사업 등에도 적극 나설 계획이다.

더불어 누리는 행복도시 건설

아이 낳고 기르기 좋은 환경 조성을 위해 가정양육 및 어린이집 지원, 영·유아 놀이체험 공간 제공 등을 담당하는 육아종합지원센터를 2020년까지 건립하고 가족관계 개선 및 돌봄공동체 강화, 다문화 특성화 등을 위한 건강가정·다문화가족지원센터를 신축할 계획이다. 또 2022년까지 국·공립 어린이집을 현재 2개소에서 7개소로 늘리고 어린이들의 창의력과 상상력을 키워주는 상상놀이터를 조성할 계획이다.

맞춤형 체력측정 및 평가, 운동처방 등을 제공하는 국민체력100인증센터를 유치하고 현대인들의 스트레스와 우울증 등을 치유해주는 마음치유 프로그램을 운영하는 등 시민 체감형 건강프로그램을 운영해 100세 시대에 부합하는 시민의 건강한 삶을 책임질 계획이다.

취약계층 주거환경 개선을 위해 고령자·장애인 주택환경 개선사업을 지속적으로 추진하고 1인 고령가구를 위한 맞춤형 가사 돌봄, 응급의료, 여가문화 등이 복합적으로 제공되는 개인공간과 공동공간의 공존모델인 실버공동홈을 운영해 어르신들의 편안한 노후에도 힘을 쏟을 계획이다.

여성·노인·장애인·저소득층 등 사회적 약자의 일자리 창출 및 지원에 적극 나서고 장애인 가족에 대한 체계적인 지원을 위한 가족지원센터를 운영하며 치매나 노인성 질환 어르신 돌봄 가족의 재충전을 위한 돌봄 가족 휴가 지원 등 다양한 맞춤형 복지시책도 운영할 계획이다.

기쁘고 즐거운 문화관광 도시 건설

글로벌 관광자원 육성을 위해 가로림만 국가해양정원 조성사업을 충남도와 협업을 통해 적극 추진하고 해미읍성 및 해미천 주교성지 세계명소화사업을 지속적으로 추진하며 가야산 일원 1,000년 역사 불교성지 조성사업에도 힘을 모을 계획이다.

지역특화 관광인프라 확충을 위해서 삼길포 및 삼길산 정비를 통한 관광기반 구축과 충청남도 무형문화재 제26호 박첨지놀이의 체험관광 강화, 천수만 종합해양낚시공원 조성에도 적극 나설 계획이며 빅데이터 분석과 모바일 어플리케이션 개발, 관광지 와이파이존 확대 등 스마트 관광기반을 구축하는 한편 중국 관광객에 대한 마케팅 강화, 중저가 숙박시설의 업그레이드 지원 등 다양한 노력을 통해 '관광 서산'의 영역을 넓혀나갈 계획이다.

문화시설 확충 및 향유기회 확대를 위해 1,200석 이상 규모의 종합문화예술회관 건립에 박차를 가하고 수준 높은 각종 문화예술 공연을 적극 유치해 굳이 대도시까지 가지 않더라도 지역에서 좋은 공연을 충분히 즐길 수 있는 여건을 마련하고 고용복지플러스센터 내 시민생활문화공간을 다양하게 활용할 계획이다.

시민 체육시설 및 평생학습문화시설 확충을 위해서 종합운동장 내 공공체육시설을 확충하고 양대동 일원에 어울림형 국민체육센터를 건립해 장애인과 비장애인이 함께 스포츠를 즐길 수 있도록 할 계획이며 시립중앙도서관을 신축 또는 리모델링해 지식·정보·교육·문화가 어우러지는 복합문화공간으로 조성하고 도심 일원에 청소년들을 위한 문화공간을 건립할 계획이다.

창의·소통·협력의 선진행정 구현

소통과 협력을 통한 공감행정 추진을 위해 기업과 지역사회의 동반성장 프로젝트를 내실 있게 추진해 시민들이 몸소 체감할 수 있는 가치를 실현하고 시장 공약사항의 시민배심원제 도입 및 정착을 통해 행정의 투명성과 신뢰성을 더욱 높여 나갈 계획이다.

스마트한 선진행정을 위해서 공공 와이파이존을 청사와 터미널 등 다중집합장소로 확대하고 드론행정팀을 신설해 지적·농정·산림업무 등에 적극 활용하며 모바일 시민의견수렴시스템과 공공빅데이터 과학행정시스템을 구축해 적극 운영할 계획이다. 이와 함께 인구 30만 명 대비 미래형 시 청사 건립을 통해 환황해권 중심도시다운 면모를 더욱 높여나갈 계획이다.

약속의 가치

옛날 미생尾生이라는 사람이 살고 있었다. 어느 날 미생은 아름다운 여인과 다리 아래서 만나기로 했는데, 약속 시간이 되어도 야속하게 여인이 오지 않았다. 그런데 갑자기 하늘에 먹장구름이 몰려와 폭우를 퍼붓더니 순식간에 거친 급류가 다리 아래로 몰려들었다. 미생은 다리 기둥을 끌어안고 물살을 버티면서 끝까지 약속한 장소에 머물러 있다가 마침내 익사하고 말았다. 『장자莊子』에 나오는 얘기다. 사람들은 우직하고 고집스레 목숨을 버리면서까지 약속을 지키려 했던 미생의 모습을 '기둥을 껴안는 신의'라는 뜻의 포주지신抱柱之信이란 사자성어로 기리고 있다. 하지만 다른 어떤 사람들은 그가 고집스럽고 융통성 없는 꽉 막힌 사람이라고 표현하기도 한다. 그래서 신의를 굳게 지킨 미생의 이야기를 인용해서 약속을 지키라고 강조하다가도 정작 자신이 약속을 지키지 않았을 때는 융통성 없는 미생이라 하면서 변명의 구실을 만들기도 한다.

우리는 약속의 가치가 한없이 떨어진 시대에 살고 있다. 주변에서는 상황이 달라져서 또는 사정이 생겨서 말 한 마디로 혹은 한 마디의 말도 없이 약속을 저버리는 모습을 흔히 볼 수 있다.

세상을 살다 보면 상황은 달라지고 사정이 생길 수도 있다. 그렇기 때문에 약속은 더욱 신중해야 하고 반드시 지켜져야 하는 것이다. 1932년 중국 상하이에서 독립운동을 하고 있던 도산 안창호 선생은 독립운동 동지의 딸 생일잔치에 꼭 가겠다고 약속했다. 그런데 일본 경찰은 윤봉길 의사의 홍커우 공원 폭탄투척 사건으로 관련자 색출에 혈안이 돼 있었다. 안창호 선생은 동지들의 만류에도 불구하고 "약속은 반드시 지켜야 하오"라며 나섰고, 잠복했던 경찰에 체포돼 옥고를 치러야 했다. 감옥에서 안창호 선생은 "약속을 지켰으니 후회는 없다. 약속의 크고 작음을 저울질하지 마라. 약속은 인간 삶의 근본이다"라고 말했다고 한다. 약속의 무가치 시대에 약속을 지킬 줄 아는 사람이자 약속을 이행하는 서산시장이 되고자 한다.

황금빛 톡톡(TalkTalk!)

자신에 대한 믿음이 결여된 사람이 타인을 위해, 사회를 위해 해 줄 수 있는 일은 거의 없다. '꿈은 이루어진다.'라는 이 단순한 명제가 이룩했던 수많은 기적들을 우리는 잘 알고 있다. 내일을 꿈꾸지 않는 사람은 오늘을 충만하게 살아갈 수 없다. 우리는 과거에의 집착보다 미래에의 희망을 품고 살아야 한다.

'해 뜨고 꽃 피는 서산'을 향한 새로운 출발점에 서서…

7년! 장−자크 아노Jean-Jacques Annaud 감독, 브래드 피트Brad Pitt 주연의 영화 '티벳에서의 7년Seven Years in Tibet(1997년 제작)'이 떠오른다.

만삭의 아내를 뒤로한 채 히말라야 최고봉 중의 하나인 낭가빠르바트로로 원정을 떠난 오스트리아 산악인 하인리히 하러 Heinrich Harrer(1912.7.6.~2006.1.7.), 냉철하고 이기적인 성격의 하인리히는 여러 번 죽음의 고비를 이겨내고 천신만고 끝에 티벳의 라사라는 도시에 가까스로 도착한다. 낯선 땅에서 이방인이 된 하인리히는 어느 날 티벳의 종교적·영적 지도자인 13세의 달라이 라마Dalai Lama를 만나면서 인생이 180도 바뀐다. 그는 달라이 라마와 교감을 나누며 정치적 격변기에 처한 티벳에서 7년의 시간을 보낸다.

하인리히는 실제로 1944~1951년까지 티벳에 살면서 평화를 사랑하고 사람을 축복하며 생명을 소중히 여기고 자신을 낮추는 법을 배운다. 그는 달라이 라마와의 만남을 통해 우리 삶에서 가장 중요한 것은 야망이나 권세 같은 헛된 것이 아니라 곁에 있는 사람들과 함께 울고 웃으며 서로를 위해 주는 따뜻한 마음임을 깨닫게 된다.

7년! 나에게 서산에서의 7년은 어땠을까? 그리고 어떤 의미를 가지고 있을까?

나의 지난 7년 역시 소중하고 행복하며 가슴 따뜻한 시간이었다. 서산을 사랑하고 서산 시민을 아끼며 오순도순 다함께 어울려 살아가는 법을 배웠기 때문이다. 그리고 서산 시민들과 함께 서산의 새로운 역사를 써 내려가고 있기 때문이다. 하인리히가 그랬던 것처럼 지난 7년간 작은 틀 안에 갇혀 있던 나를 깨치고 나와, 더 큰 나를 깨닫고, 시민들과 함께 고민하고 소통하며 우리로 하나 되는 기쁨을 맛보았다.

그 결과 서산-당진 간 고속도로 건설과 서산비행장 민항 유치가 순조롭게 진행되고 있고, 사드문제로 잠시 미뤄졌던 서산 대산항 국제여객선 취항도 중국발 훈풍과 함께 다시 급물살을 타고 있다. 테크노밸리와 오토밸리 등 산업단지의 평균 분양률은 97%를 넘어섰고 기업과 지역사회 동반성장프로젝트도 가시적인 성과를 창출해 내고 있다. 고용노동부 서산출장소를 유치했고 7년 전 700억 원에 육박하던 부채를 모두 상환해 빚 없는 지자체 반열에 올라섰다. 여기에 시민과의 약속인 공약사항도 한국매니페스토실천본부 이행평가에서 우수(A) 등급을 받았다.

이 모든 것은 17만 5천여 시민들이 지난 7년간 늘 함께했기에 가능했던 일이다. 참으로 고맙고 감사하게 생각한다.

이제, 나는 지난 7년을 돌아보고 멀리 100년 앞을 내다보는 '해 뜨고 꽃 피는 서산'을 향한 새로운 출발점에 서 있다. '혼자 가면 십 리도 외롭고, 함께 가면 천 리도 즐겁다獨行十里孤, 衆進千里樂.'라는 옛말이 있듯이 시민 모두가 소통과 화합으로 힘찬 발걸음을 함께해 주길 바라는 마음이다. 나 역시 시민들과 함께 쉼 없이 달려 서산의 발전과 시민행복을 반드시 이뤄나가겠다는 여주필성與走必成의 자세로 혼신을 다해 나갈 것이다.

서산9경

1. 해미읍성
2. 용현리 마애여래삼존상
3. 간월암
4. 개심사
5. 팔봉산
6. 가야산
7. 황금산
8. 서산 한우 목장
9. 삼길포항

서산9품

1. 6쪽마늘
2. 감태
3. 서산갯벌낙지
4. 달래
5. 생강
6. 황토총각무
7. 서산6년근인삼
8. 팔봉산 감자
9. 뜸부기쌀

서산9미

1. 게국지
2. 생강한과
3. 서산어리굴젓
4. 서산우리한우
5. 밀국낙지탕
6. 꽃게장
7. 영양굴밥
8. 마늘각시
9. 우럭젓국

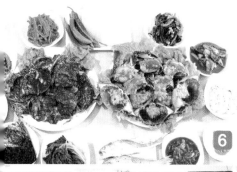

서산을 진정으로 사랑하는
반듯한 리더

– 권선복
도서출판 행복에너지 대표이사
영상고등학교 운영위원장

우리는 선거를 통해 조직이나 단체를 잘 이끌어 갈 인물을 뽑습니다. 조직이나 단체를 더 많이 사랑하고, 누구보다 잘 이해하는 사람, 조직이나 단체의 발전을 위해 헌신할 사람을 고릅니다. 그런 의미에서 이완섭 서산시장은 누구보다 서산을 잘 알고 서산 시민을 사랑하며, 서산의 발전을 위해 헌신하는 사람이라고 말하고 싶습니다.

『해 뜨고 꽃 피는 서산』에서의 이완섭 시장은 성실하고 열정적으로 시정을 이끄는 반듯한 공직자였습니다. 서산시의 발전을 위해서 끊임없이 발품을 팔고, 시민들과 소통하며, 구석구석 행정의 손길이 미칠 수 있도록 늘 고민하는 사람이었습니다. 그래서인지 서산시는 해마다 발전하는 모습으로 타 지자체의 모범이 되고 있습니다.

서산시의 교통 인프라 구축을 위해 집념 어린 노력을 기울여 성취해내는 모습이나 서산의 농특산물 판로 개척을 위해 해외에 나가 직접 팔을 걷어붙이고 판매에 나서는 모습, 전염병 퇴치를 위해 휴일도 없이 직접 현장을 진두지휘하는 모습은 권위주의에서 벗어나 시민과 함께하는 시장, 현장 행정을 실천하는 시장, 자치단체의 미래를 그릴 줄 아는 시장의 모습을 잘 보여 주고 있습니다.

'해 뜨는 서산'이라는 역발상의 창조적인 브랜딩 작업 이후 여러 가지 비전들을 바지런히 제시하며 234곳의 지방자치단체 중에서 가장 눈에 띄는 변모를 거듭한 도시 서산과 서산호의 리더 이완섭 시장이 앞으로 또 어떻게 변화·발전해 나갈지 기대가 됩니다. 해 뜨는 도시가 된 서산이 지금까지의 바탕 위에서 이제는 성과의 꽃을 피우고 열매를 수확하길 바랍니다. 해 뜨는 도시 서산과 서산을 누구보다 사랑하는 이완섭 시장의 앞날에 행운이 가득하기를 기원하며, 이 책을 읽은 모든 독자분들의 삶에 행복한 에너지가 팡팡팡 샘솟으시기를 소망합니다.

하루 5분 나를 바꾸는 긍정훈련
행복에너지

'긍정훈련' 당신의 삶을
행복으로 인도할
최고의, 최후의 '멘토'

'행복에너지
권선복 대표이사'가 전하는
행복과 긍정의 에너지,
그 삶의 이야기!

하루 5분, 나를 바꾸는 긍정훈련
행복에너지

권선복 지음

인터파크
자기계발 분야 주간
베스트 1위

권선복 지음 | 15,000원

권선복

도서출판 행복에너지 대표
영상고등학교 운영위원장
대통령직속 지역발전위원회
문화복지 전문위원
새마을문고 서울시 강서구 회장
전) 팔팔컴퓨터 전산학원장
전) 강서구의회(도시건설위원장)
아주대학교 공공정책대학원 졸업
충남 논산 출생

책 『하루 5분, 나를 바꾸는 긍정훈련 - 행복에너지』는 '긍정훈련' 과정을 통해 삶을 업
그레이드하고 행복을 찾아 나설 것을 독자에게 독려한다.
긍정훈련 과정은 [예행연습] [워밍업] [실전] [강화] [숨고르기] [마무리] 등 총
6단계로 나뉘어 각 단계별 사례를 바탕으로 독자 스스로가 느끼고 배운 것을 직접
실천할 수 있게 하는 데 그 목적을 두고 있다.
그동안 우리가 숱하게 '긍정하는 방법'에 대해 배워왔으면서도 정작 삶에 적용시키
지 못했던 것은, 머리로만 이해하고 실천으로는 옮기지 않았기 때문이다. 이제
삶을 행복하고 아름답게 가꿀 긍정과의 여정, 그 시작을 책과 함께해 보자.

『하루 5분, 나를 바꾸는 긍정훈련 - 행복에너지』